汽车技术
创新与研究
系列丛书

汽车能量回馈式制动系统
原理与控制

张俊智 王丽芳 苟晋芳 何承坤 著

机械工业出版社
CHINA MACHINE PRESS

本书论述了电动汽车能量回馈式制动系统的原理与控制技术，是电动汽车领域的一部学术专著，凝结自作者团队在该领域十余年产学研密切合作产生的自主研究成果，以较为严密的结构体系阐述了能量回馈式制动系统的方案设计、控制和测试评价技术。本书主要面向电动汽车整车企业、制动零部件企业、汽车科研院所、高等院校汽车学院等电动汽车及其制动技术领域的工程师、研究人员、教师、学生等。

图书在版编目（CIP）数据

汽车能量回馈式制动系统原理与控制 / 张俊智等著 . —北京：机械工业出版社，2022.12（2024.2 重印）

（汽车技术创新与研究系列丛书）

ISBN 978-7-111-72463-6

Ⅰ.①汽⋯　Ⅱ.①张⋯　Ⅲ.①电动汽车 – 车辆制动 – 研究　Ⅳ.① U469.72

中国版本图书馆 CIP 数据核字（2022）第 256980 号

机械工业出版社（北京市百万庄大街 22 号　邮政编码 100037）
策划编辑：王　婕　何士娟　　责任编辑：王　婕　何士娟
责任校对：贾海霞　梁　静　　封面设计：张　静
责任印制：常天培
固安县铭成印刷有限公司印刷
2024 年 2 月第 1 版第 2 次印刷
184mm×260mm ・ 13.5 印张・2 插页・324 千字
标准书号：ISBN 978-7-111-72463-6
定价：159.00 元

电话服务　　　　　　　　网络服务
客服电话：010-88361066　　机　工　官　网：www.cmpbook.com
　　　　　010-88379833　　机　工　官　博：weibo.com/cmp1952
　　　　　010-68326294　　金　书　网：www.golden-book.com
封底无防伪标均为盗版　　　机工教育服务网：www.cmpedu.com

序

全球汽车产业正朝着电动化方向加速变革，我国电动汽车技术、产品和产业正逐渐凸显出"全球引领"的新态势。国内电动汽车产销量全球领先、屡创新高。同时，我国电动汽车自主企业积极布局海外，谋求国际化发展，头部企业已走出国门、走向世界，自主品牌电动汽车已远销日本、欧洲。我国电动汽车技术与产品已经博得国内、国际市场的双重认可，电动汽车产业也呈现出蓬勃发展新趋势，这都将加速驱动我国由"汽车大国"向"汽车强国"迈进。

随着电动汽车技术与产业的高速发展，汽车制动系统经历了由传统摩擦制动系统到能量回馈式制动系统的变革。在汽车电动化的进程中，电机回馈制动为汽车节能提供了新范式，催化了能量回馈式制动系统概念和相关技术的诞生。能量回馈式制动系统在传统摩擦制动的基础上，增加了电机回馈制动，导致制动系统由单一摩擦制动变为摩擦制动与回馈制动的复合制动，亟须系统性梳理和解决制动系统的新原理、新设计与新控制三方面的新问题。

《汽车能量回馈式制动系统原理与控制》是作者团队十余年科研工作的成果结晶，系统阐述了能量回馈式制动系统的原理与控制技术。该书在阐释能量回馈式制动系统原理的基础上，从能量回馈式制动系统设计、常规制动回馈控制策略、回馈式制动系统非线性控制策略、防抱死制动回馈控制策略、液压制动力调节方法、气压制动力控制方法以及能量回馈式制动系统测试评价等方面重点论述了能量回馈式制动系统在设计和控制方面的系统性解决方案。

该书的出版将为汽车制动系统技术创新提供理论支撑，为电动汽车产业发展提供方向指引。在此，希望该书能够充分发挥行业指导与示范效应，为我国早日建成"零部件强国"和"汽车强国"贡献力量。

前　言

汽车在城区运行时，制动过程耗散的能量占直接驱动汽车能量的40%~50%，能量回收潜力非常可观。在导致交通事故的汽车因素中，制动系统占比最高，是影响汽车安全的最重要零部件。电动汽车技术的突飞猛进推动制动系统发生了巨大变革——传统的摩擦制动系统正在被能量回馈式制动系统替代。能量回馈式制动将电机引入制动系统，可将车轮旋转的动能转化为电能回收至储能系统，供后续行驶时驱动车辆之用，同时为车辆提供回馈制动力。能量回馈式制动系统是决定多种形式电动汽车能效品质和制动安全品质的关键部件和核心技术。

目前我国纯电动、插电式混合动力汽车竞争格局正在重塑，同时还面临补贴退坡、国外巨头强势进入、市场全面开放等，正在进入由高速发展向高品质发展转变的攻坚期，而能量回馈式制动系统是决定电动汽车产品品质和市场竞争力的关键部件。本书瞄准汽车强国核心零部件自主创新战略需求，聚焦能量回馈式制动总成关键技术，基于清华大学智能底盘研究团队、中国科学院电工研究所车用能源系统及控制技术研究团队与自主制动零部件头部企业十余年密切合作的自主研究成果，系统地介绍了电动乘用车用能量回馈式液压制动系统和电动商用车用能量回馈式气压制动系统的方案设计、控制方法和测试评价技术。全书内容划分为8章，包含了能量回馈式液压制动系统和能量回馈式气压制动系统的方案设计，常规制动回馈控制策略和防抱死制动回馈控制策略，并讨论了针对系统弹性、齿隙和网络延时等非线性特性的优化控制方法，此外还对液压和气压制动力的精确调节方法进行了介绍，最后从能量经济性、回馈与摩擦制动力切换性能、制动舒适性、制动效能恒定性和制动防抱死性能等方面对能量回馈式制动系统的评价和测试方法进行了说明。

本书由清华大学教授张俊智博士，中国科学院电工研究所研究员、中国科学院大学岗位教授王丽芳博士，中国科学院电工研究所高级工程师苟晋芳博士，清华大学助理研究员何承坤博士著写，由张俊智确定总体思路、框架和各章结构内容，负责统稿和定稿。全书内容共分8章，第1、6章由张俊智撰写，第2章由王丽芳和苟晋芳撰写，第3章由张俊智和苟晋芳撰写，第4~5章由张俊智和王丽芳撰写，第7章由张俊智、何承坤撰写，第8章由何承坤撰写。在本书撰写过程中，智能底盘研究团队的孙东升、马瑞海、张仲石、刘伟龙、张峻峰、韩金恒、侯晓慧、季园、胡涵旸、赵世越、李月等多位博士后、研究生及工作人员参与了各章节的资料整理，吕辰、李禹橦、袁野、李超、李宁、伍令飞、薛俊亮、陆欣、张鹏君、陈鑫、李守波、孔德聪、邱明喆、游牟捷等多位研究生为相应章节写作提供了有价值的资料和帮助，在此一并对他们的辛勤付出表示感谢。

能量回馈式制动系统从诞生到今天已经演化出多种技术形态，未来仍将继续发展。限于作者水平，书中难免存在不足之处，恳请广大同行和读者批评指正。

著　者

目 录

序
前言

第1章 绪论 ……………………………… 1
1.1 能量回馈式制动技术发展背景 ……… 1
1.2 能量回馈式制动系统简介 …………… 2
1.2.1 能量回馈式制动系统定义 ……… 2
1.2.2 能量回馈式制动系统组成 ……… 2
1.2.3 能量回馈式制动系统原理 ……… 2
1.2.4 能量回馈式制动系统分类 ……… 2
1.3 能量回馈式制动系统研发进展 ……… 4
1.3.1 关键技术 ……………………… 4
1.3.2 摩擦制动力调节机构研发进展 … 5
1.3.3 回馈制动与摩擦制动协调控制技术研发进展 ………………… 7

第2章 能量回馈式制动系统设计 ……… 9
2.1 能量回馈式制动系统总体方案 ……… 9
2.2 能量回馈式液压制动系统的设计 …… 10
2.2.1 能量回馈式防抱死制动系统（EABS）的设计 …………… 10
2.2.2 能量回馈式车身电子稳定控制（EESC）系统的设计 ……… 14
2.2.3 能量回馈式电子液压制动（EEHB）系统的设计 ………… 20
2.3 能量回馈式气压制动系统的设计 …… 24
2.3.1 基于电磁开关阀的能量回馈式气压制动系统设计 ……………… 24
2.3.2 基于比例继动阀的能量回馈式气压制动系统设计 ……………… 26

第3章 常规制动回馈控制策略 ………… 29
3.1 驾驶员制动意图解析 ………………… 29
3.2 叠加式回馈制动控制策略 …………… 30
3.2.1 温和叠加式制动能量回馈策略 … 30
3.2.2 激进叠加式制动能量回馈策略 … 30
3.2.3 自由行程启动回馈制动的叠加式策略 ……………………………… 30
3.2.4 叠加式制动能量回馈策略仿真分析 ……………………………… 31
3.3 协调式回馈制动控制策略 …………… 32
3.3.1 最大回馈效率制动力分配策略 … 33
3.3.2 最佳制动踏板感觉制动力分配策略 ……………………………… 34
3.3.3 兼顾回馈效率和制动踏板感觉的制动力分配策略 …………… 34
3.3.4 实车试验 ……………………… 34
3.4 由加速踏板定义回馈制动的控制策略 … 39
3.4.1 加速踏板开度和电机力矩关系 … 39
3.4.2 模拟内燃机制动模式 …………… 40
3.4.3 辅助制动模式 ………………… 44
3.4.4 限制前轴电机回馈制动力矩的因素分析 ……………………… 45
3.4.5 试验结果 ……………………… 47

第4章 针对能量回馈式制动系统非线性特性的优化控制 ………………… 50
4.1 能量回馈式制动系统机械耦合非线性特征分析 ………………………… 50
4.1.1 回馈制动耦合非线性系统模型 … 50
4.1.2 轴系弹性对回馈制动控制的影响 … 52
4.1.3 齿隙对回馈耦合制动控制的影响 … 56
4.1.4 耦合非线性对回馈制动控制的影响 ……………………………… 58
4.2 针对机械非线性特性的补偿控制 …… 60
4.2.1 针对机械非线性特性的补偿控制目标 ……………………………… 60

4.2.2 基于混杂系统理论的电驱动系统状态估计方法 ……………………… 60
4.2.3 混杂观测器的设计 …………… 67
4.2.4 回馈制动耦合非线性主动补偿控制算法 ………………………… 68
4.2.5 主动补偿控制算法仿真验证与分析 ……………………………… 72
4.3 电驱/制动系统模式切换过程未知死区补偿控制 ……………………… 77
　4.3.1 车辆动力学模型 …………… 77
　4.3.2 基于输出约束有限时间反步控制的未知死区补偿控制方法 …… 79
　4.3.3 台架试验 …………………… 85
4.4 随机网络延时下协调式回馈制动控制系统协调控制方法 …………… 88
　4.4.1 包含随机网络延时的回馈制动系统模型 ……………………… 88
　4.4.2 随机网络延时下协调式回馈制动控制系统协调控制算法 …… 91
　4.4.3 随机网络延时下液压与回馈制动协调控制算法台架试验与分析 … 93

第5章 防抱死制动回馈控制策略 …… 95
5.1 回馈制动保守参与防抱死制动的控制策略 ………………………… 95
5.2 基于补偿最优制动力矩的防抱死制动回馈控制策略 ……………… 98
5.3 基于频率特性转矩分配的防抱死制动回馈控制策略 ……………… 102
　5.3.1 频率特性转矩分配策略 …… 102
　5.3.2 硬件在环试验 ……………… 104
5.4 考虑传动系统非线性特性的防抱死制动回馈控制策略 …………… 105
　5.4.1 考虑齿隙影响的弹性传动系统下电机回馈制动系统建模 …… 105
　5.4.2 考虑非线性特性的防抱死制动策略 ………………………… 107
　5.4.3 仿真分析 …………………… 108
5.5 基于电机磁场定向控制的防抱死制动回馈控制策略 ……………… 110

5.5.1 电机回馈制动系统建模 …… 110
5.5.2 基于磁场定向控制的电机回馈制动系统控制方法 ………… 112
5.5.3 仿真分析 …………………… 114

第6章 液压制动力控制方法 ………… 122
6.1 电磁开关阀液压力开环动态限压差控制 ……………………………… 122
　6.1.1 电磁阀"机-电-液"耦合动力学模型 ……………………… 122
　6.1.2 电磁阀动态限压差控制方法机理分析 ……………………… 125
　6.1.3 限压差控制模型硬件在环试验验证 ………………………… 127
　6.1.4 电磁阀限压差控制方法的调节特性及规律 ………………… 129
　6.1.5 结构参数对限压差控制效果的影响 ………………………… 132
　6.1.6 环境温度对限压差控制效果的影响 ………………………… 138
6.2 电磁开关阀液压力闭环动态限压差控制 ……………………………… 139
　6.2.1 液压力闭环限压差控制方法机理分析 ……………………… 139
　6.2.2 液压力闭环限压差控制算法硬件在环试验 ………………… 141
6.3 电磁开关阀流量拟线性控制 …… 144
　6.3.1 开关电磁阀数学物理模型数值求解 ………………………… 144
　6.3.2 开关电磁阀高频PWM饱和先导流量控制方法 …………… 150
　6.3.3 高频PWM饱和先导流量拟线性控制台架试验 …………… 155
6.4 针对EEHB的自适应增益规划闭环压力控制 ……………………… 157
　6.4.1 自适应增益规划闭环压力控制机理分析 …………………… 157
　6.4.2 压力闭环控制硬件在环试验及实车测试 …………………… 159

第 7 章　气压制动力控制方法 ………… 166
7.1　气压制动力控制框架 …………… 166
  7.1.1　基于模型的气压开环控制 ……… 166
  7.1.2　基于压力反馈的气压闭环控制 … 167
  7.1.3　试验研究 ………………………… 167
7.2　电磁开关阀的控制 ……………… 169
  7.2.1　电磁开关阀的建模与分析 ……… 169
  7.2.2　电磁开关阀的动态特性试验 …… 173
  7.2.3　电磁开关阀的逻辑门限控制
　　　　算法 ………………………………… 179
7.3　比例继动阀的控制 ……………… 181
  7.3.1　比例继动阀的建模 ……………… 181
  7.3.2　比例继动阀的特性分析 ………… 183
  7.3.3　比例继动阀的控制算法设计 …… 185
7.4　对比测试 ………………………… 187
  7.4.1　基于电磁开关阀的硬件在环
　　　　试验 ………………………………… 187
  7.4.2　基于比例继动阀的硬件在环
　　　　试验 ………………………………… 189
  7.4.3　试验结果分析 …………………… 191

第 8 章　能量回馈式制动系统测试
　　　　　评价 ……………………………… 193
8.1　能量经济性评价 ………………… 193
  8.1.1　评价指标 ………………………… 193
  8.1.2　试验方法 ………………………… 198
8.2　回馈制动与摩擦制动切换性能评价 … 198
  8.2.1　评价指标 ………………………… 198
  8.2.2　试验方法 ………………………… 200
8.3　回馈制动舒适性评价 …………… 201
  8.3.1　评价指标 ………………………… 201
  8.3.2　试验方法 ………………………… 201
8.4　回馈制动效能恒定性评价 ……… 202
  8.4.1　评价指标 ………………………… 202
  8.4.2　试验方法 ………………………… 202
8.5　回馈制动防抱死性能评价 ……… 203
  8.5.1　评价指标 ………………………… 203
  8.5.2　试验方法 ………………………… 203

参考文献 ………………………………… 207

第 1 章

绪 论

1.1 能量回馈式制动技术发展背景

在汽车行驶所消耗的能量中，制动消耗的能量占了很大的比例。尤其是在城市中运行的汽车，加减速频繁，制动过程中车轮旋转的动能转化为摩擦制动器衬片上的热量耗散在空气中。研究表明，在城区运行的汽车在其制动过程中消耗的能量一般要占直接驱动车辆运行总能耗的 30%～50%，因此，能量回馈式制动是一项重要的节能措施。在汽车减速制动时，能量回馈式制动可将车轮旋转的动能转化为其他形式的能量并储存在储能系统中，供车辆的后续行驶及车载附件工作之用，同时为车辆提供回馈制动力。

早在 1906—1907 年，比利时生产的并联混合动力电动汽车 Auto-mixte 就已尝试在制动时通过与内燃机曲轴共轴的电机发电，将电能储存到电池组中。

19 世纪末至 20 世纪初，电动汽车的发展规模曾一度超越内燃机汽车。以美国为例，1915 年，电动汽车年产量达 5000 辆。

但受电机与电池性能的限制，随着内燃机技术与传动技术的不断发展，内燃机汽车渐渐超过电动汽车成为机动车的主流，电能储存式制动能量回馈技术的发展也停滞下来。

1920 年后，随着内燃机技术的突飞猛进和石油开采加工技术的提升，内燃机汽车渐渐超过电动汽车成为机动车的主流，电动汽车逐渐失去优势，电化学储能式制动能量回馈技术的发展也随之停滞。人们开始探索电化学储能以外的回馈能量的储存方式，主要有液压储能式和飞轮储能式。

由于液压蓄能器具有功率密度大、工艺较成熟以及控制较方便的特点，一些学者和工程技术人员设计了用于回收制动能量的液压系统。当车辆处于制动或坡度行驶工况时，可使发动机停转，液压泵处于泵油工况并在车轮的拖动下将低压蓄能器中的油泵至高压蓄能器，高压蓄能器中存储的能量可用于起动或加速过程。尽管液压式制动能量回收系统具有较多优点，但其也有体积大、成本高和能量密度低的缺点，因此并未得到广泛应用。另外一种吸引较多目光的制动能量回收方案是飞轮储能。飞轮储能技术发展较早，在电力系统调峰、风力发电和卫星姿态调控等领域已有较多应用。飞轮储能具有能量密度高、功率密度高和效率高等优点，通过配套的电动机 / 发电机和整流器等可实现机械能至电能的双向转换。在基于飞轮储能的制动能量回收系统中，飞轮通过行星齿轮变速器和无级变速器（CVT）与车轮相连，通过协调控制星形齿轮变速器和 CVT 的传动比可实现能量流动方向控制和功率控制，但是飞轮储能应用于汽车时也存在安装困难、可靠性差等问题。

20 世纪后期，三次石油危机的爆发以及全球对大气污染的关注，让人们重新重视起电动汽车。为改善能源与环境的现状，各国政府和各大汽车公司以及相关研究机构都致力于环境友好型的新能源与节能汽车的研发，具体包括无污染的燃料电池汽车和纯电动汽车，以及通过多能源管理改善汽车能耗的混合动力汽车和插电式混合动力电动汽车。从 20 世纪 90 年代初至今，新能源汽车技术和规模开始飞速发展。2021 年，全球电动汽车销量为 660 万辆，新能源汽车渗透率近 10%。2022 年一季度，全球电动汽车销量为 200 万辆，较 2021 年同期增长 75%。

随着电动汽车突飞猛进的发展，电能储存式制动能量回馈技术随之得到进一步研究和应用。从最初"小荷才露尖尖角"，到逐渐成为电动汽车的标配功能，至今仍在持续不断地创新、升级，演化出多种技术形态。后文所述能量回馈式制动系统均指电能储存式能量回馈式制动系统。

1.2　能量回馈式制动系统简介

1.2.1　能量回馈式制动系统定义

能量回馈式制动系统是在汽车滑行、减速或下坡时，将车辆行驶过程中的动能及势能转化或部分转化为车载储能系统的能量并存储起来的制动系统。

1.2.2　能量回馈式制动系统组成

能量回馈式制动系统主要包括电机回馈制动系统和摩擦制动系统两个子系统，同时涉及整车控制器、变速器、差速器和车轮等相关部件。

电机回馈制动系统包含驱动电机及其控制器、动力电池和电池管理系统。电机控制器用于控制驱动电机工作于发电状态，施加回馈制动力；电池管理系统控制电能回收于电池。摩擦制动系统包括摩擦制动执行机构和制动控制器，用于控制摩擦制动力的建立与调节。

1.2.3　能量回馈式制动系统原理

在车辆减速制动过程中，旋转的车轮带动电机转动，电机控制器控制驱动电机工作于发电状态，回收车辆的动能并储存于电池中。且电机提供的回馈制动力矩经过减速器、主减速器、差速器以及半轴的传递，作用于车辆前轮上。同时作用于车轮上的还有摩擦制动力矩。最终，来自电机回馈制动系统的回馈制动力矩与来自液压或气压制动系统的摩擦制动力矩在车轮处进行动态耦合，对车辆形成减速制动作用。

1.2.4　能量回馈式制动系统分类

1. 按回馈制动与摩擦制动耦合关系划分

按回馈制动力与摩擦制动力的耦合关系，制动能量回收系统可分为叠加式和协调式两种，如图 1-1 所示。

叠加式制动能量回收系统是将电机回馈制动力直接叠加在原有摩擦制动力之上，不调节原有摩擦制动力，实施方便，但回馈效率低，制动感觉差。

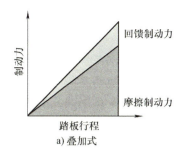 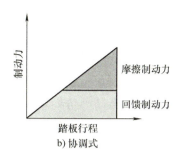

图 1-1　叠加式与协调式能量回馈式制动系统制动力分配示意图

协调式制动能量回收系统则是优先使用回馈制动力，对液压制动力进行相应调节，使两种制动力之和与总制动需求协调一致，回馈效率较高，制动感觉较好，但须对传统液压制动系统进行改造，实施较为复杂。

早期的电驱动车辆大多采用叠加式回馈制动。随着技术的发展，在回馈效率、制动感觉和制动安全等诸多方面具有巨大优势的协调式回馈制动逐渐成为研发的主流。

2. 按液压调节机构所依托的技术平台划分

对于叠加式回馈制动，液压制动力无需调节，传统液压制动系统即可实现。而对于协调式回馈制动，则应对液压系统进行重新设计或改造。按照其液压调节机构所依托的技术平台，协调式制动能量回收系统可分为以下 3 类。

（1）基于防抱死制动系统（ABS）/车身电子稳定控制（ESC）系统的制动能量回收系统

此类方案基于 ABS/ESC 技术平台，利用标准化零部件，对制动管路布置进行相应改造。

（2）基于电子液压制动（EHB）系统的制动能量回收系统

此类方案采用传统车辆 EHB 系统作为协调式回馈制动的执行机构。

（3）基于新型主缸/助力技术的制动能量回收系统

此类方案根据协调式回馈制动的技术要求对制动主缸和助力系统进行重新设计与开发。

3. 按液压调节机构的布置方式划分

按液压调节机构在制动系中的布置方式，协调式制动能量回收系统可分为以下 3 类。

（1）与主缸集成的方案

此类方案中，用于回馈控制的电磁阀等执行机构集成在制动主缸中。

（2）与液压单元集成的方案

此类方案将液压调节机构与传统车辆用于稳定性控制的液压单元进行了集成化设计。

（3）分散式布置的方案

此类方案中，压力调节机构未进行一体化的设计，而是分散地布置在制动系统中。

4. 按制动踏板与制动力机械耦合关系划分

按照制动踏板与制动力的机械耦合关系，制动能量回收系统可分为以下 3 类。

（1）踏板非解耦方案

此类方案制动踏板与管路压力机械连接，中间环节未设置用于回馈控制的液压调节机构。

（2）踏板准解耦方案

此类方案制动踏板与轮缸压力部分机械解耦或在部分工况下解耦。

（3）踏板解耦方案

此类方案制动踏板与管路压力完全解耦，属"线控制动"。

1.3 能量回馈式制动系统研发进展

电驱动车辆由电驱动系统提供回馈制动，与原有摩擦制动共同完成整车制动操作，使得制动过程与能源系统和动力传动系统发生了关联。由于能量回馈式制动将电机引入制动系统，引发传统汽车能源系统和制动系统的结构与工作原理发生了变化：由单向驱动能量传递变成驱动与制动双向能量传递；由单一摩擦制动变成摩擦制动与回馈制动的机电混合制动。电机回馈制动在为车辆能量效率和制动性能改善带来机遇的同时，也对车辆能量管理与摩擦制动力控制提出了新的挑战。

1.3.1 关键技术

由于电机可以提供的回馈制动力受到电机外特性、电池荷电状态（SOC）等因素的影响和制约，车辆获得的回馈制动力在不断变化，因此对传统的摩擦制动系统提出了新的要求：需要其能够灵活精确地调节各制动管路压力，以确保摩擦制动力能够匹配变化的回馈制动力共同满足总制动力需求以及各轮缸制动力需求；回馈制动系统应能保证制动踏板感觉不受制动管路压力变化的影响。为了应对这些新要求，需要对原有的摩擦制动系统进行重新设计，并对回馈制动力与摩擦制动力进行协调控制。

1. 摩擦制动力调节机构设计

摩擦制动力调节机构是制动能量回收系统关键的执行机构，其任务是在不影响驾驶员制动踏板感觉的前提下，根据回馈制动力的变化对摩擦制动压力进行调节，以满足驾驶员的全部制动意图。以液压制动力调节机构为例，执行机构的关键零部件主要包括踏板模拟机构、液压供给单元、压力调节机构。

2. 回馈制动与摩擦制动力协调控制

制动能量回收系统控制主要是指车辆在正常制动以及紧急制动工况下，回馈制动力与摩擦制动力的协调控制。

（1）驾驶员制动意图与需求的解析

在车辆正常制动的回馈控制中，通过制动踏板信号获取驾驶员操作踏板的行程与速率，解析其制动意图与需求，进而对电机回馈制动系统和液压执行机构进行控制，完成整车制动操作。

（2）制动力的分配

对于电驱动车辆制动力的分配，一方面，考虑回馈制动力与摩擦制动力之间的分配比例，尽可能提高能量回收效率；另一方面，由于受到法规的限制，汽车后轴也应具有一定的制动强度，因此还须考虑前/后制动力的分配。

（3）与传统底盘动力学控制的协调

为避免电机回馈制动的介入对整车制动安全性和制动平顺性带来影响，须对回馈制动与传统底盘动力学控制系统 ABS/ESC 进行协调控制。

1.3.2 摩擦制动力调节机构研发进展

1. 基于 ABS/ESC[一] 技术的液压控制系统

ESP hev 系统是博世公司在第九代 H 型管路布置的车身电子稳定程序（ESP）控制单元的基础上，利用标准化的零部件开发研制的。该系统只解耦了踏板与驱动轮制动回路之间的机械连接，使得驱动轮的液压制动压力可灵活独立地调节，而驾驶员的踏板感觉仅靠非驱动轴的液压回路保证。在制动踏板空行程中，仅有电机的回馈制动力施加于驱动轴，可使车辆获得最大 $0.2g$ 的回馈制动减速度，满足了新欧洲驾驶循环工况（New European Driving Cycle，NEDC）的制动需求。

韩国 MANDO 公司在 2009 年也推出了基于 ESC 的回馈制动系统。其在 ESC 基础上，增加了一套开关阀机构来隔断主缸和轮缸，以保证制动感觉。利用 ESC 系统中的开关阀和油泵，将制动液从蓄能器抽入轮缸，各轮缸独立调节压力。

本书研究团队与国内制动零部件龙头企业浙江亚太机电基于自主 ABS 和 ESC 技术与资源，合作研发出能量回馈式制动防抱死系统（Energy-regenerative Antilock Brake System，EABS）和能量回馈式车身电子稳定性控制系统（Energy-regenerative Electronic Stability Controller，EESC），如图 1-2 和图 1-3 所示。在传统 ABS 基础上增设了 6 个开关电磁阀、3 个压力传感器以及 2 个踏板行程模拟器，形成了具有轮缸压力调节和踏板感觉模拟双重功能的 EABS 方案，可实现常规液压制动、协调式回馈制动以及 ABS 等多种制动模式。基于自主 ESC 技术平台，增加 4 个开关电磁阀、2 个制动踏板模拟器、4 个轮缸压力传感器和 3 条由储油壶引入压力调节单元的油路，提出了能够实现全制动工况范围主缸和轮缸解耦的 EESC 方案，可实现常规液压制动、回馈耦合制动、制动防抱死、驱动防滑和车辆稳定性控制等五种不同工作模式。

图 1-2 能量回馈式制动防抱死系统

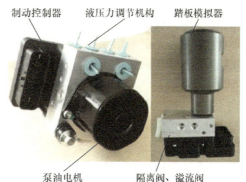

图 1-3 能量回馈式车身电子稳定性控制系统

2. 基于 EHB 技术的液压控制系统

电子液压制动（Electric Hydraulic Brake，EHB）系统是一种线控制动（brake-by-wire）系统，制动踏板与制动轮缸机械解耦，由液压执行机构来完成实际制动操作。其设计初衷本是弥补传统制动系统制动效率和系统响应的不足，改善车辆的制动性能，但因其"踏板解耦"的特性恰好满足电驱动车辆协调式制动回馈的需求，故能被电驱动车辆所采用。部分汽

[一] 关于车身电子稳定性控制系统，业内有多种叫法，包括 ESC、ESP、VSC 等。除了特定公司产品保留其自身叫法，本书按照 GB/T 30677—2014《轻型汽车电子稳定性控制系统性能要求及试验方法》统一称为 ESC。

车公司及零部件企业基于EHB技术体系开发出了具有制动能量回收功能的液压控制系统。

丰田旗下爱德克斯公司基于此思路开发了电控制动（Electrically Controlled Brake，ECB）系统，成功应用于普锐斯混合动力车型。随着普锐斯车型的三次更新换代，ECB系统也历经了三代的发展演化。在最新一代的ECB系统中，电动液压泵和高压蓄能器组成的高压供给单元被设置在液压单元之外，形成独立单元；用于回馈控制的液压调节机构与稳定性控制单元进行了集成。

同样是基于EHB思路，博世公司开发的HAS-hev制动能量回收系统对压力调节机构未进行集成化的设计，而是分散化布置在液压制动系统中。该系统中，踏板位移传感器、踏板行程模拟器、选择阀、减压控制阀组以及一个液压助力总成被集成在制动主缸内。而液压供给单元与用于增压控制的电磁阀则组成一个独立的模块，被设置在主缸之外。额外附加的一个电控单元（Electric Control Unit，ECU）专门用于回馈制动控制，未与ESP进行集成。

此外，本田公司伺服液压制动系统、天合公司滑动控制制动（Slip Control Brake，SCB）系统等解决方案也是基于EHB思路研制开发的，并已应用于部分商业化的电驱动车型。

本书研究团队与浙江亚太机电基于高压蓄能器和踏板模拟器的主结构，设计了制动能量回收和线控制动功能集成的、全解耦式的能量回馈式电子液压制动系统（Energy-regenerative Electro-Hydraulic Braking System，EEHB），可实现常规液压制动、协调式回馈制动、ABS、ESC、智能主动制动等多种制动模式，如图1-4所示。

3. 基于电动主缸的液压控制系统

日立公司开发的电机驱动智能制动系统已成功应用于日产聆风纯电动车型。系统中同轴设置的双活塞共同作用于主缸的液压腔，其中一活塞与制动踏板直接相连，另一活塞则由无刷电机经滚珠丝杠直接驱动。电机促动活塞的截面积比踏板促动活塞大得多，故实际建立的制动压力中大部分为无刷电机提供。由于踏板与制动力未完全解耦，当电促动机构失效时，踏板力仍能在主缸中建立一定的液压制动力，使整车具有一定的制动能力，保障行车安全。有别于广泛使用的踏板模拟器的方式，该方案采用了一种踏板力补偿机构，利用弹簧组在踏板不同位置时产生的相对作用力，对踏板力进行补偿。

图1-4 能量回馈式电子液压制动系统

博世在2010年面向智能电动汽车推出了基于电动缸技术的iBooster智能助力制动系统，该系统是目前技术应用最成熟和市场推广最广泛的线控制动方案，iBooster现已推出两代，iBooster制动系统能量源为电助力主缸，通过机械传动将电机的旋转运动转化为主缸推杆的直线运动，完成主缸制动液的压缩和释放，实现助力制动（部分解耦）和自主制动（完全解耦）。第一代iBooster的传动装置为蜗轮蜗杆和齿轮齿条，第二代则采用了二级齿轮和螺杆螺套，传动更高效、结构更紧凑。iBooster仅能主动控制主缸压力，无法独立控制轮缸压力，因此，必须配合另一制动调节模块——ESP——实现车辆四轮制动力独立控制。

为了满足再生制动需求，第一代iBooster与ESC以及电控储液器（Smart Actuator）构成了3-BOX制动系统。在回馈制动与摩擦制动协调工作时，过剩的制动液被吸入Smart Actuator，与此同时，助力电机协调控制踏板感觉和制动助力。第二代iBooster配备了性能更优秀的ESP hev液压调节单元，二者构成的2-BOX制动系统可以在再生制动时通过电磁阀组件的协调控制将后轮制动液返回储液器实现后轮解耦制动，同时，前轴制动轮缸通过 ESP hev 的内部液路与主缸直连。因此，这一综合制动系统属于部分解耦方案。ESP 除了具有液压调节能力之外，同时也提供了一种制动能量源。在 ESP 运行时，其内的电控柱塞泵、低压蓄能器与电磁阀组件的协调控制确保了轮缸压力的快速、独立控制。

上海拿森推出 NBooster+ESC 的 2-BOX 方案，实现制动踏板与液压制动力完全解耦，建压能力可实现自动紧急制动（AEB）距离缩短 3～5m。

大陆公司开发的 MKC1 制动系统是集助力制动、再生制动和 ESC 于一体的 1-BOX 方案，该方案采用制动副缸（电动缸）的方式，将制动主缸与轮缸进行完全解耦；踏板感觉模拟器提供制动感觉反馈；与踏板直连的制动主缸安置了压力传感器用于识别制动需求。在正常工作模式下，制动控制器协调制动副缸和 4 对电磁阀对四轮轮缸压力进行独立、解耦、精密控制。在轮缸与制动主缸/副缸之间存在 4 个隔离阀，用于解耦式液路与非解耦式液路的切换，实现不同制动模式以及制动失效安全控制。相比 2-BOX 的制动系统方案，MKC1 具有结构高度集成、制动功能完备的特点，然而伴随的缺点是加工制造难度很高。

芜湖伯特利开发出国内首个 1-BOX 方案的一体式线控制动系统（WCBS），集成了电机助力和 ESC，具备快速增压、高度集成、解耦制动、优良的噪声性能以及集成后重量更轻的技术优势。

1.3.3　回馈制动与摩擦制动协调控制技术研发进展

电机回馈制动系统与传统摩擦制动系统呈现出不同的动力学特性，例如，电机回馈制动力由电机提供，经由机械传动系统的传递，作用于车轮，其产生机制及传递路径与传统液压、气压介质的制动系统不同；电机回馈制动响应快速、转矩易知，但其转矩大小受电机和蓄电池等电驱动系统部件工作状态的影响比较大；回馈制动峰值功率及其持续时间远小于传统摩擦制动力。

1. 正常制动工况下的协调控制研究

在整车层面上，正常制动工况下回馈制动力与摩擦制动力协调控制策略的研究分为能量管理与动态耦合两个层面。

（1）能量管理层面

回馈制动控制在能量管理层面的研究主要聚焦于制动力分配策略。在保证制动稳定性的前提下，充分挖掘制动能量回收潜力，以提高整车的能量经性。参考文献 [11] 和 [12] 分别针对制动稳定性和制动能量回馈效率这两个不同的优化目标，设计了两种制动能量回收前后轮制动力分配策略。

德国大陆、日本本田等整车企业在实际应用中采取较为简单的思路，对电机回馈制动力与总摩擦制动力进行调节，而始终保持前后轴液压制动力分配为一个固定比例。本书研究团队针对能量经济性、踏板感觉和制动舒适性等不同优化目标，设计了 3 种回馈制动控制策略。通过仿真分析与实车试验，验证了最大回馈效率策略在踏板非解耦系统下应用的不可行性；而所开发的良好踏板感觉策略以及综合兼顾策略在保证制动稳定性与舒适性的前提下，可大幅提高整车能量经济性。

（2）动态耦合层面

在正常制动过程中，电驱动车辆存在着回馈制动与摩擦制动的动态耦合，以及单一回馈制动、单一摩擦制动和回馈制动与摩擦制动动态耦合 3 种制动状态间的切换，如何确保上述动态耦合和切换过程中整车的平稳性，成为电驱动乘用车制动控制方面一项新的研究内容。此外，电驱动系统中包含大量非线性环节，如传动系统半轴弹性、齿隙非线性和通信网络延时非线性等，这些非线性因素对回馈制动力与摩擦制动力的协调控制带来巨大挑战。

英国萨里大学和意大利巴里理工大学的学者研究了由弹性特性引起的电驱动车辆半轴转矩动态特性。结果表明，半轴的转矩动态特性会对整车的纵向冲击和操纵稳定性带来潜在影响。德国 ZF 公司与戴姆勒克莱斯勒公司的研究人员对电驱动车辆的传动系统进行分析，指出轴系的弹性以及齿轮副的运动将会引起转矩振荡，导致系统的振动与机械应力。本书研究团队对回馈制动力传递途径中的非线性特性进行分析，提出电机回馈制动力矩补偿控制方法，抑制了系统机械非线性特性引发的整车冲击。

2. 紧急制动工况下的协调控制研究

在紧急制动工况下，电驱动车辆回馈制动的介入可能会给传统成熟的 ABS 控制带来一定影响；电机转矩响应迅速且准确可控，在紧急制动工况下由回馈制动独立工作或与摩擦制动协调工作，可改善动力学控制效果。因此，深入研究防抱死制动过程回馈制动与摩擦制动的协调控制方法具有重要意义。

目前在防抱死制动过程中回馈制动与摩擦制动协调控制的研究主要有以下 3 种思路。

（1）回馈制动撤出

这种思路是在 ABS 工作期间，回馈制动力以某种方式撤出，由摩擦制动独立完成 ABS 控制，避免回馈制动对原有 ABS 正常工作产生影响。美国通用公司、德国大陆公司等在各自开发的混合动力和纯电动汽车的制动系统中采用 ABS，一旦触发立刻撤出回馈制动的方案。福特公司的方案是在防抱死制动的初期将回馈转矩保持一段时间，随后以一个固定的速率减小回馈转矩。日本爱德克斯公司则进一步提出了在 ABS 过程中施加不使车轮抱死的最大回馈制动力的控制方式。

（2）回馈制动独立实现 ABS

这种研究思路是由回馈制动独立实现 ABS，发挥电机制动力响应快、准确可控的优点，结果表明这种控制方式确实可以利用电机响应迅速的优点，改善控制效果。然而对于不同电驱动等级的车辆，这种控制方式并不完全适用。电机回馈转矩范围不能完全满足制动总需求，在大部分的制动过程中，总是需要摩擦制动系统起作用。因此该种控制方式目前只停留在仿真中，未见实车验证与应用。

（3）回馈制动与摩擦制动共同实现 ABS 控制

第 3 种研究思路是由回馈制动和摩擦制动共同实现 ABS 控制。出现了采用逻辑门限值控制、模糊控制等方式，探索两种制动力共同实现 ABS 的新型控制模式。日本东京大学提出了一种称作 Hybrid-ABS 的回馈制动与液压制动混合防抱死控制方法，由回馈制动力负责制动需求中的高频部分，由液压制动力负责制动需求中的低频部分。综合采用 PQ-method、基于滤波器的频带选择方法和模型跟随控制法来控制两种制动力实现 ABS 功能。本书研究团队在回馈制动与摩擦制动共同实现 ABS 控制方面提出了多种控制策略。其中一种是以最佳滑移率为目标的优化补偿控制策略，通过最优控制方法确定车轮最优制动力矩，利用逻辑门限值法控制摩擦制动力，用电机力矩补偿最优制动力矩与摩擦制动力矩之间的差值。

第 2 章

能量回馈式制动系统设计

设计能量回馈式制动系统需要理清原有摩擦制动与新增电机回馈制动之间的关系，需要梳理整车控制器、电机控制器与制动控制器之间的关系，更大的挑战是摩擦制动系统需能独立于制动踏板的输入来进行压力调节，以便能根据需要实时控制摩擦制动力。本章将介绍能量回馈式制动系统的总体方案和液压、气压摩擦制动力调节机构的多种方案。

2.1 能量回馈式制动系统总体方案

在整车层面上，制动能量回收系统包括电机回馈制动和摩擦制动两个子系统。以前轴驱动电动汽车为例（图 2-1），在车辆减速制动过程中，电机控制器控制驱动电机工作于发电状态，回收车辆的动能并储存于电池中。电机提供的回馈制动力矩经过减速器、主减速器、差速器以及半轴的传递，作用于车辆前轮上。同时，制动控制器控制液压单元对摩擦制动系统的液压制动力进行调制，液压制动力经由液压介质的传递作用于制动轮缸，产生摩擦制动力矩。

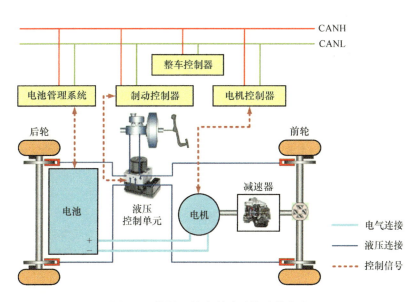

图 2-1　能量回馈式制动系统总体方案

整车控制器对整车运行状态，以及包括电机、电池在内的电驱动系统工作状态进行上层监控，协调各个子系统间的控制权限与指令。整车控制器、制动控制器、电机控制器以及电池管理系统之间通过控制器局域网络进行通信。

需要说明的是，由于液压制动控制系统可以独立调节各制动轮缸压力，所以适用于包括集中驱动和分布式驱动的多种构型的电驱动车辆，其中不同电驱动构型所对应的能量回馈制动系统总体方案与本节所述的方案类似。

2.2 能量回馈式液压制动系统的设计

电动汽车制动能量回收控制是由电机回馈制动系统和液压制动系统共同完成的。回馈制动力由车载电驱动系统提供，电机工作于回馈制动状态，对车轮施加制动力；而液压制动单元控制的摩擦制动力的大小则应能根据回馈制动的介入程度实时调节；同时为了保证驾驶员的良好踏板感觉，还需要加入踏板模拟功能。由此可见，制动能量回收功能要求液压制动系统具备：

1）轮缸制动压力独立调节功能。
2）制动踏板感觉模拟功能。

液压制动控制系统需要根据回馈制动的新要求进行有针对性的设计与开发，这也使得液压控制系统成为制动能量回收技术研发的重要基础。

2.2.1 能量回馈式防抱死制动系统（EABS）的设计

针对能量回收对液压制动系统的全新技术需求，基于成熟的可独立调节轮缸制动压力的防抱死制动系统（ABS），可全新设计 EABS，使其满足制动能量回收的需求。

1. 液压制动力调节系统方案

能量回馈式防抱死制动系统（EABS）设置在制动主缸和制动轮缸之间，取代传统 ABS 压力调节器。EABS 未设置液压助力机构，而是依靠驾驶员踩制动踏板所建立的主缸压力作为轮缸压力的来源。以前轮驱动的电驱动车辆为例，EABS 只在部分工况下与前制动轮缸解耦，而后轮则始终加载着与主缸相同压力的液压制动力。

如图 2-2 所示，EABS 液压调节机构为 X 型管路布置，在传统 4 通道液压 ABS 管路布置形式的基础上，增加了 6 个电磁阀、2 个液压泵、1 个泵油电机、3 个压力传感器和 2 个制动踏板模拟器。

EABS 中，靠近轮缸侧下游管路中布置的 4 个常开电磁阀（LF-AV、RF-AV、LR-AV、RR-AV）和 4 个常闭电磁阀（LF-EV、RF-EV、LR-EV、RR-EV），均为脉冲宽度调制（PWM）占空比控制模式，用于 ABS 控制，这部分与传统 4 通道 ABS 的结构形式是一样的。在此基础上，在上述 8 个用于 ABS 调节电磁阀的上游增设了 6 个开关电磁阀，包括 2 个主油路常开电磁阀（MV1、MV2）、2 个旁路常闭电磁阀（PV1、PV2）和 2 个常闭的用于回馈耦合制动调节的电磁阀（RV1、RV2）。主阀、旁阀均为开关控制，回馈调节阀则为 PWM 占空比控制，这 6 个电磁阀协调工作，共同完成协调式制动能量回收过程中液压制动力的动态调节。

此外，为了保证回馈制动过程中驾驶员良好的制动踏板感觉，在旁路电磁阀与回馈调节阀之间设置了 2 个制动踏板行程模拟器（SS1、SS2），其结构为活塞-弹簧的形式。当驾

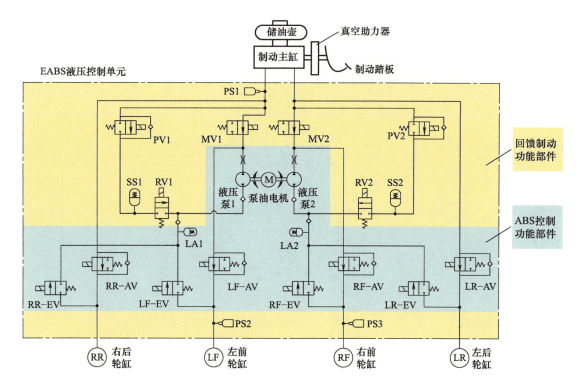

图 2-2　EABS 液压控制单元管路布置方案

驶员踩下制动踏板时，主缸压力建立，踏板模拟器内的弹簧受压缩，形成踏板的行程，并对制动踏板产生反馈力，从而保证了制动能量回收过程中驾驶员良好的踏板感觉。

为了保证回馈制动过程中轮缸压力的精确调节，设置了 3 个液压压力传感器。其中，1 个传感器（PS1）布置于制动主缸出口处，用于采集主缸制动压力，以解析驾驶员的制动意图；另外 2 个传感器（PS2、PS3）分别位于左前与右前制动轮缸，用于采集轮缸实时压力变化，以进行回馈耦合制动力的闭环控制。

所形成的 EABS 液压控制单元实物外观如图 2-3 所示。其中，制动控制器与液压调节机构集成于一体，制动控制器（BCU）中的控制软件包含了制动能量回收与 ABS 控制功能，可对电驱动车辆在正常制动与紧急制动过程进行一体化的制动控制，以保证能量的高效回收与制动安全性。

2. 工作模式

为了满足在正常制动、紧急制动、系统失效等多种复杂工况下电驱动车辆对制动安全性、制动舒适性以及制动能量高效回收的不同要求，所设计的 EABS 制动能量回收系统具有四种工作模式：常规液压制动模式、回馈制动模式、ABS 模式和失效保护模式。

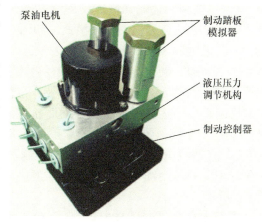

图 2-3　EABS 液压控制单元实物外观

(1) 常规液压制动模式

在常规液压制动模式（图2-4）中，所有电磁阀不通电，处于自然状态，EABS中管路导通状态与传统液压制动系统一样，来自主缸的制动液穿过EABS压力调节机构直接进入轮缸，进而实现常规液压制动功能。

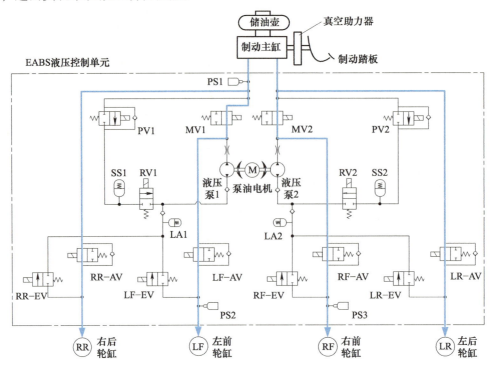

图 2-4　EABS 液压控制单元常规液压制动模式

(2) 回馈制动模式

1) 前轴纯回馈制动模式。回馈制动过程中，若电机回馈制动力可以满足前轴制动需求，则 EABS 进入纯回馈制动模式，如图 2-5 所示。

主路电磁阀 MV1、MV2 通电关闭，切断主油路与轮缸之间的通路；旁路电磁阀 PV1、PV2 通电导通，使前轮管路中的制动液由旁路进入踏板模拟器（SS1、SS2），从而将制动踏板与前轮制动轮缸解耦，保证驾驶员与传统车辆一致的制动踏板感觉。同时，在前轮施加电机制动力，进行回馈制动；而后轮制动轮缸始终与主缸连通，保持与主缸一致的液压力，作用于两个后轮轮缸，形成摩擦制动力。

2) 前轴回馈耦合制动模式。回馈制动过程中，若电机回馈制动力无法满足前轴制动需求，需要液压制动力对前轴制动强度进行补充时，则 EABS 进入回馈耦合制动模式，如图 2-6 所示。

主路电磁阀（MV1、MV2）、旁路电磁阀（PV1、PV2）仍然保持通电。另外，对回馈调节阀（RV1、RV2）以及泵油电机（M）进行 PWM 占空比控制，踏板模拟器（SS1、SS2）中的制动液流入前轮轮缸进行补充，使得电机制动力和前轮液压制动力之和满足前轴总的制动需求。

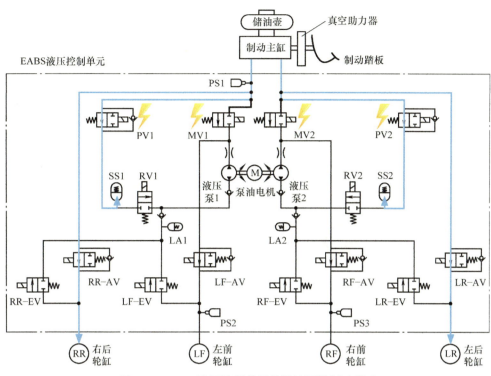

图 2-5　EABS 液压控制单元前轴纯回馈制动模式

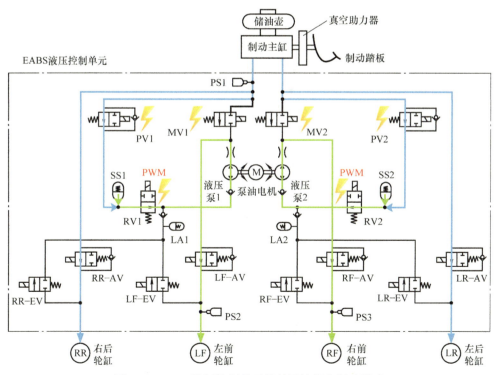

图 2-6　EABS 液压控制单元前轴回馈耦合制动模式

由上述回馈耦合制动过程中液压制动力的增压方式可以看到，由于 EABS 中保留了传统制动主缸，且并未设置高压蓄能器等独立的压力供给单元，而是将弹簧 - 活塞结构形式的踏板模拟器额外作为蓄能器使用。在需要进行轮缸压力补充时，回馈调节阀以及泵油电机配合工作，将踏板模拟器中的制动液泵入轮缸。由于此过程中主阀关闭，因此能够保证驾驶员的制动踏板感觉，且不会受到轮缸压力调节的影响。在动态调节轮缸压力时，保证了良好的制动踏板感觉，实现了协调式制动能量回收的控制要求，可获得良好的制动能量回收效率。在此过程中，后轮制动轮缸始终与主缸连通，保持与主缸一致的液压制动压强，作用于两个后轮轮缸，形成摩擦制动力。

本方案基于 ABS，通过电磁阀等液压调节机构与踏板模拟器的协同工作，降低了系统的成本及开发难度，减小了协调式制动能量回收系统的实施难度。

（3）ABS 模式

当进入紧急制动时，系统进入 ABS 工作模式，电机的回馈力矩立即撤出，EABS 内部处于上游的 6 个电磁阀全部掉电复位，BCU 根据各个车轮的滑移状态，对各个轮缸的进油阀、出油阀进行独立调节。对各个轮缸进行增压、保压、减压的逻辑门限控制，保证各个车轮滑移率保持在合理范围内，以达到较高的路面附着系数利用率，缩短车辆的制动距离。这与传统 ABS 的压力调节形式是一样的。

（4）失效保护模式

为了最大限度地保证车辆制动安全，EABS 提供了系统控制与执行机构两个层面的失效安全保护模式。

在 EABS 控制层面，一旦电机回馈系统在制动能量回收过程中发生故障，BCU 就立即发出指令，撤出电机回馈制动力矩，同时切断 EABS 液压控制单元的电源供应，恢复传统液压制动功能。

而在系统执行机构层面，由于 EABS 中两后轮液压制动管路与制动踏板、制动主缸并未机械解耦，只要驾驶员踩下制动踏板，两个后轮制动管路就会施加液压制动力，且与主缸压力保持一致。因此，当驾驶员踩下制动踏板时，即使前轮回馈耦合制动失效，后轮摩擦制动依然存在，可为整车提供一定的制动强度，能够满足正常制动过程整车的减速度需求。

综上，所设计开发的 EABS 制动能量回收系统方案，可实现制动能量回收与制动防抱死的一体化控制，可以达到较高的制动能量回收效率，而且在原有 ABS 技术基础上开发难度相对较小，利用成熟的开关阀技术，满足协调式回馈制动控制系统高可靠性的要求。

2.2.2　能量回馈式车身电子稳定控制（EESC）系统的设计

EABS 通过电磁阀等液压调节机构与踏板模拟器的协同工作，实现了协调式制动能量回收控制功能。但由于轮缸与主缸未完全解耦，在较大的制动强度需求下轮缸压力波动会影响制动踏板感觉，给协调控制带来巨大挑战。随着液压制动技术的发展，ESC 系统更加成熟，ESC 的主动建压能力使它自然而然成为支撑能量回馈式制动的更优选择。基于 ESC 平台可新设计 EESC 系统，实现制动工况下制动踏板与轮缸的机械解耦，解决机电混合制动过程中液压力调节对制动踏板感觉产生不良影响的难题，提升制动踏板舒适性。

1. 液压制动力调节系统方案

基于 ESC 技术平台设计的 EESC 系统液压控制单元管路布置方案如图 2-7 所示。在车辆总体布置方面，该系统取代传统 ESC 液压力调节装置，布置于制动主缸与制动轮缸之间。EESC 采用协调控制 ESC 泵油电机和溢流阀的方式为系统提供制动压力。在全制动工况范围内，制动主缸与轮缸实现了机械解耦，轮缸压力调节不会对制动踏板感觉产生影响，通过踏板感觉模拟器保证良好的制动踏板舒适性。下面以前轴集中驱动式电动汽车为例说明 EESC 系统工作原理。在回馈制动过程中，前轮制动力由回馈制动力和液压制动力共同承担，而后轮则完全由液压制动力满足制动需求。

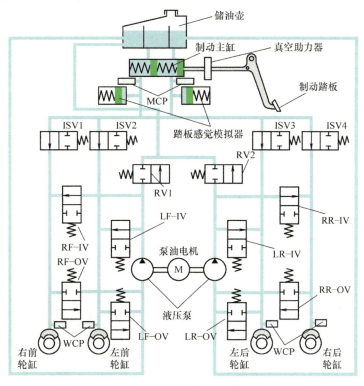

图 2-7 EESC 系统液压控制单元管路布置方案

EESC 系统液压控制单元管路布置方案可实现各轮缸压力的独立调节，适用于多种类型制动管路布置和电驱动构型的电动汽车。在 ESC 管路布置形式的基础上，EESC 系统增加了 4 个电磁阀（SWV1、SWV2、RV1 和 RV2）、2 个制动踏板模拟器（SS1 和 SS2）、4 个轮缸压力传感器（WCP）和 3 条由储油壶引入压力调节单元的油路（管路 1、管路 2 和管路 3）。

EESC 系统中，靠近轮缸侧的下游管路中布置了 4 个常开电磁阀（LF-IV、RF-IV、LR-IV、RR-IV）和 4 个常闭电磁阀（LF-OV、RF-OV、LR-OV、RR-OV），其中常开电磁阀采用电流控制模式，常闭电磁阀采用 PWM 占空比控制模式。这 8 个电磁阀用于实时调节轮缸制动压力。

在上述 8 个轮缸压力调节电磁阀的上游增设了 2 个常闭电磁阀（RV1、RV2）。这 2 个电磁阀采用电流控制模式，入口端与油泵相连，出口端与储油壶相连。通过协调控制 RV1、

RV2 和泵油电机，可实现油泵出口端稳定压力供给，从而取代电子液压制动系统（EHB）方案中的高压蓄能器。

在制动主缸与轮缸之间设置 4 个常开电磁阀（ISV1、ISV2、ISV3、ISV4）。这 4 个电磁阀采用开关控制，用于在回馈制动过程中隔离主缸与轮缸的机械连接。

在制动主缸下游增设两个踏板模拟器（SS1、SS2），保证良好的踏板感觉。

在制动主缸与踏板模拟器之间增设两个常闭电磁阀（SWV1、SWV2）。这 2 个电磁阀采用开关控制模式，在机电混合制动过程中配合隔离阀（ISV1、ISV2、ISV3、ISV4）实现踏板感觉模拟以及主缸轮缸机械解耦的功能。

为了保证机电混合制动过程中制动踏板感觉不受轮缸压力调节的影响，根据传统制动系统踏板位移 - 踏板力关系设计了结构为活塞 - 弹簧形式的 2 个制动踏板行程模拟器（SS1、SS2）。当驾驶员踩下制动踏板时，电磁阀 ISV1、ISV2、ISV3、ISV4、SWV1 和 SWV2 通电，此时制动液由主缸流入踏板模拟器中，踏板模拟器中的弹簧被压缩从而产生制动踏板反馈力，模拟器内弹簧刚度经过特殊设计，能够保证与传统制动踏板感觉一致，从而保证了机电混合制动过程中良好的踏板感觉。

为了保证机电混合制动和车辆稳定性控制过程中轮缸压力的精确调节，EESC 系统中共布置了 6 个液压力传感器。其中，2 个主缸压力传感器（MCP）分别布置于制动主缸前后腔出口处；另外 4 个轮缸压力传感器（WCP）分别位于各制动轮缸入口处。其中主缸压力信号用来解析驾驶员制动意图，轮缸压力信号则是用来对轮缸压力进行闭环调节，用以提升轮缸压力控制精度。

EESC 系统液压控制单元实物如图 2-8 所示。其中，制动控制器与液压调节机构进行了一体化集成设计，制动控制器可直接驱动液压控制单元中的电磁阀动作以实现液压力的调节。制动控制器中的控制软件包含了制动能量回收、制动防抱死控制、驱动防滑控制和车辆稳定性控制的功能，在传统 ESC 系统的基础上实现了制动能量回收。

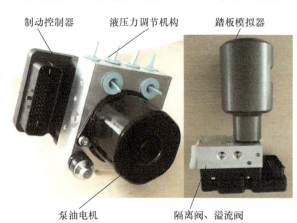

图 2-8　EESC 系统液压控制单元实物

2. 工作模式

所设计的 EESC 具有以下四种工作模式：常规液压制动模式、回馈制动模式、车轮滑移率控制模式和失效保护模式。基于以上四种工作模式，在整车层面可实现常规液压制动、制动能量回收、制动防抱死控制、驱动防滑控制和车辆稳定性控制等功能。

（1）常规液压制动模式

如图 2-9 所示，在常规制动模式中，EESC 液压控制单元中所有电磁阀和泵油电机均处于未通电状态，此时制动主缸与各轮缸直接连通。驾驶员通过脚踩制动踏板建立主缸压力，制动液通过 EESC 压力控制单元液压管路由主缸流入轮缸，轮缸建立压力实现常规液压制动功能，其中制动液流动状态如图 2-9 中红线所示。

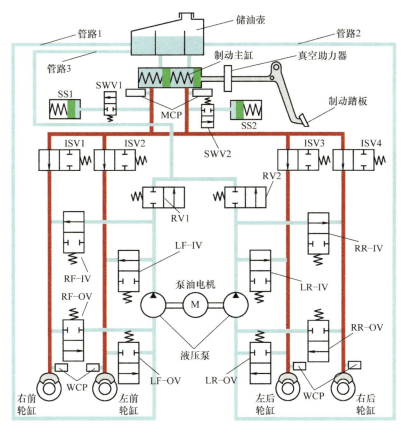

图 2-9　EESC 液压控制单元常规液压制动模式

（2）回馈制动模式

下面以前轴集中电驱动车辆为例说明机电混合制动过程中电磁阀的工作过程，其余构型电动车辆轮缸压力调节过程与之类似。在回馈制动过程中，EESC 液压控制单元根据制动控制器发出的轮缸压力目标值信号，通过协调控制各电磁阀工作状态实现轮缸目标压力的跟踪。根据轮缸目标压力和实际压力之间的关系，轮缸压力调节可分为增压、保压和减压过程。

当系统进入回馈制动模式时，电磁阀 ISV1、ISV2、ISV3、ISV4 通电关闭，SWV1 和 SWV2 通电打开，制动主缸与踏板模拟器 SS1、SS2 连通，与轮缸实现机械解耦，保证了驾驶员踩下制动踏板的感觉不受轮缸压力调节的影响。泵油电机在 PWM 信号的控制下，由储油壶泵油至溢流阀 RV1、RV2 入口端，与此同时，通过电流控制溢流阀 RV1、RV2 使得油泵出口处维持某一稳定高压，多余制动液通过管路 3 直接流回储油壶。需要说明的是，油泵出口处的稳定高压数值需高于所有轮缸压力目标值的最大值，以保证驾驶员的制动意图能够得到满足。

由于 EESC 液压控制单元中各管路布置完全对称，下面以右前轮为例说明轮缸压力的调节过程，其余轮缸压力调节过程与之完全相同。当右前轮轮缸有增压需求时，通过电流控制方式控制进油阀 RF-IV 实现轮缸压力补充。此时出油阀 RF-OV 不通电，处于关闭状态。当右前轮轮缸处于保压状态时，通过电流控制方式控制进油阀 RF-IV 完全关闭，出油阀 RF-OV 不通电，处于关闭状态。当右前轮轮缸有减压需求时，通过电流控制方式控制进油阀 RF-IV 完全关闭，通过 PWM 方式控制出油阀 RF-OV 实现轮缸减压。轮缸增压、保压、减压模式下相应电磁阀的工作状态分别如图 2-10～图 2-12 所示。制动液流动状态如对应图中红线所示。需要说明的是，在保压状态下，泵油电机处于低速运转状态，以保证 EESC 系统管路存在一定的制动压力，为下一次增压做准备。

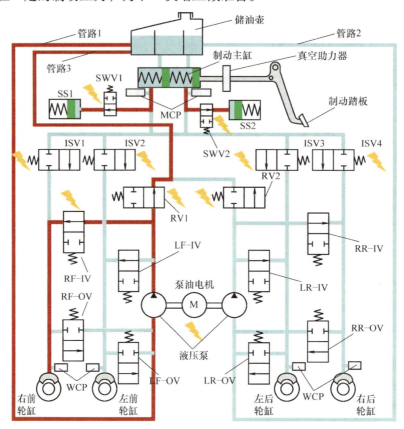

图 2-10　EESC 液压控制单元前轴回馈制动模式增压状态

由上述机电混合制动过程压力供给方式可以看出，EESC 压力控制单元通过泵油电机带动油泵，由新增设的油路 1、油路 2 由储油壶直接泵油，通过协调控制油泵电机增压速率和溢流阀 RV1、RV2 开度，实现油泵出口端稳定高压源供给，避免了在系统中引入高压蓄能器。同时，由于 EESC 压力控制单元中设置有踏板模拟器 SS1、SS2，在全工况范围内可以保证驾驶员良好的制动踏板感觉，使得 EESC 压力调节单元可以在不影响制动踏板感觉的前提下动态调节轮缸压力，为液压制动力高精度调节算法和协调式回馈制动控制策略的开发提供了良好的硬件基础。

本方案通过协调控制泵油电机和溢流电磁阀，使得基于 ESC 技术平台开发解耦式能量回收系统的难度大大降低。

（3）车轮滑移率控制模式

当进入制动防抱死、驱动防滑和车辆稳定性控制等工况时，EESC 液压控制单元需要根据制动控制器发出的轮缸压力指令调节轮缸压力，保证车轮滑移率在系统要求范围以内。

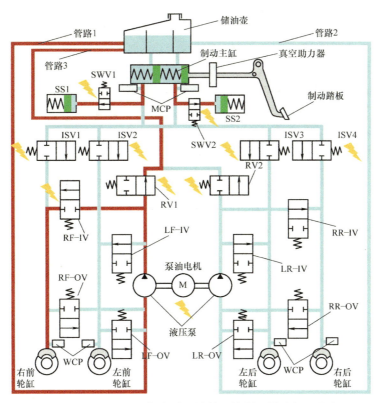

图 2-11　EESC 液压控制单元前轴回馈制动模式保压状态

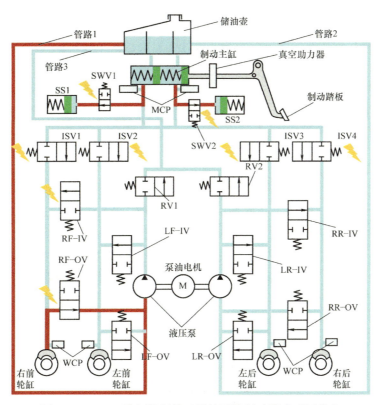

图 2-12　EESC 液压控制单元前轴回馈制动模式减压状态

轮缸压力调节包括轮缸增压、保压和减压，具体调节过程与回馈制动模式完全相同。需要说明的是，区别于传统 ABS、TCS 和 ESC 系统，EESC 系统在车轮滑移率控制过程中由于踏板与轮缸处于解耦状态，所以依旧能够保证良好的踏板感觉，一定程度上减少了驾驶员的恐慌程度，该特性与 EHB 产品相似。

类似地，可通过对轮缸的增压、保压和减压控制实现驱动防滑控制和车辆稳定性控制，具体调节过程与回馈制动模式完全相同。

（4）失效保护模式

在机电混合制动过程中，当车辆驱动电机失效无法提供制动力矩时，制动控制器根据整车控制器通过 CAN 总线发来的电机故障报文，迅速将 EESC 系统恢复至传统液压制动模式，以保证车辆制动安全性。

而在系统执行机构层面，由于 EESC 系统压力供给由泵油电机完成，若检测到在驾驶员踩下制动踏板后，油泵出口端压力无法满足制动要求，则切断 EESC 液压控制单元的电源供应，恢复传统液压制动功能。以上两种失效保护机制工作模式与常规液压制动相同，如图 2-9 所示。

综上，所设计开发的能量回馈式车身电子稳定控制系统 EESC，可实现制动能量回收、制动防抱死、驱动防滑与车辆稳定性控制等功能，在机电混合制动过程中能够保证良好的制动踏板感觉。该系统基于 ESC 技术平台，使用成熟的电磁阀技术，避免了高压蓄能器的引入，开发难度相对较小。

2.2.3　能量回馈式电子液压制动（EEHB）系统的设计

EESC 系统实现了制动踏板与轮缸的完全解耦，保证了良好的制动踏板感觉。但 EESC 系统以泵油电机作为高压源，制动能量回收过程中泵油电机工作频繁，存在噪声大、寿命短的问题，系统可靠性低。另一方面，高压蓄能器技术的成熟给能量回馈式制动系统带来了新的可能性。基于高压蓄能器和踏板模拟器的主结构，可设计制动能量回收和线控制动功能集成的、全解耦式集成 EEHB 系统，以提供稳定可靠的高压源，进一步提高系统的可靠性。

1. 液压制动力调节系统方案

基于高压蓄能器和踏板模拟器的主结构，设计制动能量回收和线控制动功能集成的、全解耦式集成 EEHB 系统，其管路布置方案如图 2-13 所示。

相比于传统的 ESC 系统，其踏板和主缸机构得到保留，但与轮缸压力调节单元完全解耦隔离。为了维持与传统制动系统相似的制动踏板感觉，该系统增加了踏板感觉模拟器以提供力反馈。而轮缸压力调节部分，设计了柱塞泵、高压蓄能器、限压阀等构成的高压供给单元作为压力调节的总动力源。同时在 4 个轮缸的出入口处均设置了高速开关电磁阀，实现对高压蓄能器中压力的分流和调节，以实现对目标制动力的跟踪。EEHB 的液压管路为四轮完全独立设计，四轮的制动压力可以完全独立调节，其液压控制单元主要包括压控阀组和高压供给单元两部分。

压控阀组主要由 8 个电磁阀组成，其中 4 个电磁阀（ILF、IRF、ILR、IRR）为进油阀，控制轮缸中压力的增速。另外 4 个电磁阀（DLF、DRF、DLR、DRR）为泄压阀，控制轮缸中压力回到油壶，完成制动压力的降低。在四路轮缸的附近均布置有一个压力传感器（PS），用于压力的闭环控制，这样的结构与传统的车身电子稳定控制（ESC）液压阀块基本相同。

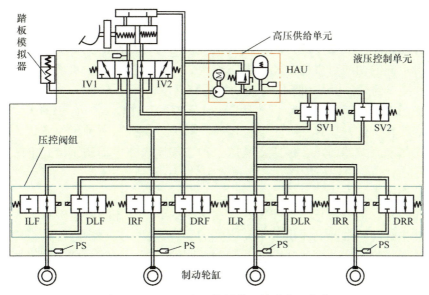

图 2-13　EEHB 液压控制单元管路布置方案

在此压控阀组的基础上，增加了高压供给单元（HAU）。高压供给单元设置有过电压保护的溢流阀，防止系统压力过高。高压供给单元的出口一分为二，布置了 2 个伺服开关阀（SV1、SV2），可以控制高压蓄能器中压力的供给和中断。

与此同时，四轮缸还可以通过两个额外的油路从主缸处获得制动压力。在常规工作状态下，这两路油路被 2 个二位三通隔离电磁阀（IV1、IV2）切断。即在常态下，制动压力的来源只有高压蓄能器，由主缸增压的油路仅做系统备份使用。上述 2 个二位三通电磁阀的另外 2 个端口，分别与主缸和踏板模拟器相连。在常规工作状态下，隔离阀 IV1、IV2 导通主缸和踏板模拟器，驾驶员踩下制动踏板时，由踏板模拟器提供良好的踏板力反馈。

在液压控制单元中，设计了 6 个压力传感器（PS）。其中 4 个布置于各轮缸的入口处，用于对轮缸压力的实时监控，进而实现对轮缸压力的闭环控制。此外，在高压蓄能器的入口处也布置了一个压力传感器，用于对高压制动液的压力进行监控。最后，在主缸的出口处也布置了一个压力传感器，用于对主缸压力的监控，其测得的压力值可用于对驾驶员的制动意图进行解析。

EEHB 系统是在 EABS 和 EESC 系统基础上的重大升级，EEHB 系统不仅具备了 EABS 和 EESC 系统的全部功能，而且具有以下系统特性：

1）具有主动建压能力，可以实现主动对车辆进行减速的线控制动。

2）更加高精度的压力调节和快速轮缸建压，支持智能驾驶主动制动。

3）四轮完全独立调节，不改变整车的制动特性，不改变踏板感觉和制动舒适性，并可以协调实现容错控制。

EEHB 系统液压控制单元在制动控制器（BCU）的控制下，可以实现的功能包括常规制动、制动能量回收、制动防抱死、车身稳定控制、驱动防滑控制以及配合智能驾驶功能等实现智能制动。

2. 工作模式

由于需求变化，与 EABS 和 EESC 相比，EEHB 的整体设计思路发生了改变。高压供给单元成为常规状态下的唯一压力源，同时踏板机构与轮缸回路完全机械解耦。这样的设计方案，使得不同的功能可以通过相同的工作模式实现，控制方法实现了统一，更利于上层软件分层、接口的设计以及和智能驾驶功能的交互逻辑设计。

EABS 及 EESC 中需要单独为不同功能设计不同的工作模式，而 EEHB 中由于高压蓄能器压力源的存在，使其仅存在"主动调压"和"失效保护"两种工作模式。在系统正常工作时，液压制动系统的增压、保压、减压三种工作需求在主动调压模式下统一完成。而在系统发生故障时，备份液压管路介入，进入失效保护模式。

（1）主动调压模式

主动调压模式，即系统正常工作模式。在该模式下，首先隔离电磁阀（IV1、IV2）上电，切断制动主缸与轮缸及高压供给单元之间的物理连接，连通主缸与踏板模拟器，此时踏板机构与踏板模拟机构共同实现驾驶员制动意图的解析。同时，高压蓄能器出口端的伺服阀（SV1、SV2）上电导通，将高压蓄能器中的高压制动液送至 4 个轮缸增压阀的入口处。轮缸中的制动压力存在三种可能的状态：增压、保压、减压，如图 2-14 所示。

1）增压模式。增压状态下，需要从高压蓄能器向轮缸中补充制动液，增加轮缸的制动力。以图 2-14 中左前轮的增压需求为例，增压阀 ILF 通过高频占空比的 PWM 控制，而出油阀 DLF 保持关闭，高压蓄能器中的制动液按照调节的速率进入轮缸中，增加轮缸中的压力，实现目标值的跟踪。增压需求可由多个功能激活，具体如下：

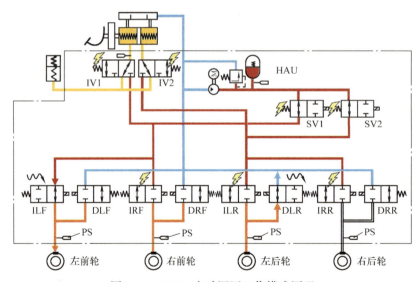

图 2-14 EEHB 主动调压工作模式原理

① 常规制动时，驾驶员踩下制动踏板，此时需要增加轮缸压力，对车辆进行减速。

② 在制动能量回收状态下，如果电机的回馈制动力矩不足以满足驾驶员的制动需求，则制动轮缸需要补充制动液，补充机械制动力以实现需求的制度减速度。

③ ABS 进入逻辑门限值控制时，如果车轮转速过高，滑移率过小，则轮缸需要补充制动液以增加液压制动力。

④ 当车辆急转弯失稳激活 ESC 功能、对单次轮胎进行点制动以纠正车辆姿态时，需要对轮缸进行增压操作，驱动防滑（TCS）同理。

⑤ 当智能驾驶功能对车辆进行制动以保持车距或紧急制动时，需要对轮缸进行增压操作。

2）保压模式。保压状态下，轮缸的进油阀长通电完全关闭，切断轮缸与高压蓄能器的连接，同时出油阀保持长关闭状态。保压需求有两种可能性：一种是在上述增压过程结束之后，达到了理想的制动压力，此时完全关闭进油阀，保持制动力，如图 2-14 中的右前轮所示；另外一种情况是，轮缸原始的制动压力即为零，同时制动目标也无须通过该轮增压来满足。如制动能量回收过程中，当电机的回馈制动力矩满足了驾驶员的制动需求时，则不需要液压制动力。但是由于其他轮缸可能存在增压需求，为了防止制动液进入没有制动需求的轮缸，也需要将进油阀上电完全关闭，因此轮缸进入零值保压状态，如图 2-14 中右后轮所示。

3）减压模式。当轮缸中压力过高时或制动结束时，需要对轮缸进行减压。如图 2-14 中左后轮所示，此时进油阀完全上电关闭，避免高压蓄能器中的压力进入，同时减压阀通过高频电磁阀的 PWM 控制，实现理想的压力降低速度。

（2）失效保护模式

由于线控制动系统的制动功能大部分不需要驾驶员直接操作，为了保证系统的安全可靠性，EEHB 从系统控制和执行机构两个层面提供了失效安全保护模式。

在 EEHB 系统控制层面，当某一路液压制动发生故障而无法增压时，将由其他几路对制动需求进行重新分配，优先保证车辆的稳定性。

在系统执行机构层面，EEHB 保留了主缸与轮缸之间的管路连接，当系统发生无法进行重新分配的故障时，系统会关闭电子控制，恢复主缸与轮缸之间的油路接通，液压的管路结构与传统的制动系统完全相同，驾驶员可以通过踏板对汽车进行备份制动，如图 2-15 所示。

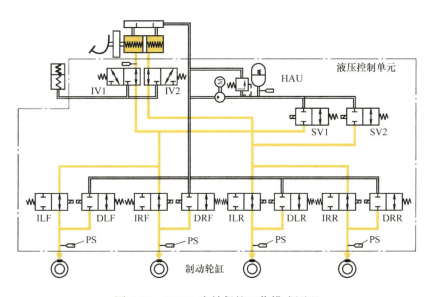

图 2-15　EEHB 失效保护工作模式原理

综上，因为增加了高压蓄能器作为稳定的高压力源，使得不同功能下的液压制动系统的工作模式得到了统一，所以相比 EABS 和 EESC 等系统，所设计的 EEHB 的整体逻辑和系统的控制复杂性都得到了一定的简化。在液压零部件层面，压力调节元件未引入复杂的比例电磁阀，仅使用了成熟的开关电磁阀，并大幅减少了电磁阀的数量，有利于成本的降低和加工制造。失效保护模式设计使得系统具有良好的液压备份，在主动制动失效时，依然可以通过驾驶员的操作对车辆进行有效的制动，保证车辆的安全。

2.3 能量回馈式气压制动系统的设计

2.3.1 基于电磁开关阀的能量回馈式气压制动系统设计

1. 电磁开关阀的结构及工作原理

电磁开关阀的工作原理如图 2-16 所示，该阀主要由进气阀芯、排气阀芯、进气膜片和排气膜片组成。通过进、排气阀分别调节进、排气先导气室的压力。进、排气膜片在两侧压力的作用下打开或关闭，从而控制从储气筒进入制动气室的气流以及从制动气室排出的气流，进而调节制动气室的气压。下面分别介绍电磁开关阀处于增压、保压和减压三种状态的工作过程。

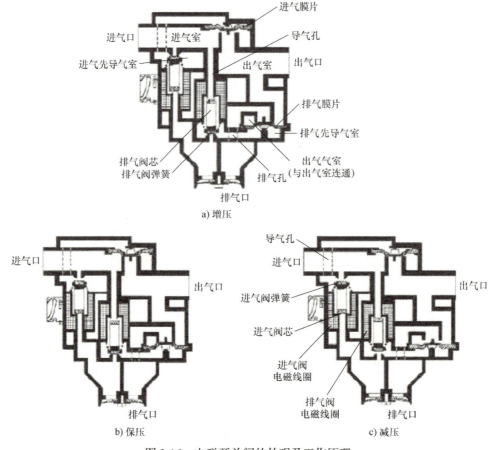

图 2-16 电磁开关阀的外观及工作原理

1）增压过程如图 2-16a 所示。进、排气阀均断电，处于图示位置。进气阀芯阻断了进气室与进气先导气室的通道，因此先导气室处于低压状态。进气膜片在两侧压差的作用下向上运动，打开进气口，进气室与出气室相通。排气阀芯阻断了排气口与排气先导气室的通道，高压气体通过导气孔进入排气先导气室，从而使排气膜片处于关闭状态，阻断出气室与排气口的连通。综上，气源气体通过进气室进入出气室，制动气室处于增压状态。

2）保压过程如图 2-16b 所示。进气阀通电后进气阀芯在电磁力的作用下克服弹簧力向下运动，打开进气室与进气先导气室的通道，高压气体通过导气孔进入先导气室。进气膜片在两侧压差作用下关闭，阻断进气室与出气室的连接。排气阀断电，状态与增压过程一致，出气室与排气口的连接被阻断。综上，出气室封闭，制动气室处于保压状态。

3）减压过程如图 2-16c 所示。进气阀与排气阀均通电。进气阀芯与进气膜片所处状态与保压过程一致，进气室与出气室被阻断。而排气阀芯在电磁力的作用下克服弹簧力向上运动，使排气先导气室与排气口连通，气室压力减小。排气膜片在两侧压差的作用下向下运动，排气口打开，出气室与排气口连通。综上，出气室的气体排入大气，制动气室处于减压状态。

通过上述分析，可将电磁开关阀视为由常开进气阀与常闭排气阀组成。当电控部分失效时，电磁开关阀处于增压状态，可以保证车辆仍然具有制动能力。

2. 气压制动力调节系统方案

基于电磁开关阀的能量回馈式气压制动系统如图 2-17 所示，该方案将原制动控制器与防抱死制动控制器整合为一体，使用 4 个电磁开关阀实现常规制动与防抱死制动的控制。

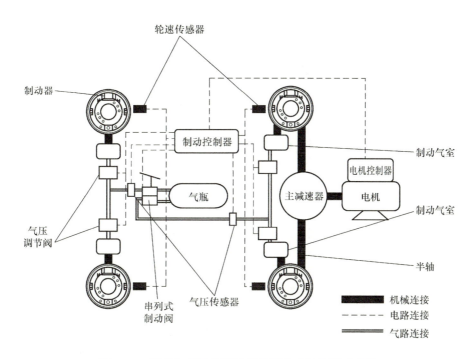

图 2-17 基于电磁开关阀的能量回馈式气压制动系统

在正常制动时，集成于制动踏板上的踏板行程传感器采集驾驶员的踩踏深度，传递至制动控制器转化为目标制动力矩。制动控制器接收电机控制器信号，了解电机当前所能发出的最大回馈力矩。制动控制器根据相关限制与需求向电机控制器发送回馈制动力矩命令，同时控制4个车轮的制动气压调节阀在串列式双腔制动阀输出气压（由驾驶员通过制动踏板直接控制）的基础上调节制动气压，实现串联式回馈制动策略。在防抱死制动时，制动控制器根据轮速传感器信号判断车轮附着情况，控制各车轮制动力的增加、保持或减少，同时仍根据电机控制器发出的转矩限制给出防抱死回馈制动策略，配合摩擦制动力的变化进行防抱死制动。

电机的回馈制动力矩通过主减速器减速增矩，经差速器分流，再由半轴传递至车轮。回馈制动电流则通过直流母线传递至电池进行回收。制动气路自气瓶分为两路，经串列式双腔制动阀后再分到每个车轮，通过气压调节阀到达制动气室。气室充气后，膜片推动制动推杆转动凸轮，促动制动蹄与制动鼓接触，进而产生制动力。其气压调节阀选用的是ABS常用的电磁开关阀。

2.3.2 基于比例继动阀的能量回馈式气压制动系统设计

1. 比例继动阀的结构及工作原理

比例继动阀的结构如图2-18所示，其由左半部分的比例阀和右半部分的继动阀组成，通过中间的控制腔相连，在保证输出气压与输入信号成比例的基础上增加了气体流量，使制动气室实现快速充放气。另外阀体自带传感器，便于进行闭环控制。比例继动阀的高压气体入口与高压气源相连，气体出口与制动气室相连，备用气体入口接大气（正常状态）或高压气源（失效状态）。

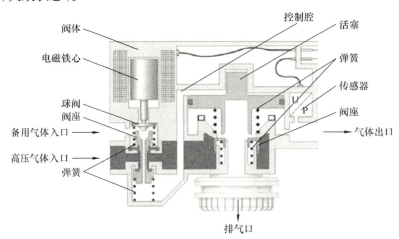

图2-18 比例继动阀的结构

比例继动阀的初始状态如图2-18所示。增压时电磁铁心在电磁力的作用下克服弹簧力向下运动，与之相连的球阀与阀座接触后一起向下运动，此时阀座下端与阀体分离形成比例阀进气口，气体从高压气体入口进入控制腔。控制腔压力增加后使活塞向下运动，并下压阀座使之与阀体分离形成继动阀进气口，高压气体通过继动阀进气口进入排气口。当控制腔达到一定压力时使阀座与球阀向上运动，关闭比例阀进气口，并在电磁力的作用下保持平衡，此时控制腔内气压保持不变。同样，比例继动阀后接气室压力增加到一定值时活塞与阀座受力平衡，继动阀进气口关闭，气室气压保持不变，完成增压过程。减压时，输入电信号减小，电磁铁心所受电磁力减小，球阀向上运动与阀座分离，球阀与阀座之间形成比例阀排气口，控制腔内气体排出，气压减小，同时活塞也向上运动与阀座分离形成继动阀排气口，气室气体通过排气口排出，压力减小。当控制腔和制动气室压力减小到一定值时，球阀、阀座和活塞再次达到平衡状态，气压保持不变，完成减压过程。

当比例阀电磁部分失效时，高压气体通过备用气体入口直接进入控制腔，并打开继动阀进气口使气室正常增压。此时，整个阀块视为一个继动阀。这一功能对制动系统尤为重要，使车辆在比例阀电磁部分失效时依然能够正常制动，保证了车辆的安全性。

2. 气压制动力调节系统方案

基于比例继动阀的能量回馈式气压制动系统包括电机回馈制动系统和气压制动系统，总体方案如图 2-19 所示。制动过程中电机控制器控制电机处于发电状态，电机的回馈力矩经过减速器、差速器、半轴作用于后轮，回收的电能储存于电池中。气压制动系统则通过制动控制器控制比例继动阀进行气压调节，产生摩擦力矩。摩擦力矩与电机回馈制动力矩共同作用于车轮，对车辆进行制动。整车控制器与电机控制器、制动控制器、电池管理系统之间通过 CAN 总线进行通信，上层协调各子系统之间的指令。

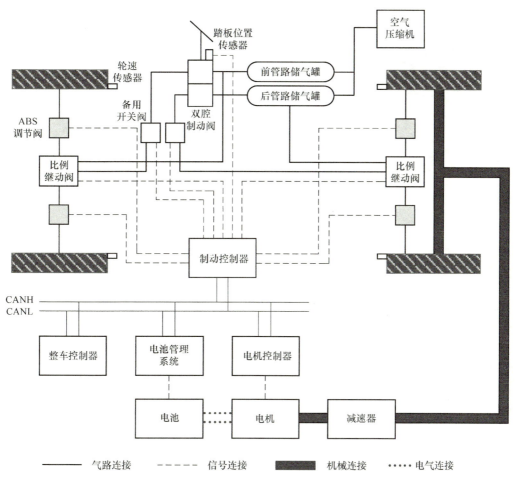

图 2-19　基于比例继动阀的能量回馈式气压制动系统

气压制动系统基于比例继动阀实现前后轴气压制动力的调节。前后轴分别安装一个比例继动阀，高压气体入口分别与前后管路储气罐相连，气体出口接各车轮制动器。回馈制动时，制动控制器通过信号控制比例继动阀，输出期望的气压。比例继动阀与各车轮之间安装 ABS 调节阀，紧急制动时比例继动阀不工作，由 ABS 调节阀进行气压调节，此时比例继动阀仅相当于继动阀。ABS 阀选取电磁开关阀，由于只在紧急制动时工作，因此大大延长了寿命，降低了噪声。比例继动阀的备用气体入口通过备用开关阀与双腔制动阀的出气口相连，如图 2-20 所示。正常工作状态下，备用开关阀处于图 2-20 所示的状态，比例继动阀备用口与大气相连，与双腔制动阀解耦，输出气压是控制信号的线性函数。而当比例继动阀的电控部分失效时，备用开关阀的常闭口打开，常开口关闭，比例继动阀备用口直接与双腔制动阀输出口相连，输出气压直接进入比例继动阀的控制腔，此时比例继动阀相当于继动阀，从而保证了制动能力。

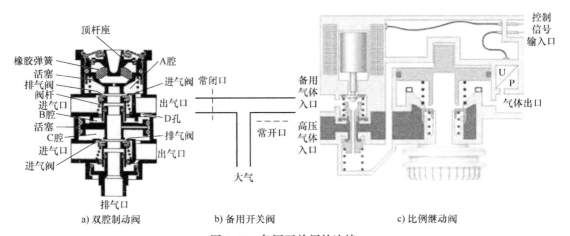

图 2-20　备用开关阀的连接

第 3 章

常规制动回馈控制策略

对于常规制动回馈控制策略，一方面应追求尽可能多地回收能量，另一方面还需要考虑摩擦制动与回馈制动的协调控制，以保证较好的制动踏板感觉与整车驾驶舒适性。

3.1 驾驶员制动意图解析

引入回馈制动力后，回馈制动力与摩擦制动力将共同满足驾驶员的制动意图，因此正确解析驾驶员的制动意图是协调回馈制动力与摩擦制动力的前提。下面以装备前轴集中驱动电机和液压制动系统的汽车为例，介绍驾驶员制动意图的一种解析方法。

在前轴电驱动车辆制动过程中，车辆前轴制动力由回馈制动力和液压制动力共同承担，后轴则单独由液压力承担。通过实时调节前后轮缸液压制动力，配合电机回馈制动力，实现对驾驶员制动意图的跟踪。制动控制器通过主缸压力 p_m 判断驾驶员制动意图，车辆总制动需求 $T_{b,need}$ 为

$$T_{b,need} = \frac{4\mu_b r_b A_w}{\beta} p_m \tag{3-1}$$

式中，μ_b 为制动盘摩擦系数；r_b 为制动器有效制动半径；A_w 为制动轮缸活塞半径；β 为车辆前后制动力分配系数。

制动控制器需要根据当前驾驶员制动需求和当前前轴回馈制动力矩 T_m 来计算前轴液压力目标值 p_{f_tgt}：

$$p_{f\_tgt} = p_m - \frac{i_0 i_g}{4\mu_b r_b A_w} T_m \tag{3-2}$$

式中，i_0 为主减速器速比；i_g 为变速器速比。

由于后轴无驱动电机，因此后轴液压力需要跟随主缸制动压力，后轴液压力目标值 p_{f_tgt} 为

$$p_{f\_tgt} = p_m \tag{3-3}$$

3.2 叠加式回馈制动控制策略

常规制动的回馈控制策略分为叠加式控制策略和协调式控制策略两类。叠加式控制策略的特点是对前后轮摩擦制动力不加调节,制动能量回馈系统在不超过驱动轮最大制动力的前提下输出回馈制动力,其大小与目标制动力成一定比例;协调式控制策略的特点是对前后轮摩擦制动力进行调节,使摩擦制动力和回馈制动力之和满足目标制动力需求。

叠加式制动能量回馈控制策略的优点是实现简单,对原有制动系统改造较少,成本低,缺点是制动能量回收率低,当回馈制动力变化时总制动力也发生变化,制动感觉不好。协调式制动能量回馈控制策略的优点是制动能量回收率较大,驾驶员有与传统内燃机汽车相同的制动感觉,缺点是需要对原有制动系统进行重新设计,控制复杂。

3.2.1 温和叠加式制动能量回馈策略

温和叠加式制动能量回馈策略(简称温和叠加式策略)不改变踏板自由行程,不改动原有制动管路,在原有摩擦制动力上以温和的方式叠加随制动踏板开度线性变化的电机回馈制动力。踏板开度为零对应电机制动力为零,踏板开度为100%对应电机制动力为额定最大制动力,机械制动力按照原车制动系统工作。该方案对应的前后轮制动力分配策略如图3-1所示。采用本策略后,新的前后轮制动力分配曲线抬高,进入 I 曲线上方的部分增多,容易引起后轮抱死。

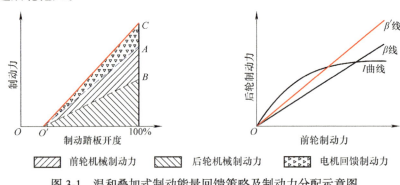

图3-1 温和叠加式制动能量回馈策略及制动力分配示意图

3.2.2 激进叠加式制动能量回馈策略

激进叠加式制动能量回馈策略(简称激进叠加式策略)不改变踏板自由行程,不改动原有制动管路,在原有摩擦制动力上以激进的方式叠加电机回馈制动力。制动踏板开度较小时,电机回馈制动力与原机械制动力比例保持1∶1,随着踏板开度的增加,电机回馈制动力将比温和叠加式策略更早到达电机转矩限值。该方案对应的前后轮制动力分配策略如图3-2所示。采用本策略后,新的前后轮制动力分配曲线抬高,有可能进入 I 曲线上方的危险部分,在任何条件下都是后轮先抱死,对制动安全不利。

3.2.3 自由行程启动回馈制动的叠加式策略

自由行程启动回馈制动的叠加式策略(简称自由行程叠加式策略)利用踏板自由行

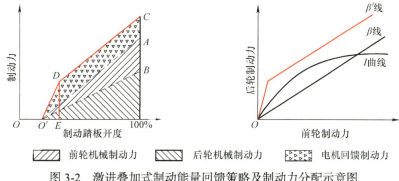

图 3-2 激进叠加式制动能量回馈策略及制动力分配示意图

程,不改动原有制动管路,在踏板自由行程段施加电机回馈制动力,电机制动力按照踏板自由行程线性分布,踏板开度为零对应电机制动力为零,踏板到达自由行程上界对应电机制动力为额定最大制动力,之后电机制动力保持上限,机械制动力按照原车制动系统工作。该方案对应的前后轮制动力分配策略如图 3-3 所示,与激进叠加式制动能量回馈策略类似,采用本策略后,新的前后轮制动力分配曲线抬高,有可能完全进入 I 曲线上方的危险部分,在任何条件下都是后轮先抱死,对制动安全不利。

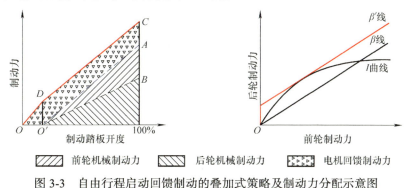

图 3-3 自由行程启动回馈制动的叠加式策略及制动力分配示意图

3.2.4 叠加式制动能量回馈策略仿真分析

定义制动能量回收率 η_{reg} 为制动能量回馈效果的评价指标:

$$\eta_{reg} = \frac{E_{reg}}{E_{brk}} \quad (3\text{-}4)$$

式中,E_{reg} 为制动时电机发出的电能;E_{brk} 为净制动能量,即制动过程中除去风阻和滚动阻力做功之后的能量。

中国典型城市公交循环是中国汽车技术研究中心有限公司(简称中汽中心)制定的具有典型性的城市公交车运行工况,也是本节研究的混合动力汽车的目标运行工况。以中国城市公交驾驶循环来分析制动能量回馈系统的回馈效果,具有现实意义。为了避免整车能量分配策略对电池 SOC 值的影响,假设驱动过程对蓄电池 SOC 不产生影响。

中国典型城市公交循环工况如图 3-4 所示,总运行时间 1304s,行程 5.84km,平均速度 16.12km/h,最高速度 60km/h,最大加速度 0.83m/s²,最大减速度 −1.23m/s²,怠速比例 28.8%。

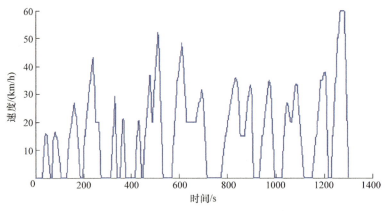

图 3-4 中国典型城市公交循环工况

对于混合动力电动汽车来说，整车驱动过程中的能量分配策略是否优化和辅助动力单元（APU）的效率高低对整车经济性的影响很大。为了排除这些因素的影响，着力研究制动能量回馈相关算法，在驾驶循环仿真中假设车辆驱动过程对蓄电池 SOC 不产生影响，即驱动过程 APU 输出功率一直等于电机输入功率，这样就可以比较简单地保持 SOC 的相对稳定，便于利用制动能量回收率这一指标比较多种不同策略的效果。

根据实车测得的参数，不考虑抱死情况，设置路面附着系数为 0.8，传动系统效率为 88%，总线电压上限为 450V。城市公交循环工况的每次制动的初始车速和制动踏板开度已经确定，因此只仿真分析蓄电池初始 SOC 值和制动能量回馈系统能量管理方案对制动能量回馈效果的影响。

以下对比试验方案所确定的 3 个城市公交驾驶循环仿真结果，见表 3-1。

表 3-1 城市公交驾驶循环仿真结果对比

序号	回馈模式	初始 SOC（%）	最大可回收能量 /kJ	实际回收能量 /kJ	制动能量回收率（%）
1	温和叠加式策略	30	8569	1198	14.0
2	激进叠加式策略	30	9004	3630	40.3
3	自由行程叠加式策略	30	8538	6199	72.6

对这三个过程进行比较，在保留原有制动踏板自由行程的前提下，自由行程叠加式策略的制动能量回收率明显高于激进叠加式策略，激进叠加式策略制动能量回馈策略的制动能量回收率高于温和叠加式策略。因为中国典型城市公交循环制动强度较小，自由行程叠加式策略靠电机制动力在制动踏板自由行程阶段加了强度较大的制动力，在制动踏板开度相对较小的工况下，对于某一制动踏板开度，自由行程叠加式策略电机制动力占总制动力的比例要明显高于激进叠加式策略，而激进叠加式策略电机制动力占总制动力的比例要高于温和叠加式策略。

3.3 协调式回馈制动控制策略

协调式制动能量回收控制策略涉及两个方面的问题：前后轴制动力的分配、电机回馈制动力与摩擦制动力的分配。为追求制动能量回收效率最大，在考虑前后轴制动力分配比例要求的前提下，电机应工作在当前转速下回馈制动力最大的状态。

电机能提供的回馈制动力矩受到若干因素制约，如电机转速、电机外特性限制、蓄电池荷电状态（SOC）等。此外，对于制动踏板与压力源未解耦的回馈制动系统而言，需要考虑制动踏板感觉，因此也对电机发挥回馈制动功能造成一定约束。为了保证制动踏板感觉平稳，势必要增大摩擦制动力占总制动力的比例，由此压缩了电机回馈制动力发挥作用的空间。

对于轮缸与主缸完全解耦的能量回馈式制动系统，其协调式回馈制动控制策略只需关注车辆获得的制动力是否符合驾驶员制动意图、制动平顺性以及能量回馈效果即可。但对于轮缸与主缸未完全解耦的能量回馈式制动系统来说，车辆获得的制动力是否符合驾驶员制动意图、制动踏板感觉、制动平顺性以及回馈效率都是其协调式回馈制动控制策略需要权衡和取舍的指标。因此根据不同的优化目标，应制定出不同的回馈制动控制策略。下文将以 EABS 为例，介绍三种控制策略。

图 3-5 所示为最大回馈效率制动力分配策略（下称最大回馈效率策略）、最佳制动踏板感觉制动力分配策略（下称最佳踏板感觉策略）以及兼顾回馈效率和制动踏板感觉的制动力分配策略（下称回馈效率和制动踏板感觉兼顾策略）的示意图，三种制动力分配策略均不改变原车前后轴制动力分配系数。

按液压制动力与电机回馈制动力协调方式的不同，可以将制动过程分为三个阶段：电液协调准备阶段、电液协调控制阶段和回馈制动撤除阶段，在图 3-5 中分别以 OA、AB 和 BC 段表示。

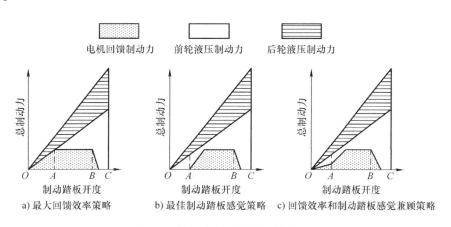

图 3-5 协调式制动力分配策略

3.3.1 最大回馈效率制动力分配策略

在电液协调准备阶段（OA 段）中，制动强度较小。最大回馈效率策略下，前轮只利用电机进行制动，后轮采用常规液压制动。随着驾驶员制动需求的增加，当电机回馈制动力矩在电机外特性限制下不能满足前轮所需全部制动力需求时，进入电液协调控制阶段（AB 段）。

在 AB 段，电机以能发出的最大回馈制动力矩跟踪前轮制动力矩需求，由前轮液压制动力矩来补偿电机回馈制动力矩与前轮制动力矩需求之间的差值。

当车速下降至较低水平时，进入回馈制动撤除阶段（BC 段）。由于电机在低转速段转矩下降很快，因此令前轮轮缸迅速增压至主缸压力水平，由电机回馈制动力矩补充液压制动力矩与前轮制动力矩需求之间的差值，直至制动过程结束。

3.3.2 最佳制动踏板感觉制动力分配策略

在 OA 段，前后轮均使用液压制动，电机回馈制动力矩为零。随着驾驶员制动需求的增加，当主缸压力较高且主缸压力变化较为平稳后，进入 AB 段。

在 AB 段，电机以能发出的最大回馈制动力矩跟踪前轮制动力矩需求，由前轮液压制动力矩来补偿电机回馈制动力矩与前轮制动力矩需求之间的差值。

当车速下降至较低水平时，进入回馈制动撤除阶段（BC 段）。由于电机在低转速段力矩下降很快，因此令前轮轮缸迅速增压至主缸压力水平，由电机回馈制动力矩补充液压制动力矩与前轮制动力矩需求之间的差值，直至制动过程结束。

3.3.3 兼顾回馈效率和制动踏板感觉的制动力分配策略

在 OA 段，前轮轮缸建立制动压力时与主缸压力保持一定差值，由电机回馈力矩补偿前轮液压制动力矩与前轮制动力矩需求之间的差值。当电机回馈制动力矩在电机外特性限制下不能满足前轮所需全部制动需求时，进入电液协调控制阶段（AB 段）。

在 AB 段，电机以能发出的最大回馈制动力矩跟踪前轮制动力矩需求，由前轮液压制动力矩来补偿电机回馈制动力矩与前轮制动力矩需求之间的差值。

当车速下降至较低水平时，进入回馈制动撤除阶段（BC 段）。由于电机在低转速段力矩下降很快，因此令前轮轮缸迅速增压至主缸压力水平，由电机回馈制动力矩补充液压制动力矩与前轮制动力矩需求之间的差值，直至制动过程结束。

3.3.4 实车试验

1. 试验条件

试验对象为一款前轴驱动的纯电动轿车，如图 3-6 所示。在附着良好的干沥青路面上，以 40km/h 左右的制动初速度，分别对三种制动力分配策略进行了系统的中等制动强度试验。

2. 试验结果

图 3-7 所示为最大回馈效率策略的制动试验结果。在 0 时刻车辆开始获得来自松开加速踏板产生的回馈制动力矩，约为 17N·m，车辆以大约 40km/h 的初始车速开始制动；约 1.3s 后驾驶员踩下制动踏板，进入电液协调准备阶段。在该阶段中，主缸压力开始上升，前轮轮缸压力保持在较低的压力水平，电机发出回馈制动力矩跟踪由主缸压力反映的前轮制动力矩期望，如图 3-7 中 OA 段所示。

图 3-6 试验车辆

由于电机回馈力矩实际值落后于命令值，在 OA 段电机回馈力矩没能满足前轮制动力期望，因此在 1.5s 左右需要前轮轮缸增压，进入电液协调控制阶段，如图 3-7 中 AB 段所示。

在该阶段中，电机沿着力矩限值发出最大的回馈制动力矩。前轮进油阀打开，主缸中的制动液进入前轮轮缸，导致主缸压力在 1.8s 时降低，制动踏板下沉。由于驾驶员继续踩制动踏板，更多的制动液流入主缸，使主缸压力在 2.0s 时刻得以升高，但其后仍然需要打开前轮进油阀使前轮轮缸增压，因此主缸压力出现图 3-7 中 AB 段所示的波动，造成制动踏板连续下沉。

在 4.1s 时，车速下降至 7km/h 以下，进入回馈制动撤除阶段，如图 3-7 中 BC 段所示。在该阶段，打开前轮进油阀使前轮轮缸压力上升，电机回馈制动力矩相应减小，直至前轮轮缸压力到达与主缸压力同水平，车速减小至零，制动过程结束。

如图 3-8 所示，在最佳踏板感觉策略下，0 时刻时车辆已经获得来自收加速踏板产生的回馈制动力矩，车辆以大约 44km/h 的初始车速开始制动。0.35s 左右，驾驶员踩下制动踏板，进入电液协调准备阶段，前轮轮缸压力与主缸压力同步增长，电机力矩由收加速踏板产生的 17N·m 大小的回馈制动力矩降低为零，如图 3-8 中 OA 段所示。

在 1.02s 时，主缸压力较高且主缸压力的变化较为平稳，进入电液协调控制阶段，如图 3-8 中 AB 段所示。电机开始沿着力矩限值最大限度地回收能量。由于在 OA 段前轮轮缸已经建立了 3MPa 的压力，因此在 AB 段前轮轮缸仅经历保压和减压状态，且在减压状态将轮缸中的制动液排入低压蓄能器，即便后期前轮轮缸需要增压时，也可以不通过主缸，而是将低压蓄能器中的制动液抽入轮缸，不会引起主缸压力的波动。

在 3.69s 时，车速下降至 7km/h 以下，进入回馈制动撤除阶段，前轮轮缸压力上升，电机回馈制动力矩相应减小，直至前轮轮缸压力到达与主缸压力同水平，车速减小至零，制动过程结束，如图 3-8 中 BC 段所示。

图 3-9 所示为回馈效率和踏板感觉兼顾策略的制动试验结果。0 时刻时车辆开始获得来自松开加速踏板产生的回馈制动力矩，车辆以大约 48km/h 的初始车速开始制动。1.3s 左右踩下制动踏板，进入电液协调准备阶段，如图 3-9 中 OA 段所示。主缸压力开始上升，前轮轮缸压力也开始升高，但始终与主缸压力保持 0.6~0.8MPa 的压力差，电机发出回馈制动力矩补充该压力差等效的制动力矩。

在 1.8s 左右时，主缸压力较高且主缸压力的变化较为平稳，进入电液协调控制阶段，如图 3-9 中 AB 段所示。在该阶段，前轮轮缸经历的状态中保压和减压状态占大多数，因此主缸压力变化较为平稳，制动踏板感觉良好。

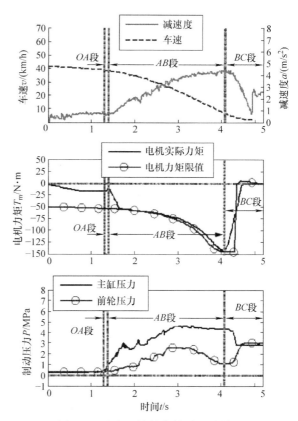

图 3-7 最大回馈效率策略试验结果

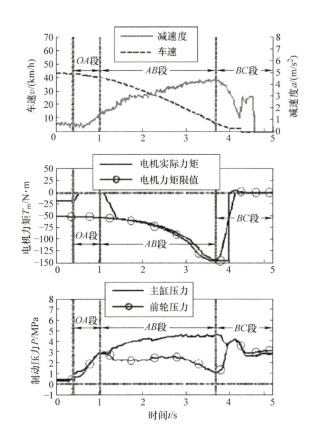

图 3-8　最佳踏板感觉策略试验结果

在 4.69s 时，车速下降至 7km/h 以下，进入回馈制动撤除阶段，前轮轮缸压力上升，电机回馈制动力矩相应减小，直至前轮轮缸压力到达与主缸压力同水平，车速减小至零，制动过程结束，如图 3-9 中 BC 段所示。

3. 各协调式回馈制动控制策略下的制动踏板感觉分析

由前面的分析可知，调节轮缸压力的过程中有可能会造成主缸压力降低，导致制动踏板下沉，从而影响踏板感觉。在电液协调控制阶段（AB 段），轮缸压力变化频繁，因此选取 AB 段作为比较各制动力分配策略踏板感觉的特征工况段。

图 3-10 所示分别为 AB 段内最大回馈效率策略、最佳制动踏板感觉策略以及回馈效率和踏板感觉兼顾策略下主缸压力 P_m 和主缸压力变化率 $\dot{P}_m$ 随时间的变化。从图中可直观地看出，最大回馈效率策略下主缸压力波动非常明显。最佳制动踏板感觉策略下主缸压力几乎没有波动，回馈效率和踏板感觉兼顾策略下，主缸压力没有明显的波动。

$\dot{P}_m$ <0 表示主缸压力下降，通过试验发现，针对本制动能量回收系统，当主缸压力变化率 $\dot{P}_m$ <-5MPa/s 时才会引起制动踏板下沉。

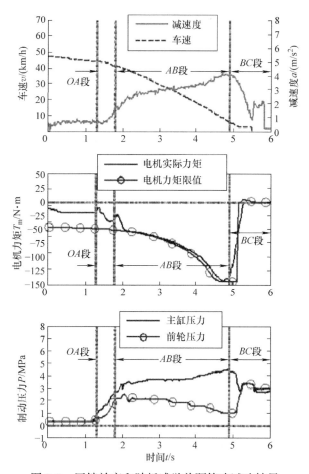

图 3-9 回馈效率和踏板感觉兼顾策略试验结果

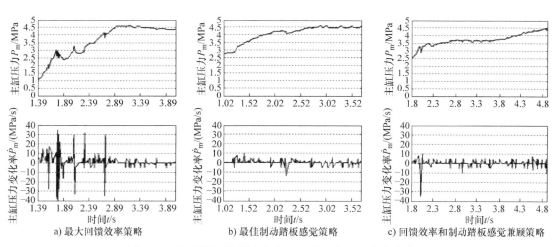

a) 最大回馈效率策略　　b) 最佳制动踏板感觉策略　　c) 回馈效率和制动踏板感觉兼顾策略

图 3-10 电液协调控制阶段主缸压力和主缸压力变化率

故定义函数

$$f_1(t) = \dot{P}_m(t) \qquad (3\text{-}5)$$

构造函数

$$f_2(t) = \begin{cases} f_1(t), & f_1(t) < -5 \\ 0, & f_1(t) \geq -5 \end{cases} \qquad (3\text{-}6)$$

为了度量制动踏板感觉的波动程度，定义制动踏板感觉波动度，用符号 Fluc_{ped} 表示：

$$\text{Fluc}_{ped} = \int_{AB段} |f_2(t)| \mathrm{d}t \qquad (3\text{-}7)$$

Fluc_{ped} 越大，表示踏板感觉越差；Fluc_{ped} 越小，表示踏板感觉越好。

从表3-2可以看出，最大回馈效率策略的踏板感觉波动度最大，为2.13MPa，最佳制动踏板感觉策略的踏板感觉波动度最小，为0.15MPa，回馈效率和制动踏板感觉兼顾策略的踏板感觉波动度较小，为0.53MPa。结果表明，最大回馈效率策略的踏板感觉较差，最佳制动踏板感觉策略与回馈效率和制动踏板感觉兼顾策略的踏板感觉良好，这与试验过程中驾驶员表达的主观感受一致。

表3-2 电液协调控制阶段各制动力分配策略的踏板感觉波动度

回馈制动控制策略	踏板感觉波动度 Fluc_{ped}/MPa
最大回馈效率策略	2.13
最佳制动踏板感觉策略	0.15
回馈效率和制动踏板感觉兼顾策略	0.53

4. 各协调式回馈制动控制策略下的制动能量回收效率分析

表3-3所示为最大回馈效率策略、最佳制动踏板感觉策略以及回馈效率和制动踏板感觉兼顾策略下的制动能量回收情况。

由于三种策略之间的区别集中体现在电液协调准备阶段（OA 段），因此有必要着重关注 OA 段的能量回收情况。图3-11所示为 OA 段三种策略的电机力矩。由试验结果可知，最大回馈效率策略经历 OA 段的时间较短，在该阶段可回收的动能仅有0.88kJ，但电机回馈力矩较大（图3-11a），回收能量0.62kJ，能量回收效率高达71.11%。最佳制动踏板感觉策略下回馈力矩在 OA 段由收加速踏板产生的17N·m的回馈制动力矩降低为零（图3-11b），能量回收效率为19.86%。而回馈效率和制动踏板感觉兼顾策略下回馈力矩在 OA 段并没有从17N·m降低至零，而是继续增加至更大的回馈制动力矩（图3-11c），能量回收效率为37.50%。

表3-3 各制动力分配策略的制动能量回收效率

阶段	参数	最大回馈效率策略	最佳制动踏板感觉策略	回馈效率和制动踏板感觉兼顾策略
OA 段	可回收动能 E_k/kJ	0.88	9.71	11.11
	制动回收能量 E_{reg}/kJ	0.62	1.93	4.17
	能量回收效率 η_{reg}（%）	71.11	19.86	37.50

（续）

阶段	参数	最大回馈效率策略	最佳制动踏板感觉策略	回馈效率和制动踏板感觉兼顾策略
AB 段	可回收动能 E_k/kJ	71.25	79.15	84.14
	制动回收能量 E_{reg}/kJ	34.36	31.05	40.29
	能量回收效率 η_{reg}(%)	48.22	39.22	47.88
BC 段	可回收动能 E_k/kJ	2.63	2.08	2.64
	制动回收能量 E_{reg}/kJ	2.14	1.74	2.14
	能量回收效率 η_{reg}(%)	81.44	83.87	81.09
整个制动过程	可回收动能 E_k/kJ	74.76	90.94	97.89
	制动回收能量 E_{reg}/kJ	37.13	34.72	46.59
	能量回收效率 η_{reg}(%)	49.66	38.18	47.60

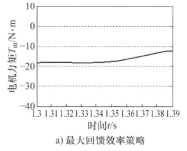
a) 最大回馈效率策略

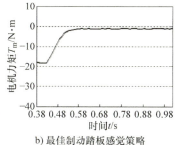
b) 最佳制动踏板感觉策略

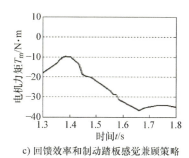
c) 回馈效率和制动踏板感觉兼顾策略

图 3-11 OA 段的电机力矩

在 AB 段和 BC 段，三种策略的能量回收效率差别不大。在整个制动过程中，最大回馈效率策略的能量回收效率为 49.66%。最佳制动踏板感觉策略的能量回收效率为 38.18%，回馈效率和制动踏板感觉兼顾策略的能量回收效率为 47.60%。可见，相比最佳制动踏板感觉策略而言，回馈效率和制动踏板感觉兼顾策略将制动能量回收效率提高了 9.42%。

3.4 由加速踏板定义回馈制动的控制策略

由于电机回馈制动力与制动踏板之间并不存在直接的机械连接，因此驾驶员不仅可以通过操纵制动踏板实现制动意图，还可以通过操纵加速踏板触发并控制电机回馈制动力矩来达到制动的目的。不同于"单踏板制动"仅通过加速踏板定义回馈制动的方式，本节研究了由加速踏板和制动踏板联合定义回馈制动的控制策略，定义了一种加速踏板开度与电机力矩相位和幅值之间的关系，利用模糊逻辑控制方法，根据加速踏板开度及其变化率定义电机回馈制动力矩变化率，设计了能够提供与内燃机汽车相似驾驶感觉的模拟内燃机制动模式和能够显著提高制动能量回收效率的辅助制动模式。

3.4.1 加速踏板开度和电机力矩关系

加速踏板具有定义驱动力矩和回馈制动力矩的双重功能。图 3-12 所示为加速踏板开度与电机力矩的关系，本节中提到的电机驱动力矩和电机回馈制动力矩均为标量，电机力矩为矢量，正值表示驱动力矩，负值表示回馈制动力矩。驾驶员首次踩下加速踏板，随着踏板开度的增加，电机输出逐渐增大的驱动力矩，如图中虚线所示；在驾驶员收加速踏板过程中，电机驱动力矩逐渐减小，当加速踏板开度小于门限值 A_1 时，电机开始输出回馈制动力矩，且随着踏板开度的减小，回馈制动力矩逐渐增大，待驾驶员完全放开加速踏板后，电机输出继续增加或维持恒值的回馈制动力矩，如图中实线所示；驾驶员再次踩下加速踏板的过程中，回馈制动力矩逐渐减小，当加速踏板开度大于门限值 A_2 后，电机开始输出驱动力矩，如图中点画线所示。综上所述，满足如下条件时，电机输出加速踏板定义的回馈制动力矩：

$$(dA_{cc}/dt < 0 \text{ 且 } A_{cc} < A_1) \text{ 或 } (dA_{cc}/dt > 0 \text{ 且 } A_{cc} < A_2) \tag{3-8}$$

式中，A_{cc} 为加速踏板开度；A_1 和 A_2 为加速踏板开度门限值，$A_1 < A_2$。

对于具有收加速踏板回馈制动功能的电动汽车，可以根据加速踏板和制动踏板的动作将车辆的制动过程划分为 3 个阶段：

1）收加速踏板阶段：驾驶员收加速踏板。

2）自由阶段：驾驶员完全松开加速踏板，但未踩制动踏板，车辆滑行。

3）踩制动踏板阶段：驾驶员踩下制动踏板。

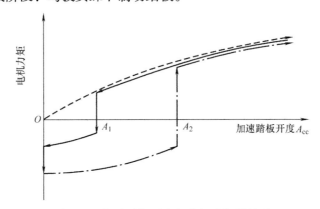

图 3-12　加速踏板开度与电机力矩的关系

制动过程中车辆获得的全部制动力由电机回馈制动力和液压制动力组成。其中电机力矩命令值 T_{cmd} 为

$$T_{cmd} = T_{acc\_reg} + T_{brk\_reg} \tag{3-9}$$

式中，T_{acc_reg} 为加速踏板定义的电机回馈制动力矩；T_{brk_reg} 为制动踏板定义的电机回馈制动力矩。本节仅关注 3 个阶段中的电机力矩。只有当驾驶员踩下制动踏板后，即在踩制动踏板阶段中，车辆才开始获得液压制动力。

3.4.2　模拟内燃机制动模式

驾驶过手动档内燃机汽车的人都有这样的体会，在离合器接合状态下松开加速踏板带档滑行时，车辆会获得来自内燃机的制动力。因此对于电动汽车而言，从模拟传统内燃机汽车驾驶感觉的角度出发，松开加速踏板后需要给车辆施加一定的制动力，如图 3-13 所示。这部分制动力矩由电机回馈制动力矩提供，叠加于制动踏板定义的制动力矩之上。制动力分配曲线 β' 较原车 β 线发生了下移，如图 3-14 所示。

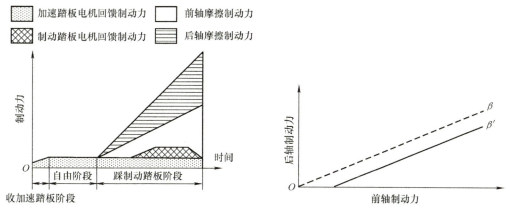

图 3-13　模拟内燃机制动模式电机力矩与　　图 3-14　模拟内燃机制动模式前后轴制动力分配曲线
　　　　　液压制动力矩分配方式

1. 收加速踏板阶段

该阶段与加速踏板的动作密切相关,加速踏板开度的大小可以反映驾驶员需求制动强度的大小,而加速踏板开度变化率表示驾驶员对加速踏板的操纵:加速踏板开度变化率大于 0 表示驾驶员正在踩加速踏板;加速踏板开度变化率小于 0 表示驾驶员正在收加速踏板。加速踏板开度变化率的大小可以反映驾驶员制动意图的紧急程度。因此该阶段的电机回馈制动力矩由加速踏板开度和加速踏板开度变化率来决定。设计模糊逻辑控制器,如图 3-15 所示,输入为加速踏板开

图 3-15　由加速踏板定义的电机力矩模糊逻辑控制器

度和加速踏板开度变化率,输出为电机回馈制动力矩变化率 k。k 大于 0,表示电机回馈制动力矩增加;k 小于 0,表示电机回馈制动力矩减小,即

$$k = \text{fuzzy}(A_{cc}, dA_{cc}/dt) \tag{3-10}$$

在该阶段中

$$\begin{cases} T_{\text{acc\_reg}} = T_0 + kt \\ T_{\text{brk\_reg}} = 0 \end{cases} \tag{3-11}$$

式中,T_0 为 $T_{\text{acc\_reg}}$ 的初值;t 为时间。

A_{cc} 的基本论域为 [0, 5],量化因子 $k_{A_{cc}}=1$,论域 $X=\{0, 1, 2, 3, 4, 5\}$,语言变量为 $\{0, VS, S, M, B, VB\}$,隶属度函数如图 3-16 所示。

dA_{cc}/dt 的基本论域为 [-200, 200],量化因子 $k_{dA_{cc}/dt}=6/200$,论域 $Y=\{-6, -5, -4, -3, -2, -1, 0, +1, +2, +3, +4, +5, +6\}$,语言变量为 $\{NB, NM, NS, 0, PS, PM, PB\}$,隶属度函数如图 3-17 所示。

k 的基本论域为 [-200, 200],比例因子 $k_k=200/6$,论域 $Y=\{-6, -5, -4, -3, -2, -1, 0, +1, +2, +3, +4, +5, +6\}$,语言变量为 $\{NB, NM, NS, 0, PS, PM, PB\}$,隶属度函数如图 3-18 所示。

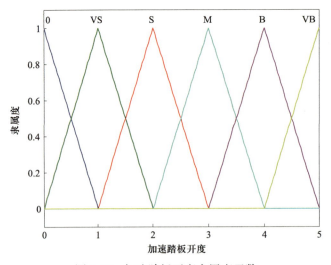

图 3-16 加速踏板开度隶属度函数

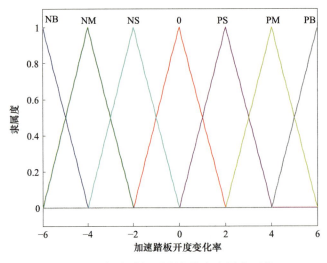

图 3-17 加速踏板开度变化率隶属度函数

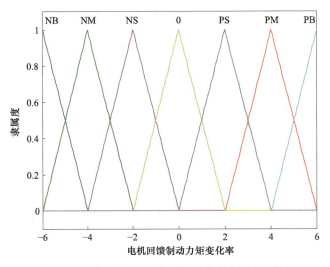

图 3-18 电机回馈制动力矩变化率隶属度函数

模糊控制规则的制定按照"加速踏板开度越小,电机回馈制动力矩变化率越大;加速踏板开度变化率越小,电机回馈制动力矩变化率越大"的思路进行。模糊规则集合见表 3-4。

k 与 A_{cc}、dA_{cc}/dt 的关系如图 3-19 所示。反模糊化采用重心法,至此,该阶段中电机回馈制动力矩的计算已经完成。

表 3-4　模糊规则集合

dA_{cc}/dt	不同 A_{cc} 对应的 k 语言变量					
	0	VS	S	M	B	VB
NB	PB	PB	PM	0	0	0
NM	PB	PM	PM	0	0	0
NS	PM	PS	PS	0	0	0
0	0	0	0	0	0	0
PS	NS	NS	NS	NS	NM	NM
PM	NS	NS	NS	NM	NM	NM
PB	NM	NM	NM	NB	NB	NB

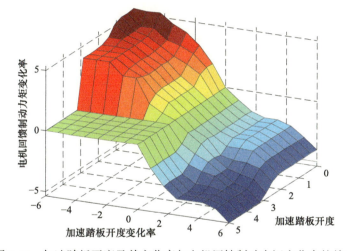

图 3-19　加速踏板开度及其变化率与电机回馈制动力矩变化率的关系

2. 自由阶段

完全松开加速踏板后,回馈制动力矩保持退出第一阶段时刻的值,即

$$T_{acc\_reg} = T_{acc\_reg1}$$
$$T_{brk\_reg} = 0$$

（3-12）

3. 踩制动踏板阶段

踩下制动踏板后,模拟内燃机制动的回馈制动力仍然存在,继续维持第一阶段退出时刻的值。车辆在该阶段获得的总制动力由两部分构成:模拟内燃机制动的制动力与主缸压力反映的驾驶员制动意图需求。主缸压力反映的驾驶员制动力需求由一部分电机回馈制动力和液压制动力共同完成,其中主缸压力反映的前轴制动力矩需求值由电机回馈制动力矩跟踪,不足的部分由液压制动力补充,即

$$T_{\text{acc\_reg}} = T_{\text{acc\_reg1}}$$
$$T_{\text{brk\_reg}} = \min\left[T_{\text{desire}}/(i_0 i_g), T_{\text{lim}} - T_{\text{acc\_reg}}\right]$$
(3-13)

式中，T_{desire} 为主缸压力反映的前轴制动力矩需求值；T_{lim} 为电机外特性决定的电机回馈制动力矩限值。

3.4.3 辅助制动模式

从能量回收的角度出发，对于制动踏板与液压制动系统没有解耦的电动汽车，制动踏板感觉受制于液压制动系统的压力变化情况。因此在踩下制动踏板后为了保证制动踏板感觉，电机回馈制动力需要做出一定妥协，电机发挥回馈制动的空间受到压缩。但是在踩制动踏板前，如果可以利用电机进行行车制动，则将增加电机回馈制动的机会，提高制动能量回收效率。

在收加速踏板辅助制动模式中，收加速踏板定义的回馈制动力参与行车制动。该模式改变了传统的驾驶习惯，当驾驶员松开加速踏板后，车辆会获得较大的制动力，如图 3-20 所示。

当驾驶员踩下制动踏板后，前后轴制动力之和维持踩制动踏板前车辆获得的总制动力，前后制动力分配曲线 β' 开始沿斜率为 −1 的斜线向原 β 线靠近。当制动踏板反映的总制动力需求大于踩制动踏板前车辆获得的总制动力后，β' 开始沿原 β 线变化，如图 3-21 所示。该模式适合于频繁小强度制动的场合，如市区堵车工况，能量回收效率提高较为明显。

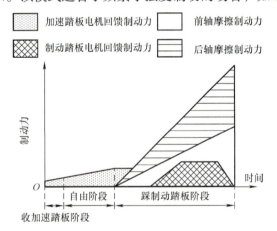

图 3-20　辅助制动模式电机力矩与液压制动力矩分配方式　　图 3-21　辅助制动模式前后轴制动力分配曲线

1. 收加速踏板阶段

与模拟内燃机制动模式相同。

$$T_{\text{acc\_reg}} = T_0 + kt$$
$$T_{\text{brk\_reg}} = 0$$
(3-14)

2. 自由阶段

回馈制动力矩变化率维持收加速踏板阶段结束时的回馈制动力矩变化率的值 k_1，电机回馈制动力矩继续增加，如图 3-20 中自由阶段所示。

$$T_{\text{acc\_reg}} = T_{\text{acc\_reg1}} + k_1 t$$
$$T_{\text{brd\_reg}} = 0 \qquad (3\text{-}15)$$

3. 踩制动踏板阶段

踩下制动踏板后,为保证车辆制动的平顺性,车辆的制动强度不能降低,即车辆获得的总制动力不能小于上一阶段的制动力。另外,前后轴制动力分配曲线应尽量靠近原车制动力分配曲线。因此在该阶段,规定踩下制动踏板后,当主缸压力反映的前轮需求制动力矩小于 $T_{\text{acc\_reg2}}$ 对应的前轮制动力矩时,应满足:

$$(F_f + F_r)r = T_{\text{acc\_reg2}} i_0 i_g \qquad (3\text{-}16)$$

式中,F_f 和 F_r 分别为前后轮制动力;r 为车轮半径;$T_{\text{acc\_reg2}}$ 为自由阶段结束时电机回馈制动力矩的值,如图 3-20 "踩制动踏板阶段" 所示。

当主缸压力反映的前轮需求制动力矩大于 $T_{\text{acc\_reg2}}$ 对应的前轮制动力矩时,收加速踏板定义的电机回馈制动力矩为零。

在该阶段,电机回馈制动力分为两部分:一部分补偿 $T_{\text{acc\_reg2}}$ 与主缸压力反映的制动需求之间的差值;另一部分跟踪主缸压力。因此有

$$T_{\text{acc\_reg}} = \max\left[T_{\text{acc\_reg2}} - T_{\text{desire}}/(i_0 i_g), 0\right]$$
$$T_{\text{brk\_reg}} = \min\left[T_{\text{desire}}/(i_0 i_g), T_{\lim} - T_{\text{acc\_reg}}\right] \qquad (3\text{-}17)$$

3.4.4 限制前轴电机回馈制动力矩的因素分析

前面提到的两种制动模式都会遇到一个问题,即收加速踏板后的一段时间内只有前轴有制动力,如果前轴制动力过大,则会导致前轮抱死,车辆将失去转向能力,有可能会对制动安全带来危险。因此有必要讨论只有前轴制动时前轴电机回馈制动力的最大值。

当前轮刚要抱死时,有

$$F_{\mu 1} = F_{xb1} \qquad (3\text{-}18)$$

$$F_{xb1} = \varphi F_{z1} = \varphi \left(\frac{Gb}{L} + \frac{F_{xb} h}{L} \right) \qquad (3\text{-}19)$$

式中,$F_{\mu 1}$ 为前轴制动器和电机提供的制动力;F_{xb1} 为前轮地面制动力;φ 为轮胎与路面间的附着系数;F_{z1} 为地面作用于前轮的法向反作用力;G 为汽车重力;b 为汽车质心至后轴中心线的距离;L 为轴距;F_{xb} 为地面制动力;h 为汽车质心高度。

由于

$$F_{xb} = F_{xb1} + F_{xb2} \qquad (3\text{-}20)$$

式中,F_{xb2} 为后轮地面制动力。

由于后轮无制动力,有

$$F_{xb2} = 0 \qquad (3\text{-}21)$$

可以得到

$$F_{xb1} = \frac{Gb\varphi}{L-\varphi h} \quad (3-22)$$

又由于

$$F_{\mu 1} = \frac{T_m i_0 i_g}{r} \quad (3-23)$$

式中，T_m 为电机回馈制动力矩。

由上面推导可知，在只有前轴有制动力作用时，前轴抱死的临界条件是

$$F_{\mu 1} = F_{xb1} \quad (3-24)$$

因此，只要满足

$$T_m < \frac{Gbr\varphi}{(L-h\varphi)i_0 i_g} \quad (3-25)$$

前轮就不会抱死。由此得到路面附着系数与电机回馈制动力最大值之间的关系为

$$T_{m\_max} = \frac{Gbr\varphi}{(L-h\varphi)i_0 i_g} \quad (3-26)$$

式中，T_{m_max} 为电机回馈制动力矩可取的最大值。

若认为车辆（详细参数见表 3-5）空载时的质量为整备质量与一名体重为 70kg 的驾驶员质量之和，则在空载和满载情况下，不同路面附着系数与前轴可施加的最大电机回馈制动力矩关系如图 3-22 所示。在某一附着系数路面上，当电机回馈制动力矩小于过该附着系数垂线与图中曲线交点对应的最大电机力矩时，前轮不会抱死。考虑到车辆经常行驶于附着系数较高的路面上，本节仅考虑路面附着系数大于 0.3 的情况。由图 3-22 可知，附着系数为 0.3 时对应满载和空载状态下，电机最大回馈制动力矩分别为 82.34N·m 和

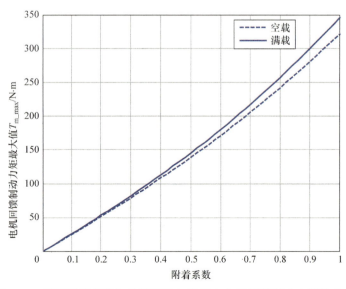

图 3-22　路面附着系数与前轴可施加的最大电机回馈制动力矩的关系

79.33N·m。因此，针对该车辆（详细参数见表3-5），规定在模拟内燃机制动模式和辅助制动模式下，前轴电机回馈制动力矩不得超过79N·m。换言之，在附着系数大于0.3的路面上，如果电机回馈制动力矩不超过79N·m，则收加速踏板产生的前轴制动力矩不会使前轮抱死。

3.4.5 试验结果

对于所研究的目标车型，车辆的相关参数见表3-5。

表3-5 目标车型主要性能参数

参数	符号	值	单位
车辆质量（整备/满载）	m	1060/1360	kg
轴距	L	2.33	m
质心至后轴距离（空载/满载）	b	1.4811/1.2632	m
质心高度（空载/满载）	h	0.522/0.632	m
主减速器速比	i_0	3.789	—
变速器速比	i_g	2.08	—
迎风面积	A	2.142	m²
风阻系数	C_D	0.32	—
车轮滚动半径	r	0.275	m
前后轴制动力分配系数	β	0.7305	—
制动轮缸活塞直径（盘式/鼓式）	d	0.0511/0.01905	m
制动盘摩擦系数	μ_b	0.38	—
制动盘有效半径（盘式/鼓式）	r_b	0.1017/0.1015	m

在Matlab/Simulink环境下，对收加速踏板无回馈制动的常规制动模式、收加速踏板有回馈制动的模拟内燃机制动模式以及辅助制动模式进行仿真。研究对象为一辆前轴驱动电动轿车。路面峰值附着系数为0.8，初始车速为40km/h，零时刻加速踏板开度从80%开始下降，在0.5s时加速踏板完全释放，开度为0。2s时驾驶员踩下制动踏板，主缸压力逐渐上升，至2.5s时主缸压力稳定在5MPa。

图3-23所示为常规制动模式的仿真结果。随着加速踏板开度的下降，电机的驱动力矩也逐渐下降。当驾驶员完全松开加速踏板后，电机力矩变为0。在此后大约1.5s的时间内，车辆处于自由滑行状态。2s时驾驶员踩下制动踏板，车辆获得由制动踏板定义的电机回馈制动力矩和液压制动力矩。

图3-24所示为模拟内燃机制动模式的仿真结果。随着加速踏板开度的下降，电机的驱动力矩也逐渐下降，在0.57s时电机开始输出并维持13.74N·m的制动力矩模拟内燃机制动。当2s时踩下制动踏板，制动踏板定义的回馈制动力矩T_{brk_reg}开始增加，加速踏板定义的回馈制动力矩T_{acc_reg}仍然保持在13.74N·m。车辆获得的总制动力矩与预期的制动力分配策略一致，制动过程平稳。

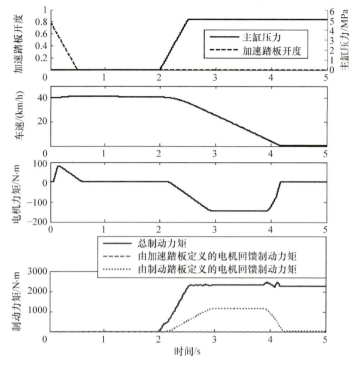

图 3-23 常规制动模式仿真结果

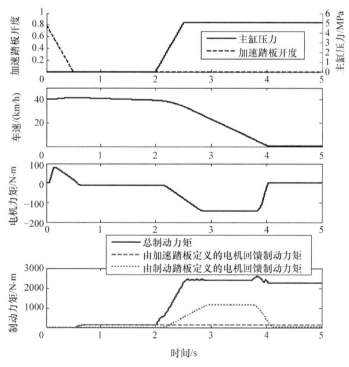

图 3-24 模拟内燃机制动模式仿真结果

图 3-25 所示为辅助制动模式的仿真结果。随着加速踏板开度的下降，电机的驱动力矩也逐渐下降，在 0.57s 时电机开始输出逐渐增大的制动力矩，该力矩最大值达到 79N·m。当 2s 时踩下制动踏板，液压制动力矩开始增加。制动踏板定义的回馈制动力矩 $T_{\text{brk\_reg}}$ 也逐渐增加至 145N·m，为保证总制动力不变，加速踏板定义的回馈制动力矩 $T_{\text{acc\_reg}}$ 相应减小。车辆获得的总制动力矩与预期的制动力分配策略一致，制动过程平稳。

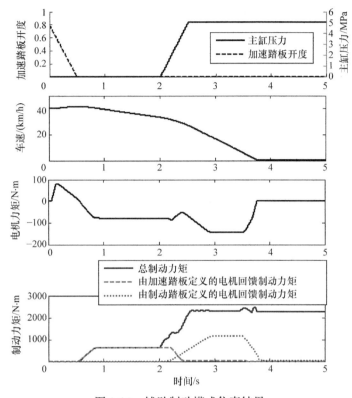

图 3-25　辅助制动模式仿真结果

表 3-6 所示分别为常规制动模式、模拟内燃机制动模式和辅助制动模式的仿真分析结果。可以看出，模拟内燃机制动模式相比常规制动模式缩短了 1.60m 的制动距离，能量回收效率从 38.41% 提高到 43.93%。辅助制动模式相比常规制动模式缩短了 6.19m 的制动距离，能量回收效率从 38.41% 提高到 64.01%。

表 3-6　由加速踏板定义的回馈制动控制策略仿真结果

参数	常规制动模式	模拟内燃机制动模式	辅助制动模式
制动初速度 v_0/(m/s)	11.49	11.49	11.49
制动距离 L_{brk}/m	30.27	28.67	24.08
滚动阻力能耗 E_f/kJ	3.63	3.44	2.89
空气阻力能耗 E_w/kJ	1.34	1.23	0.89
可回收动能 E_k/kJ	84.77	85.08	85.97
制动回收能量 E_{reg}/kJ	32.56	37.37	55.03
能量回收效率 η_{reg} (%)	38.41	43.93	64.01

第 4 章

针对能量回馈式制动系统非线性特性的优化控制

电机回馈制动力矩经过减速器、半轴等动力传动装置作用于车轮,来自于齿轮副的非线性齿隙给电驱动传动系统中转矩的产生与传递路径引入了一个强非线性环节,而带有刚度和阻尼特性的轴系弹性,则是动力传动系统的另一个振动激励源。轴系弹性和齿隙非线性这两个特征环节对回馈制动的控制效果的影响不可忽视。另一方面,在通信网络影响下,整车控制器、制动控制器和电机控制器之间的通信会产生随机延时,这将进一步影响回馈制动的控制效果。本章将讨论针对上达因素的能量回馈式制动系统的优化控制方法。

4.1 能量回馈式制动系统机械耦合非线性特征分析

能量回馈式制动系统中轴系的柔性以及齿隙非线性的耦合作用,会引发系统层面的力矩振荡以及整车层面的纵向冲击,影响回馈制动系统力矩精密控制的品质与整车操纵性能。本节针对回馈制动系统的机械耦合特性开展研究。

4.1.1 回馈制动耦合非线性系统模型

1. 系统总体结构

电机回馈制动与摩擦制动耦合制动系统整体结构如图 4-1 所示。一个驱动电机布置在前轴中部,电机输出转矩经变速器减速增矩作用放大后,经由半轴、万向节等部件的传递,最终作用于车轮。液压制动力由液压控制单元进行调节,经由液压制动管路,直接作用于车轮边的摩擦制动器,进而产生摩擦制动力。在汽车回馈制动过程中,来自电机驱动系统的回馈制动转矩与来自摩擦制动系统的液压制动力矩在车轮处进行耦合,二者共同完成整车制动操作。

将实际的物理系统抽象成一个双惯量的简化模型,如图 4-2 所示。图 4-2 中左侧的惯量 J_m 表示电机转动惯量,右侧惯量 J_w 表征负载的等效转动惯量。实际物理系统中的减速齿轮轴系、主减速器、差速器以及内外侧等速万向节在模型中被抽象成一个齿轮箱。对于半轴转矩的建模采用弹性模型,反映其刚度与阻尼等柔性属性。齿隙的建模采用与实际物理系统相对应的分段非线性模型,且将贯穿整个传动系统的齿隙综合考虑为一个等效的齿隙环节,标记为夹角 2α。

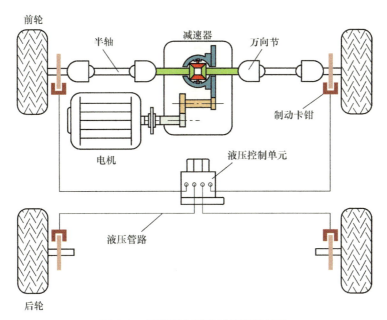

图 4-1　回馈耦合制动系统整体结构

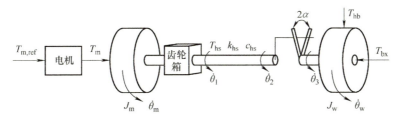

图 4-2　电机回馈制动系统双惯量简化模型

2. 电机动力学平衡方程

将电机转矩输出特性考虑为一阶惯性环节，电机动力学平衡方程可表示为

$$J_m \ddot{\theta}_m + b_m \dot{\theta}_m = T_m - 2T_{hs} \frac{1}{i_0 i_g} \tag{4-1}$$

式中，J_m 为电机转动惯量；b_m 为电机摩擦系数；T_m 为电机输出转矩；i_0 为主减速器速比；i_g 为减速器速比；T_{hs} 为半轴转矩；θ_m 为电机角位移。

3. 弹性轴系模型

柔性半轴以及非线性齿隙连接齿轮箱和驱动轮惯量。包含刚度与阻尼等弹性特征的半轴转矩可表示为

$$T_{hs} = k_{hs} \theta_s + c_{hs} \dot{\theta}_s \tag{4-2}$$

$$\theta_s = \theta_d - \theta_b \tag{4-3}$$

$$\theta_d = \theta_1 - \theta_3, \quad \theta_b = \theta_2 - \theta_3 \tag{4-4}$$

式中，k_{hs} 和 c_{hs} 分别为半轴的刚度与阻尼系数；θ_d 为半轴的扭转角位移；θ_b 为齿隙角位移；θ_1、θ_2、θ_3 分别为图 4-2 中所标记位置角位移，$\theta_1 = \theta_m / i_0 i_g$，$\theta_3 = \theta_w$。

4. 非线性齿隙模型

齿侧间隙呈现出分段仿射的非线性特征，其动力学模型可表示为

$$\dot{\theta}_b = \begin{cases} \max\left(0, \dot{\theta}_d + \dfrac{k_{hs}}{c_{hs}}(\theta_d - \theta_b)\right), & \theta_b = -\alpha \\ \dot{\theta}_d + \dfrac{k_{hs}}{c_{hs}}(\theta_d - \theta_b), & |\theta_b| < \alpha \\ \min\left(0, \dot{\theta}_d + \dfrac{k_{hs}}{c_{hs}}(\theta_d - \theta_b)\right), & \theta_b = \alpha \end{cases} \quad (4\text{-}5)$$

5. 驱动轮动力学平衡方程

在此基础上，驱动轮的动力学方程则可表示为

$$J_w \ddot{\theta}_w + b_w \dot{\theta}_w = T_{hs} - T_{hb} - T_{bx} \quad (4\text{-}6)$$

式中，J_w 为车轮转动惯量；b_w 为摩擦阻力系数；T_{hb} 为液压制动执行机构所产生的摩擦制动力矩；T_{bx} 为地面纵向制动力所产生的力矩。

对于整个动力传动系统，上述摩擦制动力矩 T_{hb} 以及地面纵向制动力产生的力矩 T_{bx} 可合并考虑为负载项。

液压制动系统模型采用简化的活塞-弹簧结构形式的制动轮缸模型，以模拟回馈制动过程中液压制动力的增压、保压、减压等调节动作；车辆模型则采用包含纵向运动、横向运动以及转向等 8 个自由度的整车动力学模型；而对于轮胎模型，采用经典的魔术轮胎公式以准确模拟车辆在制动过程中轮胎的滑动状态。

4.1.2 轴系弹性对回馈制动控制的影响

根据 4.1.1 节所建立的回馈制动系统与摩擦制动系统耦合动力学模型，在齿隙接触状态下，系统可用如下状态空间方程的形式表达：

$$\begin{pmatrix} \dot{T}_m \\ \dot{\theta}_s \\ \ddot{\theta}_m \\ \ddot{\theta}_w \\ \dot{\theta}_b \end{pmatrix} = \begin{pmatrix} -\dfrac{1}{\tau_m} & 0 & 0 & 0 & 0 \\ 0 & -\dfrac{k_{hs}}{c_{hs}} & 0 & 0 & 0 \\ \dfrac{1}{J_m} & 0 & -\dfrac{b_m}{J_m} & 0 & 0 \\ 0 & 0 & 0 & -\dfrac{b_w}{J_w} & 0 \\ 0 & 0 & 0 & 0 & 0 \end{pmatrix} \begin{pmatrix} T_m \\ \theta_s \\ \dot{\theta}_m \\ \dot{\theta}_w \\ \theta_b \end{pmatrix} + \begin{pmatrix} \dfrac{1}{\tau_m} & 0 & 0 & 0 \\ 0 & \dfrac{1}{c_{hs}} & 0 & \dfrac{1}{c_{hs}} \\ 0 & -\dfrac{2}{i_0 i_g J_m} & 0 & -\dfrac{2}{i_0 i_g J_m} \\ 0 & 0 & -\dfrac{1}{J_w} & \dfrac{1}{J_w} \\ 0 & 0 & 0 & 0 \end{pmatrix} \begin{pmatrix} T_{m,\mathrm{ref}} \\ T_{hb} \\ T_{bx} \\ T_d \end{pmatrix} \quad (4\text{-}7)$$

为了方便表达，将上述模型中的摩擦制动力矩 T_{hb} 以及地面纵向制动力产生的力矩 T_{bx} 视为系统负载，一同并入负载项，以 $J_d \dot{\theta}_w$ 的形式表示。电机角速度输出与电机转矩之间的传递函数为

$$\frac{\dot{\theta}_m}{T_m} = \frac{J_d s^2 + c_{hs} s + k_{hs}}{J_m J_d s^3 + (J_m + 2i_g^{*2} J_d) c_{hs} s^2 + (J_m^* + 2i_g^{*2} J_d) k_{hs} s}$$

$$= \frac{1}{(J_m + 2i_g^{*2} J_d) s} \cdot \frac{\dfrac{s^2}{\omega_a^2} + \dfrac{2\zeta_a}{\omega_a} s + 1}{\dfrac{s^2}{\omega_R^2} + \dfrac{2\zeta_R}{\omega_R} s + 1} \quad (4\text{-}8)$$

式中，J_d 为负载等效转动惯量；i_g^* 为传动系统总速比，即 $i_g^* = i_0 i_g$；ω_a 为反谐振频率；ζ_R 为反谐振衰减因子；ω_R 为谐振频率；ζ_a 为谐振衰减因子。

反谐振频率 ω_a 与谐振频率 ω_R 的计算式如下所示：

$$\begin{cases} \omega_a = \sqrt{\dfrac{k_{hs}}{J_d}} \\ \omega_R = \sqrt{\dfrac{(J_m + 2i_g^{*2} J_d) k_{hs}}{J_m J_d}} \end{cases} \quad (4\text{-}9)$$

由电机转矩输入至电机角速度输出的系统传递函数框图，如图 4-3 所示。

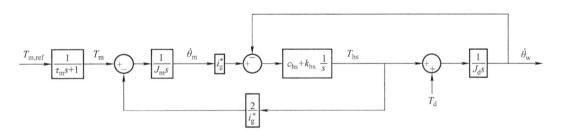

图 4-3 电驱动系统传递函数框图

根据电驱动系统传递函数，可以得到的电驱动系统中电机转速的响应特性伯德图，如图 4-4 所示。若电回馈制动系统传递环节为刚性，则系统应始终保持一阶系统的特征，其幅频特性曲线应始终沿 -20dB 的斜率下降。而实际系统则表现出：在系统的低频区段幅频特性曲线开始出现共振，相角反置；随着轴系阻尼系数不断减小（$+\infty > c_3 > c_2 > c_1 > c_0$），幅值、相位的振荡更加剧烈；当越过低频共振区后，幅频特性曲线又恢复至 -20dB 的斜率。上述现象说明，系统的共振频率存在 10~30Hz 的低频区段，且系统并非是完全刚性的，其中存在着柔性成分。

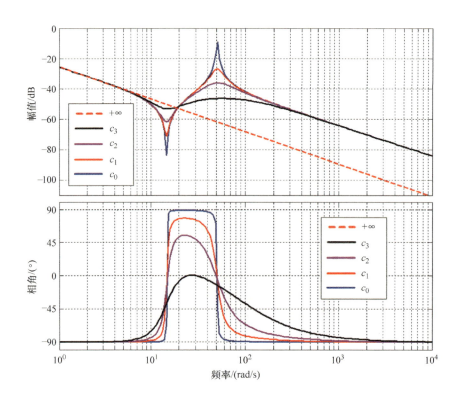

图 4-4　电机角速度响应特性伯德图

进一步考察电驱动系统中其他特征状态变量的频域响应特性。根据式（4-7）所表示的系统状态空间方程，经整理可以得到由电机转矩输入至负载角速度输出与电机转矩之间的传递函数：

$$\frac{\dot{\theta}_\mathrm{w}}{T_\mathrm{m}} = \frac{i_\mathrm{g}^*(c_\mathrm{hs}s + k_\mathrm{hs})}{J_\mathrm{m}J_\mathrm{d}s^3 + (J_\mathrm{m} + 2i_\mathrm{g}^{*2}J_\mathrm{d})c_\mathrm{hs}s^2 + (J_\mathrm{m} + 2i_\mathrm{g}^{*2}J_\mathrm{d})k_\mathrm{hs}s} \quad (4\text{-}10)$$

根据式（4-10）所示的负载角速度输出与电机转矩之间的传递函数，可以得到负载角速度的频域响应特性，如图4-5所示。若电机力矩与负载角速度之间的对应关系为纯刚性，则其传递函数应为二阶，系统幅频特性曲线应始终沿着-40dB的斜率下降。而实际系统的频响特性则表现为：在部分低频区50Hz附近，系统幅频特性曲线发生共振，相角变化曲线亦发生波动；随着轴系阻尼系数的减小（$+\infty > c_3 > c_2 > c_1 > c_0$），幅值、相位响应特性曲线的振荡更加剧烈；越过共振区后，幅频曲线偏离-40dB的斜率。上述现象亦说明电驱系统中柔性成分的存在，故电机转矩输入与负载角速度输出之间不可简单地考虑为纯刚性传递关系。

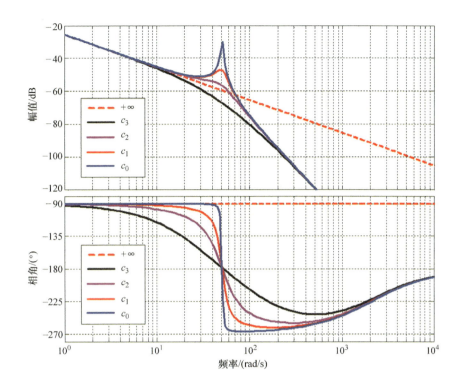

图 4-5　负载角速度响应特性伯德图

对于回馈制动系统，电机回馈转矩输入到轮边半轴转矩之间的动态传递特性尤为重要。因此，下面考察回馈转矩在包含耦合非线性的传动系统中的传递特征。由式（4-7）可以整理得到电机转矩输入与半轴转矩输出之间的传递函数：

$$\frac{T_{hs}}{T_m} = \frac{J_d s(c_{hs}s + k_{hs})}{i_g^* J_m J_d s^3 + \left(i_g^* J_m + \frac{2}{i_g^*}J_d\right)c_{hs}s^2 + \left(i_g^* J_m + \frac{2}{i_g^*}J_d\right)k_{hs}s} \quad (4-11)$$

图 4-6 所示为回馈制动系统半轴转矩在电机转矩输入激励下的系统频域响应。由图易知，在 10Hz 以下的极低频区域，系统表现出较强的刚性特性，则系统幅频响应可近似视为一定比例的放大；对应到实际物理系统，即电机回馈制动力矩经由减速器、差速器放大后传递至半轴及车轮。然而，越过 10Hz 之后，系统的幅值、相角发生波动，尤其是在 30~50Hz 这一范围内，系统振荡剧烈；随着轴系阻尼系数减小，系统幅值、相位特性曲线的变化更加剧烈，表征系统并非完全刚性。

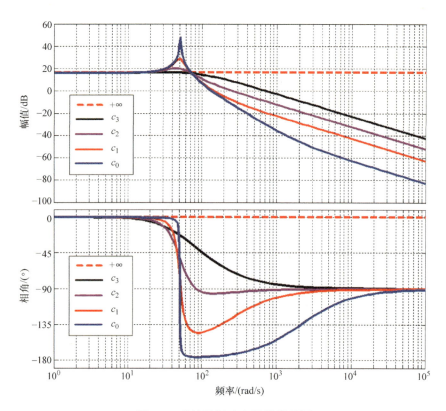

图 4-6 半轴转矩响应特性伯德图

综上,实际的电机回馈制动系统,相比传统布置于轮边的摩擦制动系统,其传递环节较长,在极低频区段可近似看作刚性系统,而越过极低频区到达共振区后,系统幅频振荡加大,同时伴随相角的波动,呈现出柔性成分的特性,此时系统则不可近似等效为刚性系统,应考虑实际系统中弹性成分所带来的影响。

然而,在现有关于回馈制动控制策略的文献中,往往将传动系统考虑为纯刚性环节,简单地认为施加在车轮处的回馈转矩等价于电机输出转矩乘以传动系统速比。基于以上分析,由于电驱动系统刚度与阻尼等弹性因素的影响,传递至车轮处的实际电机回馈转矩不能直接等效于由电机输出经速比放大后的转矩。尤其是在传动系统低频共振区间内,系统波动较大,这对回馈制动过程中的耦合制动力的控制效果,特别是多种制动状态频繁切换时系统的精确控制会产生不良影响。因此,为了实现更高的电驱动系统转矩控制品质,在回馈制动与摩擦制动耦合控制设计时需进一步考虑轴系柔性特征所带来的影响。

4.1.3 齿隙对回馈耦合制动控制的影响

在车辆动力传动系统中,除上述系统刚度、阻尼特性等表现出的轴系弹性特征外,齿侧间隙则是另一个具有代表性的传递环节,给系统引入了一个强非线性,影响系统的传递特性。

由前述的齿隙非线性模型可知,齿侧间隙包含三种状态,即:正向接触、间隙跃迁以及负向接触。首先定义接触状态方向,对于电动汽车,若将半轴传递驱动转矩时齿隙的接触面定义为正接触,则在回馈制动状态下,齿隙的接触面为负。

当驾驶员释放加速踏板，随即踩下制动踏板时，车辆将从驱动状态转向回馈制动状态，此时传动系统中的齿隙非线性将被激发。在齿隙跃迁过程中，回馈制动系统的动力学特征可表示为状态方程的形式：

$$\begin{bmatrix} \dot{T}_\mathrm{m} \\ \dot{\theta}_\mathrm{s} \\ \ddot{\theta}_\mathrm{m} \\ \ddot{\theta}_\mathrm{w} \\ \dot{\theta}_\mathrm{b} \end{bmatrix} = \begin{bmatrix} -\dfrac{1}{\tau_\mathrm{m}} & 0 & 0 & 0 & 0 \\ 0 & -\dfrac{k_\mathrm{hs}}{c_\mathrm{hs}} & 0 & 0 & 0 \\ \dfrac{1}{J_\mathrm{m}} & 0 & -\dfrac{b_\mathrm{m}}{J_\mathrm{m}} & 0 & 0 \\ 0 & 0 & 0 & -\dfrac{b_\mathrm{w}}{J_\mathrm{w}} & 0 \\ 0 & \dfrac{k_\mathrm{hs}}{c_\mathrm{hs}} & \dfrac{1}{i_0 i_\mathrm{g}} & -1 & 0 \end{bmatrix} \begin{bmatrix} T_\mathrm{m} \\ \theta_\mathrm{s} \\ \dot{\theta}_\mathrm{m} \\ \dot{\theta}_\mathrm{w} \\ \theta_\mathrm{b} \end{bmatrix} + \begin{bmatrix} \dfrac{1}{\tau_\mathrm{m}} & 0 & 0 & 0 \\ 0 & 0 & 0 & 0 \\ 0 & 0 & 0 & 0 \\ 0 & -\dfrac{1}{J_\mathrm{w}} & -\dfrac{1}{J_\mathrm{w}} & 0 \\ 0 & 0 & 0 & 0 \end{bmatrix} \begin{bmatrix} T_\mathrm{m,ref} \\ T_\mathrm{hb} \\ T_\mathrm{bx} \\ T_\mathrm{d} \end{bmatrix} \quad (4\text{-}12)$$

观察式（4-12）可以发现，式中输入向量的系数矩阵第五列均为零，表征此状态下电驱动系统动力源与负载端瞬时解耦，意味着动力系统转矩传递暂时中断。

进一步分析，在齿隙非线性被激发时，电驱动系统动力源与负载端解耦，半轴转矩瞬时为零。此时动力源，即电机端的输出转矩全部加载在其自身惯量上，使得电机在齿隙跃迁阶段产生了一个不期望的角加速度，电机转速迅速上升。然而，由于车身惯量较大，半轴转矩瞬时为零对车轮转速的影响不大。

这样，在齿隙跃迁阶段，电机与负载之间的角速度差被迅速拉大，这对电机回馈制动系统带来的负面影响主要有以下三方面：

1）齿隙发生跃迁阶段，动力与负载解耦，至齿隙接触再次建立时需要一定时间，给系统动力的传递带来中断与延迟。

2）动力源与负载端之间的角速度差瞬时变大，在齿隙接触再次建立时将发生巨大撞击，引发动力传动系统的转矩振荡。

3）动力与负载之间的较大角速度差，以及由齿隙接触再次建立时引发的巨大撞击，将会加剧轴系柔性所引发的动力系统振荡，进一步引发整车层面的纵向冲击。

时域下，齿隙非线性对回馈制动力矩响应的影响如图4-7和图4-8所示。

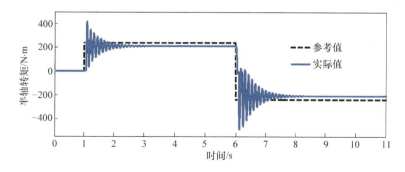

图4-7 电机转矩阶跃输入作用下半轴转矩的时域响应

图 4-7 表示了在阶跃转矩输入下，考虑非线性齿隙环节以及轴系弹性环节的电驱动系统的时域响应特性。在第 1s 时，给系统输入一个阶跃转矩，实际电驱动系统中电机响应后输出阶跃转矩。由于齿隙非线性的存在，齿隙接触的建立需要一定时间，故实际的半轴转矩响应出现一定延迟。在齿隙接触建立时，与上述分析一致，动力与负载之间较大的角速度差导致巨大撞击，引发系统层面半轴转矩的振荡，影响回馈制动系统控制品质。

图 4-8 表示的是在正弦转矩输入作用下，考虑非线性齿隙环节以及轴系弹性环节的电驱动系统的时域响应特性。在第 0s 时，给定一个正弦转矩输入，实际电驱动系统响应此需求，电机输出正弦转矩。由于齿隙非线性的存在，齿隙接触的建立需要一定时间，故实际的半轴转矩响应出现较为明显的时间延迟，动力传递亦出现中断。与阶跃响应特性类似，在齿隙接触建立后，动力传递随即恢复。然而电机与负载之间较大的角速度差导致巨大撞击，引发半轴转矩振荡，需要近 2s 的时间振荡才逐渐衰减，影响回馈制动系统控制品质。

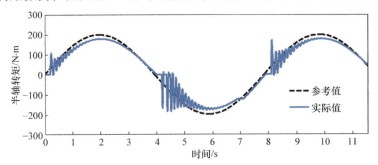

图 4-8 电机正弦转矩输入作用下半轴转矩的时域响应

然而现有相关回馈制动系统建模与控制的研究中，为了降低系统复杂度，便于控制器的设计，均将具有较强非线性特征的齿隙环节忽略，以得到较为容易处理的回馈转矩传递系统线性模型。然而由上述分析可知，非线性齿隙环节会对实际的回馈转矩动态特性带来不良影响，引发回馈转矩传递的延迟、中断以及振荡，尤其是对多种制动状态频繁切换过程中系统的精确控制会带来较大影响。因此，为了实现更高的电驱动系统转矩控制品质，在回馈制动与摩擦制动耦合控制设计时亦需进一步考虑齿隙非线性的补偿。

4.1.4 耦合非线性对回馈制动控制的影响

在上述对传动系统轴系柔性、齿隙非线性分析的基础上，进一步研究轴系柔性与齿侧间隙耦合非线性对回馈制动系统转矩控制以及整车层面带来的影响。

图 4-9 表示了电驱动车辆由驱动向回馈制动切换过程中，系统相关状态变量的变化情况。在第 1s 内，车辆处于驱动状态，此时齿隙处于正向接触状态。在第 1s 时，驾驶员踩下制动踏板，表征制动需求，电机转矩响应回馈制动请求，由驱动状态向回馈制动状态快速转移。在电机转矩由正到负快速转移的过程中，在系统层面上，半轴转矩出现了一个不期望出现的转矩振荡，同时引起了整车层面的纵向冲击，影响舒适性。

针对上述描述的回馈制动情景，进一步聚焦到齿隙跃迁、转矩快速转移的过程中。如图 4-10 所示，齿侧间隙在第 1s 内处于正向接触（Positive Contact）状态，即图中 CO+ 表示的阶段。

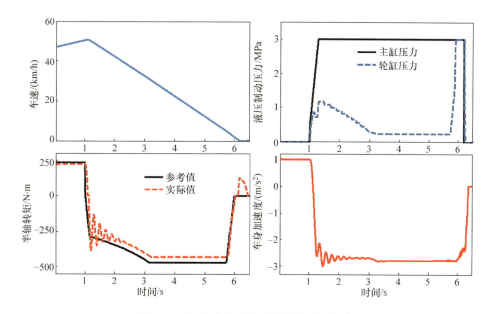

图 4-9　电驱动车辆的回馈制动过程仿真

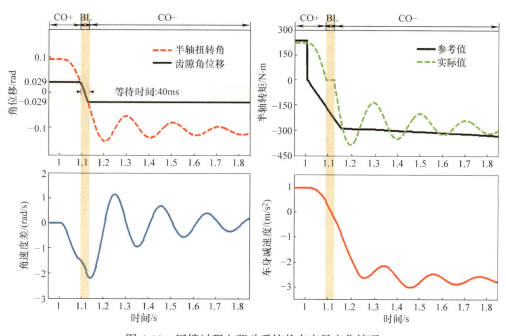

图 4-10　回馈过程电驱动系统状态变量变化情况

在 1.1s 时开始出现齿隙跃迁（Backlash Traverse），齿隙的接触面由正向往负向进行转移，整个间隙跃迁过程持续 40ms 左右，如图 4-10 中 BL 阶段所示。在这一过程中，由于齿隙两侧的电机端与负载端瞬时解耦，半轴上所传递的回馈转矩为零，导致动力传递的瞬时中断。另由前面的分析可知，在此动力短时中断过程中，电机输出转矩全部加载在了电机自身的转动惯量上。根据 $J_m \ddot{\theta}_m = T_m$ 可知，在这一过程中，电机被瞬间加速，其转速将迅速变大。

直至 1.14s 时，齿隙负向接触（Negative Contact）建立。此时，电机端与车轮端的角速度差已增大至 -2rad/s 以上，这样较大的角速度差造成了齿隙接触建立时动力端与负载端的巨大撞击，引发了系统层面的转矩振荡。如图 4-10 中 CO- 阶段所示，在齿隙负向接触状态下，由于电机回馈制动系统中轴系刚度、阻尼等柔性成分的存在，半轴转矩继续振荡，在经历了 1s 之后才逐渐衰减，这进一步导致了整车层面的减速度冲击，影响了车辆的纵向操纵性。

综上，在回馈制动力矩动态变化过程中，电机回馈制动系统轴系的柔性以及齿隙非线性的耦合作用，会引发系统层面的转矩振荡及整车层面的纵向冲击，影响回馈制动系统转矩精密控制的品质与车辆操纵性能。

4.2 针对机械非线性特性的补偿控制

为了进一步提高回馈制动力与摩擦制动力的动态耦合控制精度，尤其是改善回馈制动力矩瞬态变化过程中整车的驾驶性能，应对回馈制动系统中轴系的柔性以及齿侧间隙的耦合非线性环节进行主动补偿控制。

4.2.1 针对机械非线性特性的补偿控制目标

1. 轴系柔性的主动补偿控制目标

在齿隙接触状态下，在电机回馈制动系统中，轴系的刚度与阻尼等弹性特征将被激发，引起转矩振荡，其本质是低频状态下引发电机回馈制动传动系统共振所致。尤其是在电机工作状态瞬态切换，电机转矩瞬态转移的情况下，转矩的振荡将尤为剧烈。

因此，对于轴系弹性特征的主动补偿控制，其目标可以设定为对期望转矩的跟踪，通过控制电机实际的输出转矩使得实际的半轴转矩 $T_{hs}(t)$ 跟随期望的半轴转矩，即 $i_0 i_g T_{m,tgt}(t)/2$。

2. 齿隙非线性的主动补偿控制目标

根据齿侧间隙的动力学方程不难发现，其行为表现为分段仿射型的强非线性特征。在齿隙跃迁状态下，间隙非线性受到激发，此时动力源与负载瞬时解耦，二者角速度差迅速增大；当再次建立接触时，两侧巨大的角速度差将引发接触面的强烈冲击。

因此，对于齿隙非线性的主动补偿控制，其目标即是减小齿隙再次建立接触时的冲击力，进而达到"软着陆"的效果。这一目标可以通过尽可能减小间隙跃迁过程电机端与负载端的角速度差 $\dot{\theta}_w(t) - \dot{\theta}_m(t)/i_0 i_g$ 而实现。故区别于轴系柔性主动补偿时的转矩跟踪，齿隙补偿控制目标可设定为速度跟踪控制，控制目标是控制齿隙靠近动力源这一侧的角速度 $\dot{\theta}_m(t)/i_0 i_g$，令其去跟踪参考角速度，即车轮角速度 $\dot{\theta}_w(t)$。

4.2.2 基于混杂系统理论的电驱动系统状态估计方法

1. 基于线性积分的半轴转矩估计方法

忽略齿隙影响，可以得到基于系统运动学的半轴转矩积分估计方法，见式（4-13）。整个估计过程不需要车辆参数，仅需半轴的刚度与阻尼系数两个系统参数，因而具有良好的鲁棒性。

$$\hat{T}_{hs} = k_{hs}\int(\omega_m/i_0 i_g - \omega_w)\mathrm{d}t + c_{hs}(\omega_m/i_0 i_g - \omega_w) \quad (4\text{-}13)$$

然而，在实际的状态估计过程中，车轮角速度、电机角速度这两个传感器的实时采集信号存在误差，且外界环境对系统的干扰亦会叠加在信号上。因此，误差会不断累积，进而使得通过积分方法获得的半轴转矩估计值产生偏差。

若要消除此误差，需要通过模型对所获得的半轴转矩实时估计值进行修正。可行的方式包括利用引入反馈增益，对估计算法进行闭环修正。例如，可通过将电机回馈制动系统模型计算得到的电机转速、车轮转速与传感器实际测得的电机转速、车轮转速进行比较，并将比较得到的误差信号乘以观测器反馈增益，与通过模型或者通过传感器采集在线计算得到的半轴扭转角速度叠加后再进行积分，对干扰项与误差项进行补偿修正，进而消除累积误差的影响。

2. 基于线性降维观测器的半轴转矩估计方法

为了满足此类观测器设计对系统线性形式的要求，对包括车辆动力学、轮胎力在内的系统全维非线性模型进行简化处理。忽略电驱动系统中的齿隙非线性，同时为了简化计算量，将轮胎所受的纵向力视为电驱动系统的外部负载，并入系统输入项。因此，简化后的电驱动系统全维线性表达式为

$$\begin{cases} \dot{\boldsymbol{x}} = \boldsymbol{A}\boldsymbol{x} + \boldsymbol{B}\boldsymbol{u} \\ \boldsymbol{y} = \boldsymbol{C}\boldsymbol{x} \end{cases} \quad (4\text{-}14)$$

式中，$\boldsymbol{x}$ 为系统状态向量；$\boldsymbol{u}$ 为输入向量；$\boldsymbol{y}$ 为输出向量。

上述各向量的定义分别为

$$\boldsymbol{x} = \begin{bmatrix} T_m & \dot{\theta}_m & \dot{\theta}_w & T_{hs} \end{bmatrix}^\mathrm{T}$$

$$\boldsymbol{u} = \begin{bmatrix} T_{m,\mathrm{ref}} & T_{hb} & T_{bx} \end{bmatrix}^\mathrm{T}$$

$$\boldsymbol{y} = \begin{bmatrix} T_m & \dot{\theta}_m & \dot{\theta}_w \end{bmatrix}^\mathrm{T}$$

此外，状态空间方程的各项系数矩阵分别为

$$\boldsymbol{A} = \begin{bmatrix} -\dfrac{1}{\tau_m} & 0 & 0 & 0 \\ \dfrac{1}{J_m} & -\dfrac{b_m}{J_m} & 0 & -\dfrac{1}{i_g J_m} \\ 0 & 0 & -\dfrac{b_w}{J_w} & \dfrac{1}{J_w} \\ 0 & \dfrac{k_{hs}}{i_g} & -k_{hs} & 0 \end{bmatrix}, \quad \boldsymbol{B} = \begin{bmatrix} \dfrac{1}{\tau_m} & 0 & 0 \\ 0 & 0 & 0 \\ 0 & -\dfrac{1}{J_w} & \dfrac{1}{J_w} \\ 0 & 0 & 0 \end{bmatrix}, \quad \boldsymbol{C} = \begin{bmatrix} 1 & 0 & 0 & 0 \\ 0 & 1 & 0 & 0 \\ 0 & 0 & 1 & 0 \end{bmatrix}$$

由于电机转矩、电机转速以及车轮转速信号可由传感器实时获取,因此,系统降维观测器即可满足对电驱动系统相关状态变量的估测需要。为了进一步降低估计算法的复杂度与运算量,对上述全维系统进行降维处理。

对于本研究中的全维系统,共有四个状态变量,其中三个状态变量为系统可观测输出,即:

$$y = x_1 = \begin{bmatrix} T_m & \dot{\theta}_m & \dot{\theta}_w \end{bmatrix}^T$$

因此,只需重构剩下的一个状态变量,即半轴转矩:

$$x_2 = \begin{bmatrix} T_{hs} \end{bmatrix}$$

将全维系统进行如下划分:

$$\begin{cases} \dot{x} = \begin{bmatrix} A_{11} & A_{12} \\ A_{21} & A_{22} \end{bmatrix} \begin{bmatrix} x_1 \\ x_2 \end{bmatrix} + \begin{bmatrix} B_1 \\ B_2 \end{bmatrix} u \\ y = x_1 \end{cases} \quad (4-15)$$

式中,各项系数矩阵可表示为

$$A_{11} = \begin{bmatrix} -\dfrac{1}{\tau_m} & 0 & 0 \\ \dfrac{1}{J_m} & -\dfrac{b_m}{J_m} & 0 \\ 0 & 0 & -\dfrac{b_w}{J_w} \end{bmatrix}, \quad A_{12} = \begin{bmatrix} 0 \\ -\dfrac{1}{i_g J_m} \\ \dfrac{1}{J_w} \end{bmatrix}, \quad A_{21} = \begin{bmatrix} 0 & \dfrac{k_{hs}}{i_g} & -k_{hs} \end{bmatrix}, \quad A_{22} = 0$$

$$B_1 = \begin{bmatrix} \dfrac{1}{\tau_m} & 0 & 0 \\ 0 & 0 & 0 \\ 0 & -\dfrac{1}{J_w} & \dfrac{1}{J_w} \end{bmatrix}, \quad B_2 = \begin{bmatrix} 0 & 0 & 0 \end{bmatrix}$$

故全维系统被分为两个子系统,即 Σ_1 与 Σ_2。

其中,子系统 Σ_1 可以表示为

$$\begin{cases} \dot{x}_1 = A_{11} x_1 + A_{12} x_2 + B_1 u \\ y = x_1 \end{cases} \quad (4-16)$$

由此可以推出

$$\Gamma = A_{12} x_2 = \dot{y} - A_{11} y - B_1 u \quad (4-17)$$

式中,Γ 为由子系统 Σ_2 到子系统 Σ_1 的耦合,故将 $\Gamma = A_{12} x_2$ 定义为子系统 Σ_1 的输出。

子系统 Σ_2 的状态方程为

$$\dot{x}_2 = A_{22}x_2 + B_2u + A_{21}y \quad (4\text{-}18)$$

将 $y = x_1$ 代入，则子系统 Σ_2 可表示为

$$\begin{cases} \dot{x}_2 = A_{22}x_2 + B_2u + A_{21}y \\ \Gamma = A_{12}x_2 \end{cases} \quad (4\text{-}19)$$

为了重构 x_2，针对子系统 Σ_2 设计线性格观测器：

$$\dot{\hat{z}} = (A_{22} - HA_{12})\hat{z} + (B_2u + A_{21}y) + H\Gamma \quad (4\text{-}20)$$

将 $\Gamma = \dot{y} - A_{11}y - B_1u$ 代入式（4-20），则可得到：

$$\begin{aligned}\dot{\hat{z}} &= (A_{22} - HA_{12})\hat{z} + (B_2u + A_{21}y) + H(\dot{y} - A_{11}y - B_1u) \\ &= (A_{22} - HA_{12})\hat{z} + (B_2 - HB_1)u + (A_{21} - HA_{11})y + H\dot{y}\end{aligned} \quad (4\text{-}21)$$

式中，$\hat{z}$ 为分状态 x_2 的重构状态，通过矩阵 H 的调节，可以配置系数 $(A_{22} - HA_{12})$ 的特征值。

然而，式（4-21）中等号右侧含有输出量的导数 $\dot{y}$，这将会把输出量中的高频噪声放大，甚至严重影响观测器的正常工作。为了避免噪声影响，采用变换：

$$\eta = \hat{z} - Hy \quad (4\text{-}22)$$

将其代入式（4-21），则得到系统线性降维观测器

$$\begin{cases} \dot{\eta} = (A_{22} - HA_{12})(\eta + Hy) + (B_2 - HB_1)u + (A_{21} - HA_{11})y \\ \hat{z} = \eta + Hy \end{cases} \quad (4\text{-}23)$$

上述构建的系统线性降维观测器可较好地在线估计电机回馈制动过程中的半轴转矩值。然而，由于其在构建系统状态空间时，忽略了传动系统中齿隙非线性环节的影响，故无法对齿隙位置进行在线观测。

3. 基于卡尔曼滤波的半轴转矩估计方法

扩展卡尔曼滤波算法是一种递归滤波器，其实现过程是由系统模型的非线性随机差分方程以及测量反馈校正两部分共同完成的，如下所示：

$$x_k = f(x_{k-1}, u_{k-1}, w_{k-1}) \quad (4\text{-}24)$$

$$z_k = h(x_k, v_{k-1}) \quad (4\text{-}25)$$

式中，w 为系统噪声；v 为测量噪声。

系统的测量向量为

$$z_k = \begin{bmatrix} \tilde{T}_{mk} & \tilde{\dot{\theta}}_{mk} & \tilde{\dot{\theta}}_{wk} \end{bmatrix}^T \quad (4\text{-}26)$$

第 k 步中，系统测量向量中的各个元素可表示为

$$\tilde{T}_{mk} = T_{mk} + v_{3k} \quad (4\text{-}27)$$

$$\tilde{\dot{\theta}}_{mk} = \dot{\theta}_{mk} + v_{2k} \quad (4\text{-}28)$$

$$\dot{\theta}_{wk} = \dot{\theta}_{wk} + v_{1k} \qquad (4-29)$$

电机转速、车轮转速以及电机转矩的测量值可由传感器采集获得，测量噪声级别由试验测试获得。

在上述基础上，进行扩展卡尔曼滤波器的设计，主要包括下述五个步骤。

1）构建系统状态的预测：

$$\hat{x}_k^- = f(\hat{x}_{k-1}, u_{k-1}, 0) \qquad (4-30)$$

2）向前推算误差的协方差：

$$P_k^- = A_k P_{k-1} A_k^T + W_k Q_{k-1} W_k^T \qquad (4-31)$$

式中，A_k 为 f 的雅可比矩阵。

$$A_{[i,j]} = \frac{\partial f_{[i]}}{\partial x_{[j]}} (\hat{x}_{k-1}, u_{k-1}, 0) \qquad (4-32)$$

上述两个步骤为扩展卡尔曼滤波器的时间更新方程，将状态和协方差估计从 $k-1$ 时刻向前推算到 k 时刻。

3）计算卡尔曼增益：

$$K_k = \frac{P_k^- H_k^T}{H_k P_k^- H_k^T + V_k R_k V_k^T} \qquad (4-33)$$

式中，H_k 为 h 的雅可比矩阵。

4）由观测变量更新系统状态估计值：

$$\hat{x}_k = \hat{x}_k^- + K_k [z_k - h(\hat{x}_k^-, 0)] \qquad (4-34)$$

5）更新误差协方差：

$$P_k = (I - K_k H_k) P_k^- \qquad (4-35)$$

4. 混杂系统的定义

由系统分析可知，齿隙非线性呈现出分段仿射的非线性特征，按照其分段可分为正向接触、间隙跃迁以及负向接触这三个离散状态。对于上述三个独立状态，在每个离散状态下，均可将电驱动系统看作线性系统，但各个状态下系统所遵循的线性动力学表达形式是不同的。上述离散状态与连续状态混杂存在的特征表明非线性回馈制动系统的物理本质是一种典型的混杂系统。

利用混杂系统的理论，对非线性齿隙位置以及半轴转矩连续状态进行在线观测，将会是一种非常合适的方法。基于齿隙离散的位置状态，将非线性回馈制动系统进行分段线性化处理，则可大大降低系统状态变量的观测，亦可降低系统控制难度。

定义一个混杂系统 $\mathcal{H}$ 为一个集合：

$$\mathcal{H} = \{Q, \sigma, \psi, x, u, d, y, \mathrm{Init}, f, h, R\} \qquad (4\text{-}36)$$

式中，Q 为离散状态的有限集；x、u、d 以及 y 分别为连续状态变量、系统输入、系统干扰以及系统输出；σ、ψ 分别为离散输入变量、离散输出变量；$\mathrm{Init} \subseteq Q \times x$ 为初始状态的集合；$f: Q \times x \times u \times d \to \dot{x}$ 以及 $h: Q \times x \to y$ 分别为定义连续状态变量以及系统输出动力学的向量场；$R: Q \times Q \times x \to y$ 表示的是连续状态变量的重置。

5. 回馈制动系统的混杂自动机表达形式

根据上述混杂系统的定义，电驱动系统模型可以用混杂系统的方式表示如下：

$$Q = [q_1 \quad q_2 \quad q_3]$$

$$x = [T_\mathrm{m} \quad \dot{\theta}_\mathrm{m} \quad \dot{\theta}_\mathrm{w} \quad \theta_\mathrm{d} \quad \theta_\mathrm{b} \quad T_\mathrm{hs}]$$

$$u = [T_{\mathrm{m,ref}} \quad T_\mathrm{hb}]$$

$$d = [T_\mathrm{d}]$$

$$y = [T_\mathrm{m} \quad \dot{\theta}_\mathrm{m} \quad \dot{\theta}_\mathrm{w}]$$

如图 4-11 所示的混杂自动机，电机驱动传动系统包含三个离散状态 q_1、q_2、q_3，分别表征齿隙"正向接触""齿隙分离""负向接触"这三种离散状态，对应电驱动系统"驱动""动力中断""回馈制动"三种工况。每一个独立的离散状态分别含有自身用于连续状态变量更新的动力学表达。

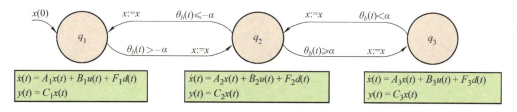

图 4-11　电机驱动传动系统混杂自动机

对于每个离散的状态，系统连续变量动力学可表示为

$$\begin{cases} \dot{x}(t) = A_i x(t) + B_i u(t) + F_i d(t) \\ y(t) = C_i x(t) \end{cases} \qquad (4\text{-}37)$$

在每个离散状态下的系数矩阵 A_i、B_i、C_i 以及 F_i 可表示为

$$A_1 = A_3 = \begin{bmatrix} -\dfrac{1}{\tau_m} & 0 & 0 & 0 & 0 & 0 \\ \dfrac{1}{J_m} & -\dfrac{b_m}{J_m} & 0 & 0 & 0 & -\dfrac{2}{i_g J_m} \\ 0 & 0 & -\dfrac{b_V}{J_V} & 0 & 0 & \dfrac{2}{J_V} \\ 0 & 1/i_g & -1 & 0 & 0 & 0 \\ 0 & 0 & 0 & 0 & 0 & 0 \\ \dfrac{c_{hs}}{i_g J_m} & \dfrac{J_m k_{hs} - b_m c_{hs}}{i_g J_m} & \dfrac{b_V c_{hs} - J_V k_{hs}}{J_V} & 0 & 0 & -\left(\dfrac{2c_{hs}}{i_g^2 J_m} + \dfrac{2c_{hs}}{J_V}\right) \end{bmatrix}$$

$$A_2 = \begin{bmatrix} -\dfrac{1}{\tau_m} & 0 & 0 & 0 & 0 & 0 \\ \dfrac{1}{J_m} & -\dfrac{b_m}{J_m} & 0 & 0 & 0 & 0 \\ 0 & 0 & -\dfrac{b_V}{J_V} & 0 & 0 & 0 \\ 0 & 1/i_g & -1 & 0 & 0 & 0 \\ 0 & 1/i_g & -1 & \dfrac{k_{hs}}{c_{hs}} & -\dfrac{k_{hs}}{c_{hs}} & 0 \\ 0 & 0 & 0 & 0 & 0 & 0 \end{bmatrix}$$

$$B_1 = B_3 = \begin{bmatrix} \dfrac{1}{\tau_m} & 0 \\ 0 & 0 \\ 0 & -\dfrac{1}{J_V} \\ 0 & 0 \\ 0 & 0 \\ 0 & \dfrac{c_{hs}}{J_V} \end{bmatrix}, \quad B_2 = \begin{bmatrix} \dfrac{1}{\tau_m} & 0 \\ 0 & 0 \\ 0 & -\dfrac{1}{J_V} \\ 0 & 0 \\ 0 & 0 \\ 0 & 0 \end{bmatrix}$$

$$C_1 = C_2 = C_3 = \begin{pmatrix} 1 & 1 & 1 & 0 & 0 & 0 \end{pmatrix}^T$$

$$F_1 = F_3 = \begin{bmatrix} 0 & 0 & -\dfrac{1}{J_V} & 0 & 0 & \dfrac{c_{hs}}{J_V} \end{bmatrix}^T, \quad F_2 = \begin{bmatrix} 0 & 0 & -\dfrac{1}{J_V} & 0 & 0 & 0 \end{bmatrix}^T$$

4.2.3 混杂观测器的设计

1. 混杂观测器的定义与结构

在上述电驱动系统状态以混杂系统方式描述的基础上,设计混杂观测器,对离散的齿隙位置状态以及连续的半轴转矩状态进行观测。

定义对于一个给定的混杂系统 $\mathcal{H}$,混杂观测器 $\mathcal{H}_O$ 应满足:

1)分别接收混杂系统 $\mathcal{H}$ 的离散输入变量 $\sigma(k)$、离散输出变量 $\psi(k)$、连续输入变量 $u(t)$,以及连续输出变量 $y(t)$。

2)分别输出混杂系统 $\mathcal{H}$ 当前离散状态 $q(k)$ 的估计值 $\hat{q}(k)$,以及连续状态变量 $x(t)$ 的估计值 $\hat{x}(t)$。

如图 4-12 所示,所提出的混杂观测器的架构包含两个部分:用于估计离散齿隙位置状态的离散观测器,以及用于更新连续状态变量估计值的连续观测器。

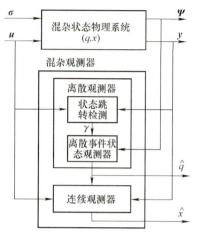

图 4-12 混杂观测器架构

2. 离散观测器的设计

对于上述混杂系统观测器中离散观测器的设计,引入估计误差 $r_i(t)$。当混杂系统处于第 i 个离散位置状态时,连续变量动力学应遵循第 i 个离散位置下所对应的状态空间的表达形式,则第 i 个观测器的估计误差项 $r_i(t)$ 应收敛至较低值。为实现上述目的,在每个离散位置设置一个龙贝格观测器:

$$\begin{cases} \dot{\hat{x}}(t) = (A_i - L_i C_i)\hat{x}(t) + B_i u(t) + L_i y(t) \\ r_i(t) = C_i \hat{x}(t) - y(t) \end{cases} \quad (4\text{-}38)$$

式中,$L_i>0$ 为决定观测误差收敛速度的观测器设计参数。

在此基础上,混杂系统的离散状态估计便可由估计误差 $r_i(t)$ 的更新状态进行判断,其判断机制可设置为

$$\gamma_i(t) = \begin{cases} 真 & 若 \|r_i(t)\| \leq \varepsilon \\ 伪 & 若 \|r_i(t)\| > \varepsilon \end{cases} \quad (4\text{-}39)$$

式中,门限值 $\varepsilon > 0$ 为设计参数。

如式(4-39)所示,对各个离散位置 q_i 下观测器估计误差的范数进行实时判断,若该误差范数小于或等于设计门限,则认为 γ_i 为真,表征此时系统估计状态处于离散位置 $\hat{q}_i$;反之 γ_i 为伪,即表征此时系统估计状态不在离散位置 $\hat{q}_i$ 下。合理地设计离散观测器及其观测误差判断门限,在某一时刻下,混杂系统所有离散观测器所对应的 γ_i 中应有且只有一个显示为真,其余均应显示为伪。

基于上述离散状态的判断机制,对于本研究,齿隙的离散位置状态以及各个离散位置间的跳转均可通过设计的离散观测器准确判断。

3. 连续观测器的设计

混杂系统观测器中连续状态观测器的行为决定了混杂系统连续状态 $x(t)$ 估计值 $\hat{x}(t)$ 的

更新状况。

在各个估计的离散位置状态 $\hat{q}$ 下，系统连续状态的估计值 $\hat{x}(t)$ 取决于混杂系统自身连续状态变量的动力学特征。在连续状态观测器的设计中，亦采用可靠的龙贝格观测方法：

$$\dot{\hat{x}}(t) = \hat{f}[\hat{q}(k), \hat{x}(t), u(t), y(t)] \tag{4-40}$$

$$\hat{f} = (A_i - G_i C_i)\hat{x}(t) + B_i u(t) + G_i y(t) \tag{4-41}$$

式中，$G_i > 0$ 为决定观测误差收敛速度的观测器设计参数。

基于所设计的连续观测器，在系统各个离散状态下，即不同的齿隙位置下，连续状态变量半轴转矩的信息便可以进行实时估计。

4.2.4 回馈制动耦合非线性主动补偿控制算法

1. 控制系统总体架构

在上述设计的混杂系统观测器在线获取非线性齿隙位置信息以及半轴转矩的状态变化的基础上，根据耦合非线性的表现特征，主动补偿算法主要包含以下几项控制目标：

1）对于齿隙非线性的补偿，是在齿隙非线性被激发、间隙跃迁过程中进行的，其控制任务的本质是对目标转速的跟踪，控制电机角速度 $\dot{\theta}_m(t)/i_0 i_g$ 去跟踪车轮角速度 $\dot{\theta}_w(t)$。

2）对于轴系柔性非线性的补偿，主要是在齿隙接触建立之后进行的，其本质是目标转矩的跟踪控制，通过控制电机输出转矩使得实际的半轴转矩 $T_{hs}(t)$ 跟随期望的半轴转矩 $i_0 i_g T_{m,tgt}(t)/2$。

3）此外需考虑在上述不同非线性环节主动补偿控制过程中液压制动力的协调控制，避免对补偿控制造成干扰，甚至引发冲击。

最终，设计得到的回馈制动耦合非线性主动补偿控制器总体架构如图 4-13 所示，其呈现出分层的控制架构。控制架构的上层用于对齿隙状态进行识别与监控，混杂系统观测器通过接收物理系统层面的可测量状态变量的信息，对齿隙位置以及半轴转矩进行在线估计，上层控制系统进而对齿隙的正向接触、负向接触以及跃迁等状态进行实时判断。控制架构的下层则是基于齿隙离散位置信息对系统补偿控制目标进行切换，分别对齿隙非线性以及轴系弹性进行主动补偿控制，其控制指令直接作用于物理系统，即电驱动系统的执行机构。

2. 轴系柔性的主动补偿控制算法

对于轴系弹性的补偿，其本质是目标转矩的跟踪控制，通过控制电机输出转矩使得实际的半轴转矩 $T_{hs}(t)$ 跟随期望的半轴转矩 $i_0 i_g T_{m,tgt}(t)/2$。如图 4-14 所示，对电机转矩采用前馈与反馈的联合控制架构可表示为

$$T_{m,ref} = T_{ff} + T_{fb} \tag{4-42}$$

式中，T_{ff} 为前馈输入的跟踪需求参考值；T_{fb} 为用以减小控制误差的反馈控制项。

前馈输入项由驾驶员的制动需求与电机回馈转矩限制决定：

$$T_{ff} = T_{m,tgt} \tag{4-43}$$

$$|T_{m,tgt}| = \min\left(|T_{b,f}|, \frac{1}{i_0 i_g}|T_{m,lim}|\right) \tag{4-44}$$

式中，$T_{m,tgt}$ 为电机转矩的目标值；$T_{b,f}$ 为前轴总体制动需求转矩；$T_{m,lim}$ 为电机转矩限值。

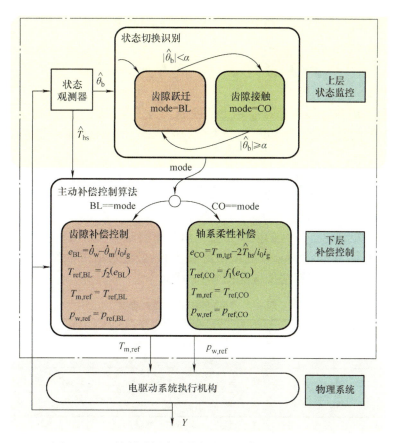

图 4-13 回馈制动耦合非线性主动补偿控制器总体架构

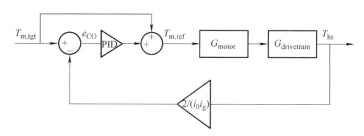

图 4-14 轴系柔性主动补偿前馈与反馈联合控制框图

在车辆动力系统中,由于半轴转矩的实际值无法由传感器实时在线获取,故采用 4.2.2 节、4.2.3 节设计的混杂观测器得到的半轴转矩估计值进行闭环反馈控制,则半轴转矩目标值与其估计值之间的误差可表达为

$$e_{CO} = T_{m,tgt} - 2\hat{T}_{hs}/i_0 i_g \tag{4-45}$$

对于反馈控制项,采用线性 PID 控制率:

$$T_{fb} = K_P e_{CO} + K_I \int e_{CO} dt + K_D \frac{d}{dt} e_{CO} \tag{4-46}$$

式中,K_P、K_I、K_D 分别为 PID 控制器的调节参数。

综上，可以得到回馈制动过程中轴系柔性的主动补偿控制算法：

$$T_{m,ref} = T_{ref,CO} = T_{m,tgt} + K_P e_{CO} + K_I \int e_{CO} dt + K_D \frac{d}{dt} e_{CO} \quad (4-47)$$

此外，亦须考虑此过程中摩擦制动力的控制。为了满足整车总体的制动需求，同时考虑电驱动传动系统的柔性特征，液压制动力命令值应基于前轴总制动需求 $T_{b,need}$ 以及半轴转矩估计值 $\hat{T}_{hs}$ 进行计算：

$$p_{w,ref} = k_0(T_{b,need} - 2\hat{T}_{hs}) \quad (4-48)$$

式中，k_0 为制动力矩到轮缸压力的换算系数，由摩擦制动器参数决定。

上述线性 PID 控制器相关参数的取值见表 4-1。最终形成的回馈耦合制动过程中非线性轴系柔性的主动补偿控制算法架构如图 4-15 所示。

表 4-1 PID 控制器的相关参数

控制参数	参数值
K_P	1.1
K_I	2.5
K_D	0.1

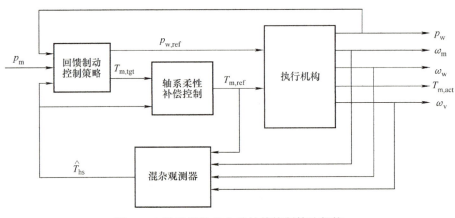

图 4-15 轴系柔性的主动补偿控制算法架构

3. 齿隙非线性的主动补偿控制算法

为了处理具有强非线性特征的齿隙环节，同时期望获得良好的控制效果与响应速度，在齿隙补偿控制器的设计中引入滑模控制算法（Sliding Mode Control，SMC）。基于前述讨论，对于齿隙非线性的补偿控制，其本质是目标转速的跟踪，控制电机角速度 $\dot{\theta}_m(t)/i_0 i_g$ 去跟踪车轮角速度 $\dot{\theta}_w(t)$，如图 4-16 所示。

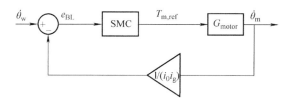

图 4-16　基于滑模控制算法的齿隙补偿控制框图

控制器详细的设计步骤介绍如下。

首先，定义齿隙补偿控制中滑模控制算法的误差项：

$$e_{BL} = \dot{\theta}_m / i_0 i_g - \dot{\theta}_w \tag{4-49}$$

为了保证稳态误差趋近于零，选择积分形式的滑模面：

$$S = \left(\frac{d}{dt} + \lambda\right)^n \int e_{BL} dt \tag{4-50}$$

式中，n 为系统阶数；λ 为正值增益。

根据对电机回馈制动系统的分析可知，系统阶数为 1，因此，滑模面可表示为

$$S = e_{BL} + \lambda \int e_{BL} dt \tag{4-51}$$

在上述确定的滑模面基础上，选择回馈制动过程中齿隙非线性的主动补偿滑模控制率：

$$T_{m,ref} = T_{ref,BL} = i_0 i_g J_m \left[\ddot{\theta}_w + \lambda e_{BL} - k\,\text{sgn}(S)\right] \tag{4-52}$$

对于式（4-52）所确定的标准形式的滑模控制率，由于其引入了符号函数这一不连续的非线性项，在实际应用过程中易引发系统抖振。因此，采用连续项 S 替代标准形式滑模控制率中不连续的符号函数项 sgn(S)，则回馈制动过程中齿隙非线性的主动补偿滑模控制率改写为

$$T_{m,ref} = T_{ref,BL} = i_0 i_g J_m \left(\ddot{\theta}_w + \lambda e_{BL} - kS\right) \tag{4-53}$$

在回馈耦合制动过程中，摩擦制动作用亦会对电机控制、齿隙补偿产生影响，因此也需考虑其与电机回馈转矩的协调控制。为了避免对齿隙补偿控制效果产生影响，采用摩擦液压制动力矩保持，即轮缸液压力保压的控制策略：

$$\dot{p}_{w,ref}(t) = 0 \tag{4-54}$$

上述设计的非线性滑模控制器相关参数取值见表 4-2。最终形成的回馈耦合制动齿隙非线性主动补偿控制算法架构如图 4-17 所示。

表 4-2 滑模控制器的相关参数

控制参数	参数值
k	3
λ	0.1

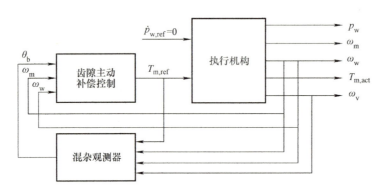

图 4-17 齿隙非线性主动补偿控制算法架构

4.2.5 主动补偿控制算法仿真验证与分析

为了验证上述提出的回馈制动耦合非线性主动补偿控制算法的可行性与有效性，对其进行仿真验证与分析。

1. 仿真情景设置

在仿真中，初始车速设置为 40km/h。为了激发齿隙非线性，令电机工作状态由驱动向制动状态进行切换，对仿真情景进行如下设置：

1）在第 1s 内，电机工作于驱动象限，其输出转矩为 70N·m，车辆亦处于驱动状态。

2）在第 1s 时驾驶员踩制动踏板，主缸压力设置为斜坡输入，增至 3MPa 后进行保持。

此外，为了对比不同控制策略的控制效果，进一步探讨回馈制动系统耦合非线性补偿控制的必要性与重要性，在仿真实验中采用两种基准控制策略与耦合非线性补偿控制做对比，具体的控制策略设置如下：

1）基准策略一：即传统的回馈协调控制策略，对电机转矩进行开环控制，不考虑轴系柔性与齿隙非线性对回馈制动力矩控制的影响，不进行主动补偿控制。

2）基准策略二：即轴系柔性补偿策略，该策略对应 4.2.4 节中回馈制动系统轴系柔性的主动补偿控制算法，仅对轴系柔性进行主动补偿，忽略齿隙非线性对回馈制动力矩控制带来的影响。设置此策略进行对比的原因是，该策略无须对齿隙位置进行在线观测、补偿，一定程度上可降低控制策略的复杂度，便于在实际应用中的实施，但会削弱对回馈制动力矩的动态控制效果。

3）耦合非线性主动补偿策略：该策略对应 4.2.4 节所提出的回馈制动系统耦合非线性的主动补偿控制算法。对轴系柔性以及齿侧间隙的耦合非线性进行综合补偿，对回馈制动力矩动态变化的潜在控制效果较好，然而需要对半轴转矩以及齿隙位置同时进行在线观测，增加了控制策略的复杂程度，不利于其在实际应用中的实施。

2. 控制算法仿真及分析

在上述仿真情景设置的基础上，对选取的三种不同控制策略进行仿真分析，各策略的仿真结果如下。

对于基准控制策略一，即忽略轴系柔性与齿隙非线性对回馈制动力矩控制的影响、不进行主动补偿控制的策略，其仿真结果已在 4.1 节中进行过描述与分析，故此处不再赘述。

对于基准控制策略二，即仅针对轴系柔性进行主动补偿的控制策略，其仿真结果如图 4-18 所示。在第 1s 之前，电机工作于驱动象限，电机输出转矩保持在 70N·m，车辆处于驱动行驶状态。此时，齿隙角位移为 +0.029rad，处于正向接触状态。在第 1s 时，驾驶员踩下制动踏板，轮缸压力由 0MPa 迅速上升，表征了整车的制动需求。根据控制策略，电机转矩首先响应整车制动需求，由驱动状态向回馈制动状态快速转移。

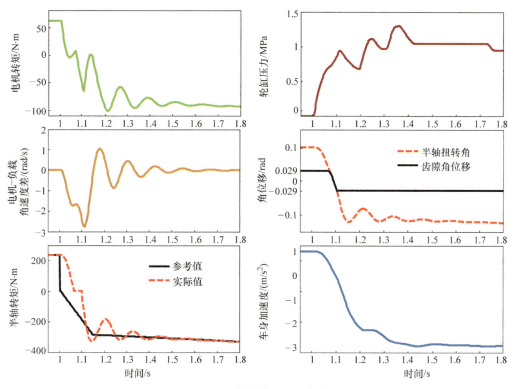

图 4-18　基准控制策略二的仿真结果

聚焦到电机转矩由正向驱动象限到负向制动象限快速转移的过程。在 1.08s 时，电机转矩回到零点，此时齿侧间隙受到激发开始跃迁，齿隙接触面由正向往负向进行转移。由图 4-18 可知，在齿隙跃迁过程中，由于电机与负载端瞬时解耦，半轴上所传递的回馈转矩为零，导致了动力传递的瞬时中断。在此动力短时中断过程中，电机输出转矩全部加载在电机自身的转动惯量上。根据 $J_m\ddot{\theta}_w(t) = T_m(t)$ 可知，在这一过程中，电机被瞬间加速，故电机-负载二者间的角速度差迅速增大，在 1.14s 时达到了近 -3rad/s。直至 1.12s 左右，齿隙跃迁结束，齿隙的负向接触重新建立，整个间隙跃迁过程持续 38ms 左右。此时，较大的角速度差造成了齿隙重新接触建立时电机与负载二者间巨大的撞击，引发了半轴转矩及其角位移的剧烈振荡。

在此之后，由于本控制策略专门针对回馈制动系统轴系弹性成分引发的振动进行了主动补偿控制，迅速对电机输出转矩进行了主动的动态调节，半轴上的转矩振荡得到迅速抑制，电机-负载之间角速度差的绝对值快速收敛至 1rad/s 以内。整车层面的纵向减速度在经历了约 1.2s 时的较小冲击之后逐渐变得平缓。由此可以看到，与之前的分析一致，仅针对轴系柔性进行主动补偿的控制策略，对于由回馈制动系统轴系刚度、阻尼等柔性成分引发的振动具有较强的主动补偿控制能力，一定程度上改善了回馈制动过程中动力系统的控制品质与车辆纵向操纵性，但由于其忽略了齿隙非线性在高频变化过程中带来的撞击振动，无法主动消除整个历程中的转矩振动。

对于第三种控制策略，即所提出的仅针对轴系柔性及齿隙耦合非线性的主动补偿控制策略，其仿真结果如图 4-19 所示。

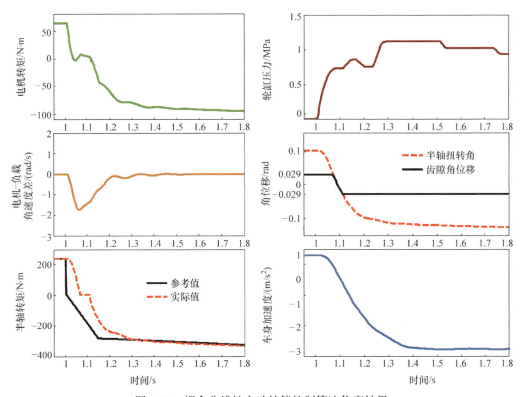

图 4-19 耦合非线性主动补偿控制算法仿真结果

在第 1s 之前，电机工作于驱动象限，电机输出转矩保持在 70N·m，车辆处于驱动行驶状态。此时，齿隙角位移为 +0.029rad，处于正向接触状态。在第 1s 时，驾驶员踩下制动踏板，轮缸压力由 0MPa 迅速上升，表征了整车的制动需求。根据回馈制动力与摩擦制动力的分配策略，电机转矩首先响应整车制动需求，由驱动状态向回馈制动状态快速转移。聚焦到电机转矩由正向驱动象限到负向制动象限瞬态转移的过程。在1.08s时，齿侧间隙受到激发开始跃迁，齿隙接触面由正向往负向进行转移。在齿隙跃迁过程中，由于电机与负载端瞬时解耦，半轴上所传递的回馈转矩为零，导致了动力传递的瞬时中断。

然而，与策略二仅针对轴系柔性进行补偿不同，本控制策略针对齿隙非线性亦进行主动控制。根据控制策略的设定，当检测到齿隙跃迁发生时，算法迅速对电机输出转矩进行动态调节，主动减小电机转矩。与此同时，轮缸压力进行保压，避免干扰电机转矩对齿隙的补偿作用。在整个齿隙跃迁过程中，电机-负载之间角速度差的幅值为-2rad/s，并在齿隙负向接触再次建立时收敛至-1.5rad/s，此值仅为策略二对应时刻的50%，实现了齿隙接触建立时动力-负载端的"软着陆"，避免了高速撞击的发生。在整个控制过程中，半轴转矩及半轴扭转角变化平缓，未出现明显振荡，证明了控制策略对齿隙非线性良好的抑制作用。

直至1.12s时，齿隙跃迁过程完全结束，齿隙位移达到-0.029rad，负向接触重新建立，整个间隙跃迁过程持续46ms。此后，与策略二类似，控制策略开始针对回馈制动系统轴系弹性特征引发的振动进行主动补偿控制，算法继续对电机输出转矩进行动态调节，电机-负载之间角速度差始终平稳保持在零值附近。半轴转矩及半轴扭转角变化平缓，未出现明显振荡。整车层面的纵向减速度亦平缓变化，未发生明显冲击，且其幅值提高至$-2.9m/s^2$，表明车辆操纵性得到改善。

由上述仿真结果可知，针对轴系柔性及齿隙耦合非线性主动补偿的控制策略，对整个回馈制动变化历程中各种不同因素引发的转矩振动具有较强的主动补偿控制能力，大幅改善了回馈制动过程中动力系统的控制品质与车辆纵向操纵性，证明了所提出控制策略的可行性与有效性。

3. 不同控制算法的对比分析

为了进一步说明本文所提出的回馈制动耦合非线性主动补偿控制算法的可行性、有效性以及控制效果优越性，对在上述仿真分析中所列举的三种控制算法下动力系统控制品质以及整车层面的操纵性进行对比分析。

回馈制动过程中，在不同控制策略下，半轴转矩仿真结果的对比情况如图4-20所示。

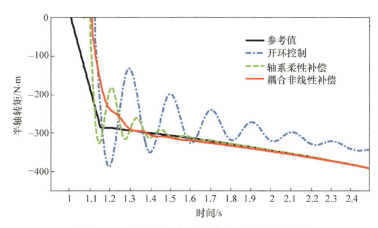

图4-20 半轴转矩在不同策略下的控制效果

在基准控制策略一，即电机开环控制、无任何主动补偿的情况下，在电机转矩由正向驱动向回馈制动状态瞬态切换的过程中，半轴转矩剧烈波动，严重影响了动力系统的控制品质。

基准控制策略二，即针对轴系柔性的主动补偿控制策略虽然无法抑制由齿隙接触面高速撞击引发的系统振动，但在振动发生后能够很好地补偿由轴系柔性引发的半轴转矩振荡，快速衰减动力系统的振动，一定程度上改善了回馈制动过程中系统的控制品质。

相比前述的两种策略，所提出的耦合非线性主动补偿算法不仅能够很好地补偿轴系柔性引发的系统转矩振荡，而且在齿隙非线性的补偿方面具有明显的优势，能够在齿隙发生时迅速介入控制，进行主动干预，避免齿隙在此建立接触时发生高速撞击，使得半轴转矩精确地跟随期望参考值平稳变化，进一步提升了回馈制动过程中动力系统的控制品质。

在各个控制算法下，半轴转矩跟踪性能以及齿隙跃迁速度等指标的量化值见表4-3。在基准控制策略一与基准控制策略二的控制下，半轴转矩跟踪误差平均值分别为64.82N·m和25.50N·m。而在所提出的耦合非线性主动补偿算法的控制下，回馈制动切换过程半轴转矩跟踪误差的平均值为21.05N·m，相比基准控制策略一和基准控制策略二，控制精度分别提高了67%和17%。然而，为了追求齿隙接触时尽可能小的撞击，所提出的控制算法在齿隙跃迁时间上做出了一定牺牲。

表4-3 不同补偿控制算法的半轴转矩跟踪效果对比

控制算法	跟踪误差平均值/N·m	跟踪误差标准差/N·m	齿隙跃迁时间/ms
基准控制策略一	64.82	85.69	40
基准控制策略二	25.50	60.25	38
耦合非线性补偿	21.05	55.31	46

图4-21表示了回馈制动过程中，在不同控制策略下，整车层面车辆纵向加速度仿真结果的对比情况。

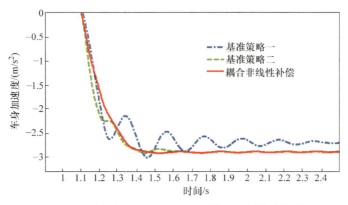

图4-21 车辆纵向加速度在不同策略下的控制效果

在基准控制策略一下，在电机转矩由正向驱动向回馈制动状态瞬态切换的过程中，整车层面出现较强的纵向冲击,严重影响了制动舒适性与车辆纵向操纵性。策略二由于对轴系柔性进行了主动补偿控制,在一定程度上衰减了整车纵向冲击,但在第 1.3s 左右仍出现了减速度的波动,其对应该时刻由齿隙撞击引发的动力系统振动。而相比前述的两种策略,在所提出的耦合非线性主动补偿算法下,整个驱制动切换历程中,整车纵向减速的变化平稳,获得了良好的制动舒适性,且将减速度幅值提升至 -2.9m/s^2,大幅改善了车辆纵向操纵性,进一步说明了所提出的回馈制动耦合非线性主动补偿控制算法的可行性、有效性以及控制效果的优越性。

各个控制算法下,整车层面的制动减速度、纵向冲击度以及制动能量回收效率等指标的量化值对比见表 4-4。在所提出的耦合非线性主动补偿算法控制下,整车纵向冲击度均方根为 3.38m/s^3,相比基准策略的 10.35m/s^3,车辆的纵向操纵性提高了近 67%。回馈效率亦得到改善,达到了 67.71%。

表 4-4　不同补偿控制算法的整车纵向操纵性及回馈效率对比

控制算法	平均减速度 /（m/s²）	冲击度均方根 /（m/s³）	回馈效率（%）
基准控制策略一	2.75	10.35	64.68
基准控制策略二	2.96	3.46	67.52
耦合非线性补偿	2.96	3.38	67.71

4.3　电驱／制动系统模式切换过程未知死区补偿控制

电驱／制动系统频繁工作于模式切换过程（驱制动切换等）,车用电机转矩变化迅速。此时,死区非线性易诱发传动系统扭振,导致整车冲击,进而恶化整车的驾乘舒适性;同时,在死区非线性补偿控制期间,车轮转速控制性能（轮速超调、收敛速率及稳态误差）等电驱／制动系统的输出行为,对死区补偿效果和整车的驾乘舒适性也有直接影响。随着机械老化、死区宽度及死区斜率常呈现动态变化,需针对性开展电驱／制动系统未知死区的补偿控制。现有基于切换控制的死区补偿方法,要求死区宽度及位置精确已知,难以处理未知死区的情况。基于连续模型的经典有限时间控制难以保证系统的输出约束,而输出约束的方法控制误差仅能收敛至平衡点处的有界集。因此,急需开展能够保证电驱／制动系统输出约束且控制误差快速有限时间收敛的未知死区补偿控制方法的研究。为了研究问题的清晰表达,机械弹性等非线性特性在本节中做了一定的忽视与简化。

4.3.1　车辆动力学模型

1. 系统整体结构

以四轮独立驱／制动电动汽车为研究对象,四车轮处独立配置一个电机实现整车驱／制动控制,其电驱／制动系统整体结构如图 4-22 所示。车辆运行期间,电机驱／制动力矩经减速器、半轴及万向节等传递至车轮处,对车辆进行驱／制动。然而,机械传动系统常表现出死区非线性特征,易引发半轴转矩振荡,导致整车冲击,恶化车辆的驾乘舒适性。

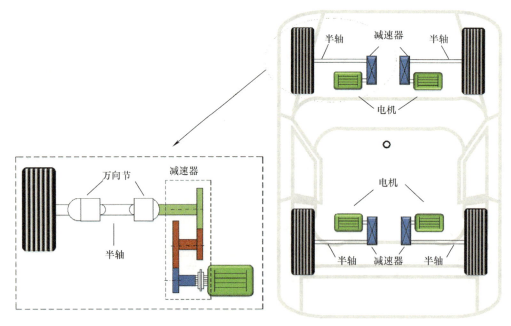

图 4-22 车用电驱/制动系统整体结构

2. 包含未知死区的电驱/制动系统模型

考虑未知死区非线性,将每个车轮处的电驱/制动系统简化为典型双质量系统,如图 4-23 所示。

根据图 4-23 所立电机端动力学模型如下:

$$J_M \ddot{\theta}_M = T_M - \frac{1}{G} T_{HS} - T_{MD} \qquad (4-55)$$

式中,T_{HS} 为半轴转矩。

同理,得到车轮端动力学方程如下:

$$J_W \ddot{\theta}_W = T_{HS} - T_{WD} \qquad (4-56)$$

$$T_{WD} = T_{HY} + F_x r + f_R F_z r$$

式中,T_{HY} 为液压制动力矩;F_x 为轮胎纵向力;F_z 为车轮处的垂向力;f_R 为车轮滚动阻力系数;r 为车轮半径。

死区非线性常呈现不连续特征,如图 4-24 所示。则半轴转矩 T_{HS} 可以描述为

$$T_{HS} = \begin{cases} K_{HS}\Delta\theta - \text{sign}(\Delta\theta)K_{HS}\theta_{Dead} & |\Delta\theta| \geq \theta_{Dead} \\ 0 & |\Delta\theta| < \theta_{Dead} \end{cases} \qquad (4-57)$$

式中,$\Delta\theta = G^{-1}\theta_M - \theta_W$。随着机械老化及性能衰退等原因,死区斜率 K_{HS}(即半轴刚度)和死区宽度 $2\theta_{Dead}$ 动态变化,并且难以实时精确获取。因此,此处将死区斜率 K_{HS} 和死区宽度 $2\theta_{Dead}$ 均考虑为未知参数。

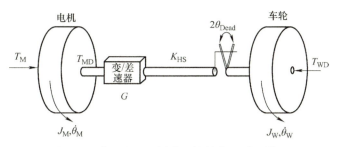

图 4-23 车用电驱/制动系统简化双质量模型

T_M—电机转矩　J_M—电机转动惯量　θ_M—电机转角　T_{MD}—电机端等效扰动　G—减速器速比
K_{HS}—半轴扭转刚度　J_W—车轮转动惯量　θ_W—车轮转角　θ_{Dead}—死区宽度　T_{WD}—车轮处等效扰动

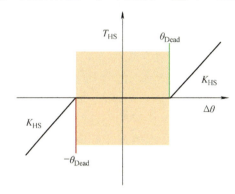

图 4-24 车用电驱/制动系统死区非线性模型

4.3.2 基于输出约束有限时间反步控制的未知死区补偿控制方法

针对车用电驱/制动系统未知死区非线性补偿控制问题，提供了系统的解决方案。首先，将未知死区视作扰动，建立了包含未知死区的电驱/制动系统连续控制模型；其次，基于连续控制模型，采用有限时间扰动观测器实时估计系统集总扰动并补偿，将包含未知死区的不连续非线性系统简化为"无死区"的连续系统；最后，结合输出约束的方法和有限时间控制方法，设计了基于输出约束有限时间反步控制的电机转矩补偿控制算法。该方法能够对未知死区进行有效的补偿控制，在保证控制系统输出约束的同时，能够实现控制误差的快速有限时间收敛。以下展开详细论述。

1. 电驱/制动系统连续控制模型

死区非线性的不连续特征，使得控制器设计变得复杂。为解决上述问题，采用基于连续模型的控制方法，实现未知死区非线性的精准补偿控制。将未知死区非线性视作扰动，式（4-55）可以改写如下：

$$T_{HS} = K_{HS}\left(\frac{\theta_M}{G} - \theta_W\right) + \Delta T_{HS} \quad (4\text{-}58)$$

式中，ΔT_{HS} 表征未知死区非线性的等效扰动转矩。

$$\Delta T_{HS} = \Delta \bar{T}_{HS} + \begin{cases} -K_{HS}\theta_{Dead} & \Delta\theta \geq +\theta_{Dead} \\ -K_{HS}\Delta\theta & |\Delta\theta| < \theta_{Dead} \\ K_{HS}\theta_{Dead} & \Delta\theta \leq -\theta_{Dead} \end{cases} \quad (4\text{-}59)$$

式中，$\Delta \overline{T}_{HS}$ 为死区斜率 K_{HS} 和死区宽度 θ_{Dead} 不确定性引起的未知扰动项。

综合式（4-55）、式（4-56）和式（4-58），建立电驱/制动系统连续控制模型：

$$\begin{cases} \dot{x}_1 = \dfrac{\eta_{HS}}{J_W} x_2 + d_W(t) \\ \dot{x}_2 = K_{MOD}\left(\dfrac{1}{G} x_3 - x_1\right) \\ \dot{x}_3 = \dfrac{1}{J_M}\left(u - \dfrac{\eta_{HS}}{G} x_2\right) + d_M(t) \end{cases} \quad (4\text{-}60)$$

式中，$x_1 = \dot{\theta}_W$ 为车轮转速；x_2 为中间变量；$x_3 = \dot{\theta}_M$ 为电机转速；控制输入 $u = T_M$ 是电机转矩；$d_W(t) = J_W^{-1}(\Delta \overline{T}_{HS} - T_{WD})$ 和 $d_M(t) = -J_M^{-1}(G^{-1}\Delta \overline{T}_{HS} + T_{MD})$ 分别为车轮端和电机端集总扰动；K_{MOD} 和 $\eta_{HS} = K_{HS}/K_{MOD}$ 为正常数，设置比例常数 η_{HS}，方便后续性能函数设计。

状态变量 x_1 和 x_3 可以通过转速传感器直接测量得到，状态变量 x_2 可以通过 x_1 和 x_3 的积分或一些观测手段得到，假设状态变量 x_1，x_2，x_3 均可以直接获取。通过式（4-58）可以看出，将未知死区非线性视作扰动，传统的不连续非线性系统即式（4-55）、式（4-56）、式（4-57）可以转换为带扰动的连续系统即式（4-60），基于式（4-60）设计未知死区非线性补偿控制算法，可大幅简化控制器设计复杂度。

2. 控制系统整体方案

提出的基于输出约束有限时间反步控制的电驱/制动系统未知死区补偿控制方法，如图 4-25 所示。

如图 4-25 所示，首先，根据驾驶员操作指令，设计车轮转速参考值 x_{1d}；其次，根据电驱/制动系统状态变量 x_1，x_2，x_3 的跟踪性能需求，合理设计约束函数，并将其应用于误差转换 $e_i \to z_i$（$i = 1$，2，3），进而约束电驱/制动系统状态或输出行为；然后，根据电驱/制动系统虚拟控制输入 x_{2d}、实际控制输入 u、状态变量 x_1、x_2 和 x_3，设计有限时间扰动观测器，实时估计电机端及车轮端两子系统的集总扰动 d_W 和 d_M 并补偿，将包含未知死区的不连续非线性系统即式（4-55）、式（4-56）、式（4-57）转换为"无死区"的连续系统；最后，通过输出约束有限时间反步控制实现车轮转速的跟踪控制。

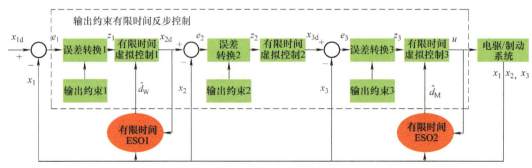

图 4-25　基于输出约束有限时间反步控制的未知死区补偿控制框图

x_{1d}—车轮转速 x_1 的参考值　x_{2d} 和 x_{3d}—虚拟控制输入

u—实际控制输入　e_1、e_2 和 e_3—状态变量 x_1、x_2 和 x_3 的跟踪误差

z_1、z_2 和 z_3—跟踪误差 e_1、e_2 和 e_3 转换后的误差变量　$\hat{d}_W$ 和 $\hat{d}_M$—集总扰动 d_W 和 d_M 的估计值

3. 有限时间扰动观测器

为改善现有线性扰动观测器的响应快速性，采用有限时间扰动观测器，实时估计电机端及车轮端两子系统集总扰动 $d_W(t)$ 和 $d_M(t)$，确保未知扰动的观测误差快速收敛。

假设车用电驱/制动系统车轮端及电机端集总扰动 $d_W(t)$ 和 $d_M(t)$ 及其一阶导数项 $\dot{d}_W(t) = h_W(t)$ 和 $\dot{d}_M(t) = h_M(t)$ 均有界，且满足：

$$\begin{aligned} |d_W(t)| < \bar{D}_W, \quad |d_M(t)| < \bar{D}_M \\ |h_W(t)| < \bar{H}_W, \quad |h_M(t)| < \bar{H}_M \end{aligned} \quad (4\text{-}61)$$

式中，$\bar{D}_W$、$\bar{D}_M$、$\bar{H}_W$、$\bar{H}_M > 0$ 均为有界正常数。

为准确估计车轮端集总扰动项 $d_W(t)$，根据车用电驱/制动系统模型式（4-60），设计车轮端的有限时间扰动观测器如下：

$$\begin{cases} \dot{\hat{x}}_1 = \kappa_{NO11}\left[\text{sign}(\tilde{x}_1)|\tilde{x}_1|^{\beta_{NO11}} + \tilde{x}_1\right] + \dfrac{\eta_{HS}}{J_W}x_2 + \hat{d}_W \\ \dot{\hat{d}}_W = \kappa_{NO12}\left[2\text{sign}(\tilde{x}_1)|\tilde{x}_1|^{\beta_{NO11}} + \text{sign}(\tilde{x}_1)|\tilde{x}_1|^{\beta_{NO12}} + \tilde{x}_1\right] \end{cases} \quad (4\text{-}62)$$

式中，$\hat{x}_1$ 为车轮转速 x_1 的估计值；$\tilde{x}_1 = x_1 - \hat{x}_1$ 为车轮转速估计误差；$\text{sign}(\cdot)$ 为符号函数；$\kappa_{NO1i} > 0$（$i = 1, 2$）为观测器增益；$\beta_{NO1i} > 0$（$i = 1, 2$）为正实数，且 $1/2 < \beta_{NO11} < 1$，$\beta_{NO12} = 2\beta_{NO11} - 1$。

根据式（4-60）和式（4-62），可得到车轮端状态及扰动观测误差方程如下：

$$\begin{cases} \dot{\tilde{x}}_1 = \tilde{d}_W - \kappa_{NO11}\left[\text{sign}(\tilde{x}_1)|\tilde{x}_1|^{\beta_{NO11}} + \tilde{x}_1\right] \\ \dot{\tilde{d}}_W = -\kappa_{NO12}\left[2\text{sign}(\tilde{x}_1)|\tilde{x}_1|^{\beta_{NO11}} + \text{sign}(\tilde{x}_1)|\tilde{x}_1|^{\beta_{NO12}} + \tilde{x}_1\right] + h_W(t) \end{cases} \quad (4\text{-}63)$$

式中，$\tilde{d}_W = d_W - \hat{d}_W$ 为车轮端集总扰动 $d_W(t)$ 的估计误差。

同理，设计电机端有限时间扰动观测器如下：

$$\begin{cases} \dot{\hat{x}}_3 = \kappa_{NO21}\left[\text{sign}(\tilde{x}_3)|\tilde{x}_3|^{\beta_{NO21}} + \tilde{x}_3\right] + \dfrac{1}{J_M}\left(u - \dfrac{\eta_{HS}}{G}x_2\right) + \hat{d}_M \\ \dot{\hat{d}}_M = \kappa_{NO22}\left[2\text{sign}(\tilde{x}_3)|\tilde{x}_3|^{\beta_{NO21}} + \text{sign}(\tilde{x}_3)|\tilde{x}_3|^{\beta_{NO22}} + \tilde{x}_3\right] \end{cases} \quad (4\text{-}64)$$

式中，$\hat{x}_3$ 为电机转速 x_3 的估计值；$\tilde{x}_3 = x_3 - \hat{x}_3$ 为电机转速估计误差；$\kappa_{NO2i} > 0$（$i = 1, 2$）为观测器增益；$\beta_{NO2i} > 0$（$i = 1, 2$）为正实数，且 $1/2 < \beta_{NO21} < 1$，$\beta_{NO22} = 2\beta_{NO21} - 1$。

根据式（4-60）和式（4-64），可得到电机端状态及扰动观测误差方程如下：

$$\begin{cases} \dot{\tilde{x}}_3 = \tilde{d}_M - \kappa_{NO21}\left[\text{sign}(\tilde{x}_3)|\tilde{x}_3|^{\beta_{NO21}} + \tilde{x}_3\right] \\ \dot{\tilde{d}}_M = -\kappa_{NO22}\left[2\text{sign}(\tilde{x}_3)|\tilde{x}_3|^{\beta_{NO21}} + \text{sign}(\tilde{x}_3)|\tilde{x}_3|^{\beta_{NO22}} + \tilde{x}_3\right] + h_M(t) \end{cases} \quad (4\text{-}65)$$

式中，$\tilde{d}_M = d_M - \hat{d}_M$ 为电机端集总扰动 $d_M(t)$ 的估计误差。

将电驱/制动系统未知死区非线性视作扰动，同时采用有限时间扰动观测器实时估计，

并采用观测值 $\hat{d}_W(t)$ 和 $\hat{d}_M(t)$ 对 $d_W(t)$ 和 $d_M(t)$ 进行补偿。可将包含未知死区的不连续非线性系统近似转换为"无死区"的连续系统，简化控制器设计的同时，能够有效处理未知死区。

4. 输出约束有限时间反步控制

为了精准补偿车用电驱/制动系统未知死区非线性，提升控制系统响应快速性，同时保证控制系统的输出约束，在有限时间扰动观测器的基础上，具体介绍输出约束有限时间反步控制的设计过程。具体的设计步骤如下：

第一步：定义第一个误差变量 e_1 为

$$e_1 = x_1 - x_{1d} \tag{4-66}$$

式中，e_1 为车轮转速跟踪误差。

另外，为了进一步约束车轮转速跟踪误差 e_1，对 e_1 进行如下误差变换：

$$z_1 = \frac{e_1}{\phi_1(t) - |e_1|} \tag{4-67}$$

式中，z_1 为转换后的 Funnel 误差变量；$\phi_1(t)$ 为 Funnel 性能函数，用于规定轮速跟踪误差 e_1 的边界，其定义见式（4-68）。

$$\phi_1(t) = (\phi_{10} - \phi_{1\infty})\exp(-C_{\phi_1}t) + \phi_{1\infty} \tag{4-68}$$

式中，ϕ_{10}、$\phi_{1\infty}$ 和 C_{ϕ_1} 分别为 Funnel 性能函数 $\phi_1(t)$ 的初值、终值及收敛速率。

需要指出的是，通过合理给定参数 ϕ_{10} 和 C_{ϕ_1}，可以有效约束电驱/制动系统车轮转速的瞬态控制误差；通过合理给定参数 $\phi_{1\infty}$，可以有效约束电驱/制动系统车轮转速的稳态跟踪误差。

进一步地，Funnel 误差变量 z_1 的一阶导数可表示如下：

$$\dot{z}_1 = \varXi_1\left[\dot{e}_1 - e_1\frac{\dot{\phi}_1(t)}{\phi_1(t)}\right] \tag{4-69}$$

其中，$\varXi_1 = \phi_1(t)/(\phi_1(t) - |e_1|)^2$。

为便于分析车轮转速 x_1 跟踪控制的稳定性，选取 Lyapunov 函数 $V_{Fin1} = z_1^2/2$，则 V_{Fin1} 的一阶导数可表示如下：

$$\begin{aligned}\dot{V}_{Fin1} &= z_1\dot{z}_1 = z_1\varXi_1\left[\dot{e}_1 - e_1\frac{\dot{\phi}_1(t)}{\phi_1(t)}\right] \\ &= z_1\varXi_1\left[\frac{\eta_{HS}}{J_W}x_2 + d_W(t) - \dot{x}_{1d} - e_1\frac{\dot{\phi}_1(t)}{\phi_1(t)}\right] \\ &= z_1\varXi_1\left[\frac{\eta_{HS}}{J_W}e_2 + \frac{\eta_{HS}}{J_W}x_{2d} + d_W(t) - \dot{x}_{1d} - e_1\frac{\dot{\phi}_1(t)}{\phi_1(t)}\right]\end{aligned} \tag{4-70}$$

结合有限时间扰动观测器式（4-62）的扰动估计值 $\hat{d}_W(t)$，设计有限时间虚拟控制输入 x_{2d} 如下：

$$x_{2d} = \frac{J_W}{\eta_{HS}\Xi_1}\left[-k_{NC11}z_1 - k_{NC12}\text{sign}(z_1)|z_1|^{\beta_{NC}} - k_{NC13}\text{sign}(z_1)\right] + \frac{J_W}{\eta_{HS}}\left[\dot{x}_{1d} - \hat{d}_W(t) + e_1\frac{\dot{\phi}_1(t)}{\phi_1(t)}\right]$$
（4-71）

式中，$k_{NC1i} > 0$（$i = 1, 2, 3$）为控制器增益；$\beta_{NC} > 0$ 为指数项。

第二步：定义第二个误差变量 e_2 为

$$e_2 = x_2 - x_{2d}$$
（4-72）

式中，e_2 为状态变量 x_2 的跟踪误差。

另外，为了进一步约束状态变量 x_2 的跟踪误差，对 e_2 进行如下误差变换：

$$z_2 = \frac{e_2}{\phi_2(t) - |e_2|}$$
（4-73）

式中，z_2 为 e_2 转换后的 Funnel 误差变量；$\phi_2(t)$ 为 Funnel 性能函数，$\phi_2(t) = (\phi_{20} - \phi_{2\infty})\exp(-C_{\phi_2}t) + \phi_{2\infty}$，其中，$\phi_{20}$、$\phi_{2\infty}$ 和 C_{ϕ_2} 分别为 $\phi_2(t)$ 的初值、终值及收敛速率。

Funnel 误差变量 z_2 的一阶导数可表示如下：

$$\dot{z}_2 = \Xi_2\left[\dot{e}_2 - e_2\frac{\dot{\phi}_2(t)}{\phi_2(t)}\right]$$
（4-74）

其中，$\Xi_2 = \phi_2(t)/(\phi_2(t) - |e_2|)^2$。

为便于分析状态变量 x_2 跟踪控制的稳定性，选取 Lyapunov 函数 $V_{Fin2} = V_{Fin1} + z_2^2/2$，则 V_{Fin2} 的一阶导数可表示如下：

$$\begin{aligned}\dot{V}_{Fin2} &= \dot{V}_{Fin1} + z_2\dot{z}_2 \\ &= z_1\left[-k_{NC11}z_1 - k_{NC12}\text{sign}(z_1)|z_1|^{\beta_{NC}} - k_{NC13}\text{sign}(z_1) + \frac{\eta_{HS}}{J_W}\Xi_1 e_2\right] + \\ &\quad z_1\Xi_1\tilde{d}_W(t) + z_2\Xi_2\left[\dot{e}_2 - e_2\frac{\dot{\phi}_2(t)}{\phi_2(t)}\right] \\ &= -k_{NC11}z_1^2 - k_{NC12}|z_1|^{1+\beta_{NC}} + \frac{\eta_{HS}}{J_W}\Xi_1 z_1 e_2 - z_1\left[k_{NC13}\text{sign}(z_1) - \Xi_1\tilde{d}_W(t)\right] + \\ &\quad z_2\Xi_2 K_{MOD}\left[\frac{1}{G}e_3 + \frac{1}{G}x_{3d} - x_1 - \frac{1}{K_{MOD}}\dot{x}_{2d} - e_2\frac{\dot{\phi}_2(t)}{K_{MOD}\phi_2(t)}\right]\end{aligned}$$
（4-75）

进一步地，设计有限时间虚拟控制输入 x_{3d} 如下：

$$x_{3d} = \frac{G}{\Xi_2 K_{MOD}}\left[-k_{NC21}z_2 - k_{NC22}\text{sign}(z_2)|z_2|^{\beta_{NC}}\right] + G\left(x_1 + \frac{\dot{x}_{2d}}{K_{MOD}}\right) + Ge_2\frac{\dot{\phi}_2(t)}{K_{MOD}\phi_2(t)} - \frac{G\eta_{HS}\Xi_1}{K_{MOD}J_W\Xi_2}\left[\phi_2(t) - |e_2|\right]z_1$$
（4-76）

式中，$k_{NC2i} > 0$（$i = 1, 2$）为控制器增益。

第三步：定义第三个误差变量 e_3 为

$$e_3 = x_3 - x_{3d} \tag{4-77}$$

式中，e_3 为电机转速 x_3 的跟踪误差。

另外，为了进一步约束电机转速的跟踪误差，对 e_3 进行如下误差变换：

$$z_3 = \frac{e_3}{\phi_3(t) - |e_3|} \tag{4-78}$$

式中，z_3 为 e_3 转换后的 Funnel 误差变量；$\phi_3(t)$ 为电机转速的 Funnel 性能函数，定义为 $\phi_3(t) = (\phi_{30} - \phi_{3\infty})\exp(-C_{\phi_3}t) + \phi_{3\infty}$，其中，$\phi_{30}$、$\phi_{3\infty}$ 和 C_{ϕ_3} 分别为 Funnel 性能函数 $\phi_3(t)$ 的初值、终值及收敛速率。

Funnel 误差变量 z_3 的一阶导数可表示如下：

$$\dot{z}_3 = \varXi_3 \left[\dot{e}_3 - e_3 \frac{\dot{\phi}_3(t)}{\phi_3(t)} \right] \tag{4-79}$$

其中，$\varXi_3 = \phi_3(t) / (\phi_3(t) - |e_3|)^2$。

为便于分析电机转速 x_3 跟踪控制的稳定性，选取 Lyapunov 函数 $V_{Fin3} = V_{Fin2} + z_3^2/2$，则 V_{Fin3} 的一阶导数可表示如下：

$$\begin{aligned}
\dot{V}_{Fin3} &= \dot{V}_{Fin2} + z_3 \dot{z}_3 = -k_{NC11} z_1^2 - k_{NC12} |z_1|^{1+\beta_{NC}} - z_1 \left[k_{NC13} \text{sign}(z_1) - \varXi_1 \tilde{d}_W(t) \right] - \\
&\quad k_{NC21} z_2^2 - k_{NC22} |z_2|^{1+\beta_{NC}} + \frac{\varXi_2 K_{MOD}}{G} z_2 e_3 + z_3 \varXi_3 \left[\dot{e}_3 - e_3 \frac{\dot{\phi}_3(t)}{\phi_3(t)} \right] \\
&= -k_{NC11} z_1^2 - k_{NC12} |z_1|^{1+\beta_{NC}} - z_1 \left[k_{NC13} \text{sign}(z_1) - \varXi_1 \tilde{d}_W(t) \right] - \\
&\quad k_{NC21} z_2^2 - k_{NC22} |z_2|^{1+\beta_{NC}} + \frac{\varXi_2 K_{MOD}}{G} z_2 e_3 + \\
&\quad z_3 \varXi_3 \left[\frac{1}{J_M} \left(u - \frac{\eta_{HS}}{G} x_2 \right) + d_M(t) - \dot{x}_{3d} - e_3 \frac{\dot{\phi}_3(t)}{\phi_3(t)} \right]
\end{aligned} \tag{4-80}$$

结合有限时间扩张状态观测器式（4.62）的扰动估计值 $\hat{d}_M$，设计有限时间控制输入 u 如下：

$$\begin{aligned}
u &= \frac{J_M}{\varXi_3} \left[-k_{NC31} z_3 - k_{NC32} \text{sign}(z_3) |z_3|^{\beta_{NC}} - k_{NC33} \text{sign}(z_3) \right] + \\
&\quad J_M \left[\dot{x}_{3d} - \hat{d}_M + \frac{\eta_{HS}}{J_M G} x_2 + e_3 \frac{\dot{\phi}_3(t)}{\phi_3(t)} \right] - \\
&\quad \frac{J_M K_{MOD} \varXi_2}{G \varXi_3} \left[\phi_3(t) - |e_3| \right] z_2
\end{aligned} \tag{4-81}$$

式中，$k_{NC3i} > 0$（$i = 1, 2, 3$）为控制器增益。

4.3.3 台架试验

1. 台架试验方案

为进一步验证提出方法的可行性，基于车用电驱/制动系统测试台架开展了未知死区补偿控制算法的试验工作。台架试验方案如图4-26所示。车用电驱/制动系统测试台架包括车用电驱/制动系统、测功机、dSPACE实时仿真平台以及控制器等。通过上位机给定驾驶员操作指令，并将其发送至dSPACE实时仿真平台；dSPACE实时仿真平台运行车辆动力学模型、电驱/制动系统模型（未知死区等）、液压制动系统模型、轮胎力学模型及电驱/制动系统未知死区补偿控制算法，根据上位机发送的驾驶员操作意图，给定电驱/制动系统转矩命令及测功机转速命令；电驱/制动系统控制器根据dSPACE实时仿真平台发送的转矩命令，控制电驱/制动系统响应该转矩命令，对车辆进行驱动或制动；测功机控制系统根据dSPACE实时仿真平台发送的转速命令，控制测功机跟踪该转速命令，实时模拟道路负载。

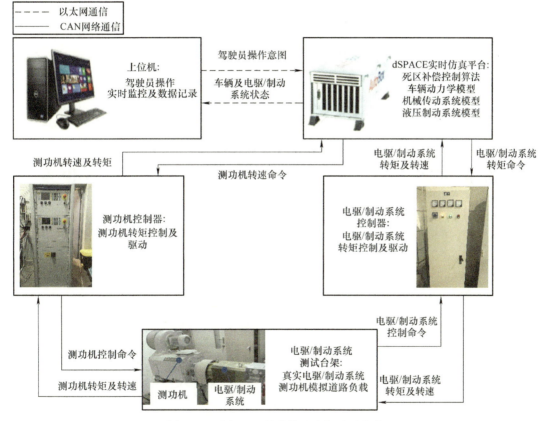

图4-26 未知死区补偿算法台架试验方案

2. 试验工况设置

试验工况选取典型的驱动/制动模式切换工况。车辆初始纵向车速37km/h，0~0.5s车辆滑行，无控制；0.5~0.7s，车用电机转矩按照固定斜率从0N·m增加至20N·m，并维持该转矩至3.7s，车辆处于驱动模式；3.7~4.1s，车用电机转矩按照固定斜率减小至

−20N·m，并维持该转矩至 7.1s，车辆经历驱动模式向制动模式切换过程（驱 - 制动模式切换），并最终处于制动模式；7.1～7.5s，车用电机转矩由 −20N·m 按照固定斜率增加至 20N·m，并维持该转矩至 10.5s，车辆经历制动模式向驱动模式切换过程（制 - 驱动模式切换），并最终处于驱动模式。0.5s 以后车辆进行电驱/制动系统未知死区主动补偿控制。需要指出的是，在车辆驱 - 制动模式切换过程及制 - 驱动模式切换过程中，激发了死区非线性，将引起整车冲击，恶化车辆纵向驾乘舒适性。

为深入分析提出方法的有效性，对以下三类方法进行对比：无控制；有限时间反步控制；输出约束有限时间反步控制。无控制指未进行电驱/制动系统死区非线性补偿；输出约束有限时间反步控制是本节设计的方法；有限时间反步控制未考虑电驱/制动系统的输出约束，其余部分设计方法与输出约束有限时间反步控制保持一致。台架试验期间，提出的输出约束有限时间反步控制算法的关键参数见表 4-5。

表 4-5 提出的未知死区补偿控制算法关键参数

控制器	关键参数
有限时间扰动观测器	$\kappa_{NO11} = \kappa_{NO21} = 60$, $\kappa_{NO12} = \kappa_{NO22} = 1000$, $\beta_{NO11} = \beta_{NO21} = 2/3$
Funnel 性能函数	$\phi_{10} = 2.5$, $\phi_{1\infty} = 0.5$, $C_{\phi_1} = 1.5$
有限时间反步控制	$k_{NC11} = 100$, $k_{NC12} = 20$, $k_{NC13} = 1$, $k_{NC21} = 30$, $k_{NC22} = 5$, $k_{NC31} = 100$, $k_{NC32} = 30$, $k_{NC33} = 1$, $\beta_{NC} = 2/3$

3. 不同控制算法对比试验

为充分印证提出方法对未知死区的补偿能力，台架试验期间设置 +50% 的半轴刚度不确定性及 +25% 的死区宽度不确定性。台架试验结果如图 4-27～图 4-30 所示。图 4-27 是基于有限时间反步控制的未知死区补偿台架试验结果，图 4-28 表示基于输出约束有限时间反步控制的未知死区补偿台架试验结果，图 4-29 表示不同控制算法下半轴转矩台架试验结果，图 4-30 表示不同控制算法下整车冲击度台架试验结果。有限时间反步控制下，模式切换过程车轮转速较参考值存在明显的跟踪误差，并且误差超越了规定的 Funnel 误差边界，进而导致半轴转矩呈现较大超调。而提出的输出约束有限时间反步控制具有良好的车轮转速跟踪性能，模式切换过程未出现明显的跟踪误差及波动情况；同时，转速跟踪误差严格限制在给定的 Funnel 误差边界内；半轴转矩平滑过渡，未出现大的转矩超调；整车冲击度大幅降低，提升了整车驾乘舒适性。

为量化分析电驱/制动系统未知死区补偿控制台架试验结果，同样采用车轮转速跟踪均方根误差及整车冲击度均方根值作为评价指标。取 0.5～9s 区间计算车轮转速跟踪均方根误差，见表 4-6。无控制下，车轮转速跟踪均方根误差为 0.42rad/s；有限时间反步控制下车轮转速跟踪均方根误差是 0.09rad/s；提出的输出约束有限时间反步控制下车轮转速跟踪均方根误差是 0.05rad/s。相比无控制，有限时间反步控制及输出约束有限时间反步控制在车轮转速跟踪均方根误差方面分别减小 78.6% 和 88.1%。在整车冲击度均方根值方面（表 4-7），无控制下驱 - 制动模式切换和制 - 驱动模式切换过程整车冲击度均方根值分别为 5.28m/s³ 和 6.17m/s³；有限时间反步控制下驱 - 制动模式切换和制 - 驱动模式切换过程整车冲击度均方根值分别为 4.34m/s³ 和 4.51m/s³；提出的输出约束有限时间反步控制下驱 - 制动模式切换和制 - 驱动模式切换过程整车冲击度均方根值分别为 3.09m/s³ 和 3.24m/s³。相比无控制，有限时间反步控制在驱 - 制动模式切换和制 - 驱动模式切换过程冲击度均方根值分别减小 17.8% 和 26.9%，输出约束有限时间反步控制在驱-制动模式切换和制-驱动模式切换过程冲击度均方根值分别减小 41.5% 和 47.5%，车辆的驾乘舒适性得到有效提升。

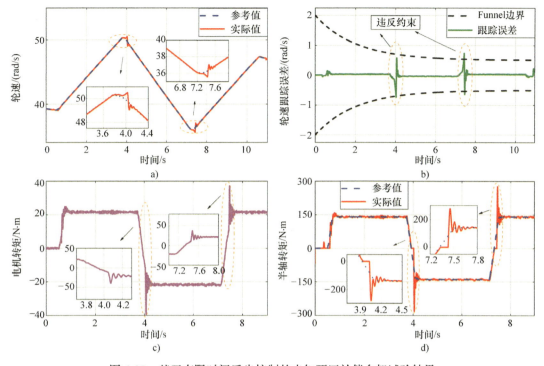

图 4-27 基于有限时间反步控制的未知死区补偿台架试验结果

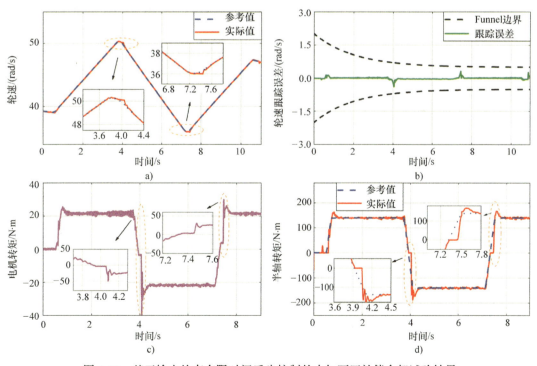

图 4-28 基于输出约束有限时间反步控制的未知死区补偿台架试验结果

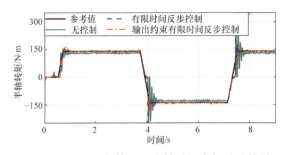

图 4-29 不同控制算法下半轴转矩台架试验结果

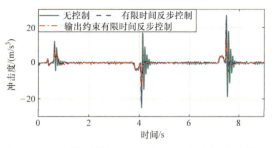

图 4-30 不同控制算法下整车冲击度台架试验结果

表 4-6 不同控制算法下车轮转速跟踪误差台架试验结果

控制方法	均方根误差	性能提升
无控制	0.42 rad/s	—
有限时间反步控制	0.09 rad/s	78.6 %
输出约束有限时间反步控制	0.05 rad/s	88.1 %

表 4-7 不同控制算法下整车冲击度均方根值台架试验结果

控制方法	驱-制动切换冲击度均方根值	性能提升	制-驱动切换冲击度均方根值	性能提升
无控制	5.28m/s^3	—	6.17m/s^3	—
有限时间反步控制	4.34m/s^3	17.8%	4.51m/s^3	26.9%
输出约束有限时间反步控制	3.09m/s^3	41.5%	3.24m/s^3	47.5%

4.4 随机网络延时下协调式回馈制动控制系统协调控制方法

机电混合制动过程中，电机回馈制动力矩通过减速器、半轴等动力传动装置最终作用于车轮处，而半轴弹性使得施加在车轮处的回馈转矩容易发生波动，影响机电耦合制动协调控制效果。同时，在实际控制系统中，整车控制器（Vehicle Control Unit，VCU）、制动控制器（Braking Control Unit，BCU）和电机控制器（Motor Control Unit，MCU）通过CAN网络实现信息交互，由于CAN网络带宽有限，信息交互会产生随机延时。该随机网络延时会导致半轴转矩波动抑制控制效果进一步恶化，从而影响机电混合制动液压制动力和回馈制动力耦合控制效果，车辆制动舒适性下降。针对随机网络延时所引发的机电混合制动过程制动舒适性下降的问题，本节基于现有半轴转矩波动抑制控制算法框架，研究随机网络延时补偿控制算法，抑制半轴转矩波动的同时，优化机电混合制动过程中液压制动力和回馈制动力协调控制效果，提升车辆制动舒适性。

4.4.1 包含随机网络延时的回馈制动系统模型

1. 回馈制动控制系统网络拓扑结构

前轴集中驱动电动汽车协调式回馈制动控制系统网络拓扑结构如图4-31所示。其中电驱动系统等效为双质量模块系统，在传动系统模型中考虑了半轴弹性环节。控制系统中布置有电机转速、转矩传感器，主缸压力、轮缸压力传感器和车轮轮速传感器。MCU控制电机实际转矩跟踪转矩指令值；BCU在机电混合制动过程中负责协调回馈制动力和液压制动力；VCU 在上层负责任务调度和监管。各传感器、控制器之间信息交互通过 CAN 网络完成。由于 CAN 总线协议优先级、网络带宽等原因，信息传递会产生随机网络延时。下面详细说明随机网络延时产生原因及构成。

实际控制器采用离散方式进行采样和计算，在每一个控制周期内，回馈控制系统完成如下任务：

1）传感器以时间驱动，按照采样周期对物理系统相关状态量进行采样，并且通过 CAN 总线将信息发送给相应控制器。该过程会产生传感器至控制器（Sensor-to-Controller，S-C）网络延时。

2）BCU 运行事件驱动的任务，当 BCU 接收到当前实际电机制动转矩、转速以及轮速信号后，根据相应控制算法计算得到电机力矩指令值，并通过 CAN 网络将该指令值发送给 VCU。

3）VCU 接收到 BCU 发来的电机转矩请求后，根据当前车辆状态（如电池 SOC 状态、电机转矩限制等），对制动控制器请求的电机目标转矩值进行修正，得到电机转矩真实目标值，并通过 CAN 网络将该指令值发送给 MCU。需要注意的是，第 2）个任务和第 3）个任务均会产生控制器至执行机构（Controller-to-Actuator，C-A）网络延时。

4）MCU 运行事件驱动任务，当接收到 VCU 发来的电机转矩请求指令后，MCU 控制电机跟随目标转矩。

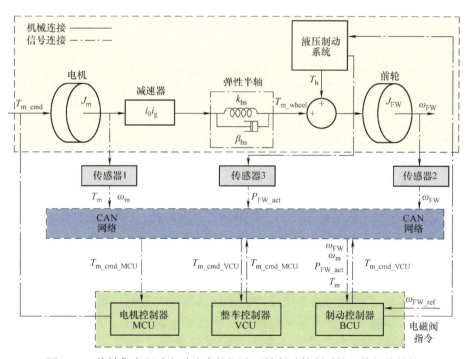

图 4-31 前轴集中驱动电动汽车协调式回馈制动控制系统网络拓扑结构

由以上分析可以看出，在每个控制周期内，传感器至控制器（S-C）和控制器至执行机构（C-A）随机网络延时均会对回馈转矩波动抑制和机电混合制动协调控制效果造成影响。

2. 包含随机网络延时的回馈制动系统模型

系统模型采用如 4.1 节所建立的车辆回馈系统模型。由于本节同时关注半轴转矩波动抑制和机电混合制动协调控制效果，因此选取车轮转速和车轮等效制动压力作为系统输出，选取电机转矩和液压制动力矩作为系统输入。控制目标为系统输出跟随目标轮速和主缸制动压力。综合式（4-1）~式（4-4），系统状态空间方程可表示为

$$\begin{aligned} \dot{x} &= Ax + Bu \\ y &= Cx + Du \end{aligned} \tag{4-82}$$

其中

$$x = [\dot{\theta}_m \quad \dot{\theta}_l \quad \theta_m / i_0 i_g - \theta_l]^T \tag{4-83}$$

$$u = \begin{bmatrix} T_m & T_h \end{bmatrix}^T \tag{4-84}$$

$$A = \begin{bmatrix} -\dfrac{2\beta_{hs}}{J_m i^{*2}} & \dfrac{2\beta_{hs}}{J_m i^*} & -\dfrac{2k_{hs}}{J_m i^*} \\ \dfrac{-\beta_{hs}}{J_l i^*} & \dfrac{\beta_{hs}}{J_l} & \dfrac{-k_{hs}}{J_l} \\ \dfrac{1}{i^*} & -1 & 0 \end{bmatrix} \tag{4-85}$$

$$B = \begin{bmatrix} 1/J_m & 0 \\ 0 & 1/J_l \\ 0 & 0 \end{bmatrix} \tag{4-86}$$

$$y = \begin{bmatrix} \dot{\theta}_l & T_{eq} \end{bmatrix}^T \tag{4-87}$$

$$C = \begin{bmatrix} 0 & 1 & 0 \\ 0 & 0 & 0 \end{bmatrix}, \quad D = \begin{bmatrix} 0 & 0 & 0 \\ \dfrac{i^*}{\pi r b_f \mu_b r_f^2} & 1 & 0 \end{bmatrix} \tag{4-88}$$

式中，$i^* = i_0 i_g$；rb_f 为制动器等效半径；μ_b 为制动器摩擦系数；r_f 为制动器轮缸半径。

当车载网络通信硬件未发生故障时，随机网络延时均为有界变量。基于网络拓扑结构、网络协议等影响网络延时的不同因素，可建立精确描述 CAN 随机网络延时的理论模型。但这些理论模型过于复杂，难以应用于控制系统分析与设计。大量研究对理论模型进行了合理简化，提出了面向控制系统设计的随机网络延时模型。其中应用最为普遍的为均一概率分布模型。该模型假设当前时刻的随机网络延时量为均一分布在区间 $[0, d_{max}]$ 的某一随机数值，其中 $d_{max} = 1.7T_s$，T_s 为控制系统的采样周期。

根据 CAN 网络通信协议，具有相同地址的信息按照被发送的时间先后顺序在寄存器中排列。该协议说明在同一地址下的消息，在时间顺序上后被发送节点发出的消息不会早于先被发出的消息到达接收节点。因此，在 kT_s 时刻被发送节点发出的信息延迟量可表示为

$$\max\{0, d_{k-1} - T_s\} \leq d_k \leq d_{\max} \tag{4-89}$$

需要说明的是，CAN 网络最大延时 $d_{\max}$ 与 CAN 网络拓扑结构、网络通信速率、信息的优先级等因素有关。$d_{\max} = 1.7T_s$ 仅为对一般拓扑结构的 CAN 网络最大延时的一般假设。此处的目标车辆 CAN 网络拓扑结构满足上述最大延时假设。该均一概率分布随机延时模型用于控制算法设计，而式（4-89）中的模型用于随机网络延时精确建模。

4.4.2 随机网络延时下协调式回馈制动控制系统协调控制算法

1. 协调控制算法控制目标

相比与传统内燃机驱动车辆，电驱动车辆动力传动装置在结构上无离合器和扭转减振器，系统阻尼系数低，易产生振动；与此同时，从振动激发源的角度来看，电机相比与内燃机转矩变化速率更大，并且在机电混合制动过程中，液压制动力频繁调节也会导致动力传动系统振动。以上因素均导致电驱动车辆动力传动系统转矩振动抑制控制较内燃机车辆更具挑战性。

目前针对电驱动车辆驱动过程中动力传动系统转矩振动抑制已有成熟解决方案。相比驱动过程，由于制动过程涉及协调回馈制动力和液压制动力，使得振动抑制控制算法更为复杂。目前研究均认为控制系统中传感器、控制器和执行机构的信号传递是理想的，未考虑由于 CAN 网络带宽等因素导致的随机网络延时。为了进一步提升机电混合制动过程中制动舒适性，需针对 CAN 随机网络延时提出补偿控制算法。

考虑随机网络延时的液压制动力与回馈制动力协调控制算法有如下控制目标：

1）针对机电混合制动过程，同时对液压制动力和回馈制动力双回路随机网络延时进行补偿，提升液压制动和回馈制动协调控制效果。

2）提升半轴转矩振动抑制效果，降低车辆冲击度，提升机电混合制动过程中的制动舒适性。

3）为方便工程应用，随机网络延时补偿算法需基于现有半轴转矩振动抑制算法框架，仅对相应控制参数进行重新设计。

2. 协调控制算法设计

包含随机网络延时补偿的液压制动力与回馈制动力协调控制算法如图 4-32 所示，控制算法分为两部分：针对回馈制动的半轴转矩抑制控制和针对液压制动的机电混合制动协调控制。其中为抑制半轴转矩振动，根据目标轮速和实际轮速的差值，采用前馈加反馈的控制框架计算电机回馈转矩指令。根据电机转矩指令和驾驶员制动需求，根据协调式回馈控制策略计算得到液压制动力指令值。BCU 通过反馈 PID 控制得到目标液压力指令，并闭环跟踪液压制动力指令值。该控制算法通过主动调节电机转矩值抑制了半轴转矩波动，同时考虑了液压制动力和回馈制动力的协调控制效果。图 4-32 中各模块数学表达如下所示：

$$K_1 = \pi r b_f \mu_b r_f^2 \tag{4-90}$$

$$K_2 = \frac{i^*}{4\pi r b_f \mu_b r_f^2} \tag{4-91}$$

$$G(s)_{\text{rigid\_model}} = \frac{K_1}{J_1 s} \quad (4\text{-}92)$$

$$G(s)_{\text{mot}} = \frac{1}{\tau_m s + 1} \quad (4\text{-}93)$$

$$G(s)_{\text{drivetrain}} = \frac{(\beta_{\text{hs}} + k_{\text{hs}}/s) J_{\text{hs}} s}{i^* J_{\text{hs}} J_{\text{hs}} s^2 + (i^* J_m + 2 J_{\text{hs}}/i^*) \beta_{\text{hs}} s + (i^* J_m + 2 J_{\text{hs}}/i^*) k_{\text{hs}}} \quad (4\text{-}94)$$

$$G(s)_{\text{wheel}} = \frac{1}{J_1 s} \quad (4\text{-}95)$$

$$G(s)_{\text{calliper}} = K_1 \quad (4\text{-}96)$$

$$G(s)_{\text{valve}} = \begin{cases} \dfrac{1}{s}\left(\dfrac{k_1}{\pi^2 r b_f^4} C_d A \sqrt{\dfrac{P_{m,0} - P_{1,0}}{\rho}} - \dfrac{k_1}{2\pi^2 r b_f^4} C_d A \sqrt{\dfrac{\rho}{P_{m,0} - P_{1,0}}} \times \dfrac{1}{2} \dot{P}_{1,0}^2 \right) & \text{增压} \\ \dfrac{1}{s}\left(\dfrac{k_1}{\pi^2 r b_f^4} C_d A \sqrt{\dfrac{P_{1,0} - P_{\text{lp},0}}{\rho}} + \dfrac{k_1}{4\pi^2 r b_f^4} C_d A \sqrt{\dfrac{\rho}{P_{1,0} - P_{\text{lp},0}}} \dot{P}_{1,0}^2 \right) & \text{减压} \end{cases} \quad (4\text{-}97)$$

$$K_3 = \begin{cases} -\dfrac{k_1}{2\pi^2 r b_f^4} C_d A \sqrt{\dfrac{\rho}{P_{m,0} - P_{1,0}}} \dot{P}_{1,0} P_{1,0} \sigma_0 & \text{增压} \\ \dfrac{k_1}{2\pi^2 r b_f^4} C_d A \sqrt{\dfrac{\rho}{P_{1,0} - P_{\text{lp},0}}} \dot{P}_{1,0} P_{1,0} \sigma_0 & \text{减压} \end{cases} \quad (4\text{-}98)$$

式中，τ_m 为电机一阶惯性常数；K_1 为制动轮缸弹簧刚度系数；A 为电磁阀全开状态下流通面积；$P_{m,0}$、$P_{1,0}$ 和 $P_{\text{lp},0}$ 分别为当前工况点制动主缸、轮缸和低压蓄能器的压力。

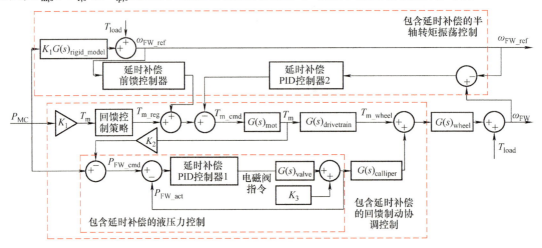

图 4-32 包含随机网络延时补偿的液压制动力与回馈制动力协调控制算法

随机网络延时补偿控制针对在式（4-89）范围内所有可能延时量设计相应的控制参数，

并将该控制参数事先存储于控制器中。控制器根据当期采样时刻系统状态计算得到一控制指令序列，该控制序列包含了针对所有可能累计延时的控制指令，将该控制序列发送给执行机构，执行机构可以通过在通信协议中设置时间戳得到当前控制周期累计网络延时数值，根据该真实延时数值在控制指令序列中查找与之相对应的控制指令即可完成对网络延时的补偿。需要说明的是，本节假设执行机构节点（BCU 和 MCU）可以得到当前控制周期内累计的网络延时数值。

4.4.3 随机网络延时下液压与回馈制动协调控制算法台架试验与分析

机电混合制动过程中液压制动力与回馈制动力协调控制效果如图 4-33 所示，结果对比见表 4-8。可以看到，所提出的随机网络补偿算法提升了回馈制动过程的机电混合制动的协调控制效果，对驾驶员意图跟踪的均方根误差较开环控制和仅有弹性补偿的算法分别下降了 25.0% 和 46.4%。

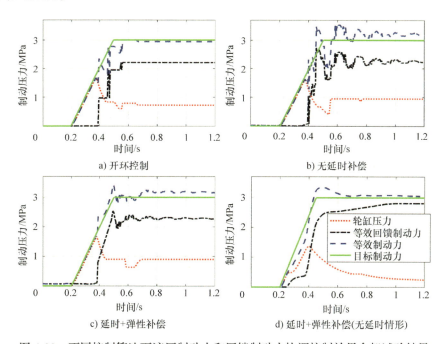

图 4-33　不同控制算法下液压制动力和回馈制动力协调控制效果台架试验结果

表 4-8　不同控制算法下液压制动力和回馈制动力协调控制效果台架试验结果对比

控制算法	目标压力跟踪均方根误差 /MPa	协调控制提升效果
开环控制	0.20	—
无延时补偿	0.28	−40.0%
延时 + 弹性补偿	0.15	25.0%

半轴转矩振动抑制控制效果如图 4-34 所示，结果对比见表 4-9。相比于开环控制，在所提出的延时补偿算法控制下，整车冲击度超调量和过渡时间分别下降了 57.9% 和 60%。相比于无延时补偿控制，两者分别下降 19.1% 和 48.1%。

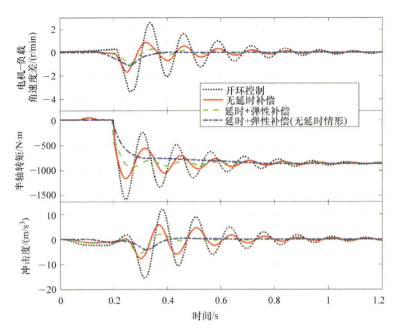

图 4-34 不同算法下半轴转矩振动抑制效果台架试验结果

表 4-9 不同算法下半轴转矩振动抑制效果台架试验结果对比

控制算法	超调量/(m/s³)	超调量抑制效果	过渡时间/s	过渡时间缩短效果
开环控制	15.1	—	1.05	—
无延时补偿	7.9	48%	0.81	22.9%
延时+弹性补偿	6.4	57.9%	0.42	60%

第 5 章

防抱死制动回馈控制策略

前面介绍了常规制动时回馈制动与摩擦制动如何协调控制的方法，本章将探讨极端工况制动时回馈制动如何参与防抱死制动的控制方法。

由于电机转矩响应迅速，可以精确控制，且具有双向特性，既能提供驱动力矩，也可提供回馈制动力矩，在防抱死控制中蕴含着巨大的潜力。本章探讨了回馈制动分别以保守和开放的姿态参与防抱死制动控制的几种方法。

5.1 回馈制动保守参与防抱死制动的控制策略

整车厂和零部件厂在防抱死制动的回馈控制上普遍采用较为保守的做法，尽量不改变原有成熟的摩擦制动防抱死控制逻辑，在常规制动向防抱死制动切换的过程中对回馈转矩施加一定的控制，以避免回馈制动对防抱死制动产生不利影响。

下面展示了回馈制动保守参与防抱死制动的三种控制策略以及这些策略在后轴驱动电动汽车气压制动硬件在环试验台上的试验结果。三种控制策略分别是：①进入防抱死控制时立即切断回馈制动；②进入防抱死控制时回馈制动力矩以固定速率减小；③进入防抱死控制时将电机回馈转矩稳定在进入时刻的值，一直到制动结束。

1. 回馈制动立即切断策略

采用回馈制动立即切断策略的硬件在环试验结果如图 5-1 所示。在该策略下，后轮受到的影响不大。后轮轮速仅在刚进入防抱死控制时，下降的程度稍大一些，这是由于回馈转矩的实际值与命令值之间存在延迟所致。

2. 回馈制动力矩以固定速率减小策略

采用回馈制动力矩以 50N·m/s 速率减小策略的硬件在环试验结果如图 5-2 所示。在该策略下，防抱死控制第一个控制循环的轮速下降幅度比立即切断策略的轮速下降幅度更大。这是因为此时回馈转矩仍有 200N·m 左右，这导致后轮轮速下降幅度更深，上升也更慢。该策略的平均制动气压（0.151MPa）相比立即切断策略（0.171MPa）也稍有降低。

回馈制动力矩以 100N·m/s 速率减小策略的硬件在环试验结果（图 5-3）与回馈制动力矩 50N·m/s 速率减小策略的试验结果类似，两种策略的轮速波动规律非常接近，平均制动气压（1.599MPa）介于回馈制动立即切断策略和回馈制动力矩以 50N·m/s 速率减小策略之间。可以发现在防抱死控制过程中将回馈制动力矩限制在一定的范围内不会给防抱死控制带来不利的影响。

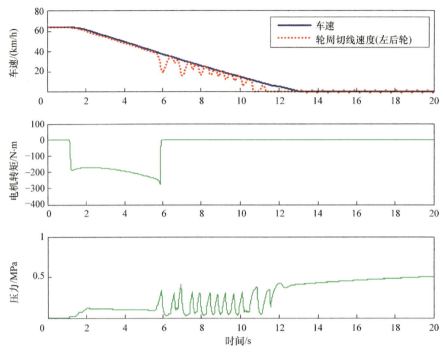

图 5-1　回馈制动立即切断策略下后轮控制效果

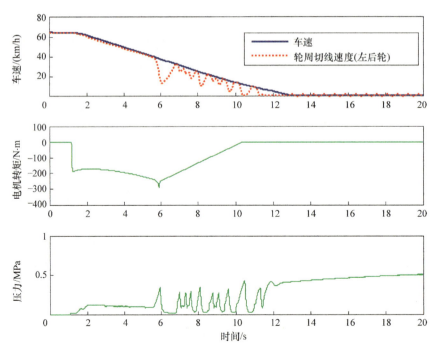

图 5-2　回馈制动力矩以 50N·m/s 速率减小策略下后轮控制效果

第5章 防抱死制动回馈控制策略

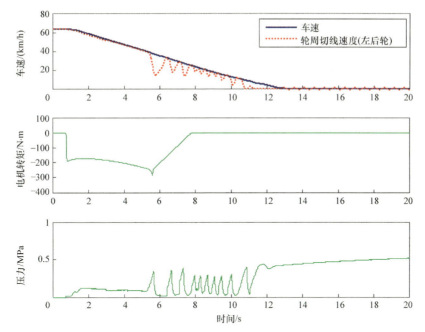

图 5-3 回馈制动力矩以 100N·m/s 速率减小策略下后轮控制效果

3. 回馈制动保持策略

回馈制动保持策略的硬件在环试验结果如图 5-4 所示。进入防抱死控制后回馈制动力矩维持在 250N·m 左右，直到因为车速过低而退出。由于回馈制动力矩几乎贯穿了整个防抱死过程，可以看到大部分控制循环中轮速的波动幅度都更大，相应地气压的波动也更大，更多情况下制动气压甚至下降至零。在该策略下平均制动气压为 0.127MPa，比回馈制动立即切断策略降低了约 25%。

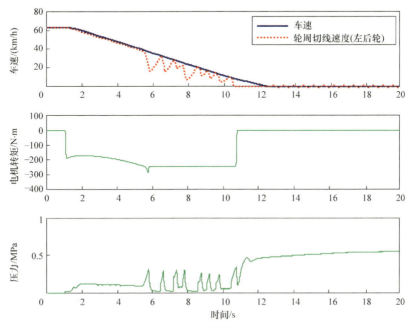

图 5-4 回馈制动保持策略下后轮控制效果

97

可以看到，上述四种回馈制动保守参与防抱死制动的控制策略并未利用电机转矩快速、精准控制的优势，下面将继续探讨回馈制动充分参与防抱死制动的控制策略。

5.2　基于补偿最优制动力矩的防抱死制动回馈控制策略

基于补偿最优制动力矩的防抱死制动回馈控制策略（以下简称为补偿最优制动力矩策略）的基本思想是，根据防抱死制动目标滑移率确定对应的最优制动力矩，摩擦制动力矩仍然依据逻辑门限值方法控制，由电机回馈力矩弥补最优制动力矩与摩擦制动力矩之间的差值。

为了简化控制策略的设计，采用经过简化处理的四分之一轮胎模型，如图 5-5 所示。两个自由度分别是车辆的纵向速度和车轮的角速度。

对于处于制动过程中的车轮而言，受到以下这些力的作用：轮胎与路面之间的附着力，制动力矩（包括摩擦制动力矩和回馈制动力矩），轮胎和路面之间的垂直载荷。对该系统进行动力学建模。

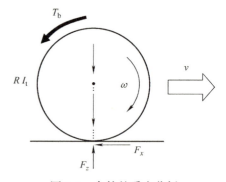

图 5-5　车轮的受力分析
v—车辆行驶的纵向速度
F_x—轮胎与路面之间的纵向附着力
ω—车轮的角速度　R—车轮的有效滚动半径
T_b—总制动力矩　I_t—车轮的转动惯量
F_z—地面对车轮的法向作用力

$$\dot{v} = \frac{-F_x}{m_t} \tag{5-1}$$

式中，m_t 是四分之一车辆的质量。

$$\dot{\omega} = \frac{1}{I_t}(RF_x - T_b) \tag{5-2}$$

车轮的纵向滑移率 s 为

$$s = \frac{v - R\omega}{v} \tag{5-3}$$

m_t 由下式求得：

$$m_t = \frac{1}{4}m_{vs} + m_w \tag{5-4}$$

式中，m_{vs} 是整车的簧上质量；m_w 是单个车轮的质量。

对式（5-3）进行求导计算，得到如下关系

$$\dot{s} = \frac{\dot{v}(1-s) - R\dot{\omega}}{v} \tag{5-5}$$

将式（5-1）和式（5-2）代入式（5-5），得到

$$\dot{s} = -\frac{1}{v}\left[\frac{F_x}{m_t}(1-s) + \frac{R^2 F_x}{I_t}\right] + \left(\frac{R}{vI_t}\right)T_b \tag{5-6}$$

对于车轮这个受控系统而言，可以通过一个二阶状态变量的状态空间方程来表示。状态方程是式（5-1）和式（5-6）。变量的取法有很多种，在这里取 v 和 s 为状态变量，分别定义为 x_1 和 x_2。因此，可以将式（5-1）和式（5-6）进行改写。同时取滑移率的积分量为 x_3，T_b 则是应由控制策略决定的制动力矩值。可以看到，在推导出上面的状态空间方程的过程中，车辆的侧倾和俯仰带来的影响被忽略了。

$$\dot{x}_1 = \dot{v} = f_1 \tag{5-7}$$

$$\dot{x}_2 = \dot{s} = f_2 + \frac{R}{I_t x_1}T_b \tag{5-8}$$

$$\dot{x} = x_2 \tag{5-9}$$

式中，f_1 和 f_2 分别有如下关系

$$f_1 = \frac{-F_x}{m_t} \tag{5-10}$$

$$f_2 = -\frac{1}{v}\left[\frac{F_x}{m_t}(1-s) + \frac{R^2 F_x}{I_t}\right] \tag{5-11}$$

综合考虑了滑移率和滑移率的目标函数 J 有如下关系

$$J = \frac{1}{2}w_2\left[x_2(t+h) - x_{2d}(t+h)\right]^2 + \cdots + \\ \frac{1}{2}w_3\left[x_3(t+h) - x_{3d}(t+h)\right]^2 \tag{5-12}$$

式中，$x_{2d}(t+h)$ 和 $x_{3d}(t+h)$ 分别代表滑移率和滑移率积分在 $t+h$ 时刻的目标值；$x_2(t+h)$ 和 $x_3(t+h)$ 分别代表 $t+h$ 时刻的滑移率和滑移率积分的实际值；w_2 和 w_3 分别代表这两个环节在整个目标函数中所占的比重大小，反映了各自的重要性。该目标函数同样可以写成如下形式

$$J = \frac{1}{2}\sum_{n=1}^{3}w_n\left[x_n(t+h) - x_{nd}(t+h)\right]^2 \tag{5-13}$$

为了在控制策略中简化，利用微积分中常见的泰勒级数展开对滑移率进行如下简化处理

$$x_n(t+h) = x_n(t) + h\dot{x}_n(t) + \frac{h^2}{2!}\ddot{x}_n(t) + \cdots + \frac{h^{k_n}}{k_n!}x_n^{(k_n)}(t) \tag{5-14}$$

考虑本身控制量 T_b 的阶数为 1，$x_2(t+h)$ 和 $x_3(t+h)$ 采用泰勒展开时所取的级数应该分别是 2 和 3。展开后的结果为

$$x_2(t+h) = x_2(t) + h\dot{x}_2(t) \tag{5-15}$$

$$x_3(t+h) = x_3(t) + h\dot{x}_3(t) + \frac{h^2}{2}\ddot{x}_3(t) \tag{5-16}$$

式中，h 是该控制策略所取的控制周期。在该周期内，认为 T_b 的变化很小，为了其后计算的方便可以将其当成一个固定值。将式（5-8）和式（5-9）代入式（5-15）和式（5-16）中有如下关系

$$x_2(t+h) = x_2(t) + h\left(f_2 + \frac{R}{x_1 I_t} T_b\right) \tag{5-17}$$

$$x_3(t+h) = x_3(t) + hx_2(t) + \frac{h^2}{2}(f_2 + \frac{R}{x_1 I_t} T_b) \tag{5-18}$$

目标滑移率同样也可以用泰勒级数表示，展开后的结果可以表示成如下形式

$$x_{2d}(t+h) = x_{2d}(t) + h\dot{x}_{2d}(t) \tag{5-19}$$

$$x_{3d}(t+h) = x_{3d}(t) + h\dot{x}_{3d}(t) + \frac{h^2}{2}\ddot{x}_{3d}(t) \tag{5-20}$$

采取经过简化处理的 Dugoff 非线性轮胎模型，该模型可以描述在联合制动和转弯制动之中轮胎的力学特性，纵向附着力有如下关系。

$$F_x = \frac{C_i s}{1-s} f(\kappa) \tag{5-21}$$

式中，C_i 是轮胎的纵向刚度；$f(\kappa)$ 的表达式为

$$f(\kappa) = \begin{cases} \kappa(2-\kappa), & \kappa < 1 \\ 1, & \kappa > 1 \end{cases} \tag{5-22}$$

κ 的计算公式为

$$\kappa = \frac{\mu F_z (1 - \varepsilon_r v \sqrt{s^2 + \tan^2\alpha})(1-s)}{2\sqrt{C_i^2 s^2 + C_\alpha^2 \tan^2\alpha}} \tag{5-23}$$

式中，μ 是路面附着系数，估算方法会在后面提到；ε_r 是路面附着系数衰减因子，取 0.8；α 是轮胎的侧偏角，在非转弯工况下一般取为零；C_α 是轮胎的侧偏刚度。

为使目标函数在整个控制过程中都保持最小，需满足以下关系

$$\frac{\partial J}{\partial T_b} = 0 \tag{5-24}$$

可以得到满足该条件的系统控制量 T_b 的变化规律如下：

$$T_b(t) = -\frac{x_1 I_t}{Rh} \frac{1}{1+0.25\beta h^2}\left[\left(1+0.5\beta h^2\right)e_2 + \cdots + (0.5\beta h)e_3 + \cdots + hf_2\left(1+0.25\beta h^2\right)\right] \quad (5\text{-}25)$$

其中，β、e_2、e_3 的意义如下：

$$\beta = \frac{w_3}{w_2} \quad (5\text{-}26)$$

$$e_2 = x_2(t) - x_{2d}(t) \quad (5\text{-}27)$$

$$e_3 = x_3(t) - x_{3d}(t) \quad (5\text{-}28)$$

式（5-25）描述了一个带有积分反馈控制的防抱死制动力矩控制方法。考虑到在实际的应用中加上滑移率积分这一项，会给控制器的运行增加负担。因此在这里，将 β 取为零。实际上只要系统响应足够快，该种控制手段完全可以适应常规的防抱死控制的需求。将式（5-25）改写成

$$T_b(t) = -\frac{x_1 I_t}{Rh}(e_2 + hf_2) \quad (5\text{-}29)$$

由于摩擦制动力矩的控制响应和精度无法完全跟踪式（5-29）表达的最优制动力矩，因此摩擦制动力仍在成熟的逻辑门限值控制方法下进行调节，由电机回馈制动力矩跟踪该最优制动力矩与摩擦制动力矩之间的差值。故将单个车轮上的回馈制动力矩的值定为以下值。

$$T_m(t) = 2i_g i_0 [-\frac{x_1 I_t}{Rh}(e_2 + hf_2) - T_f] \quad (5\text{-}30)$$

式中，T_f 为某个车轮上摩擦制动力矩。至此，补偿最优制动力矩策略已设计完毕。以能量回馈式气压制动系统为例，整个控制策略的流程如图 5-6 所示。

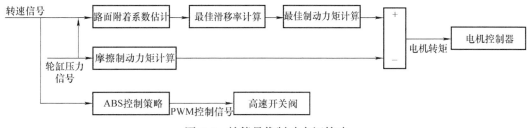

图 5-6　补偿最优制动力矩策略

补偿控制策略在气压制动系统硬件在环试验台进行低附着测试的制动效果如图 5-7 所示。可以看到，在电机回馈制动充分参与防抱死制动后，电机通过工作在驱动和制动两个象限，来补偿气压制动力与最优制动力矩之间的偏差，相比 5.1 节中的回馈制动保守参与

防抱死制动的策略，整个防抱死制动过程中轮速波动范围更小。

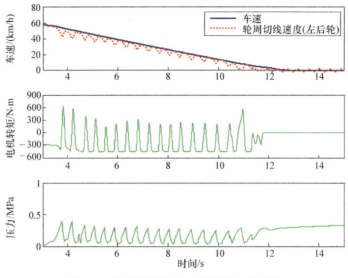

图 5-7 补偿最优制动力矩策略实验结果

5.3 基于频率特性转矩分配的防抱死制动回馈控制策略

电驱动车辆的制动系统包括回馈制动系统和摩擦制动系统；摩擦制动系统能够提供较大的制动力矩，但是难以实现高频、高精度的制动力矩控制；回馈制动系统受电机外特性限制，难以在高速、大强度制动场合满足车辆制动需求，但是回馈制动力矩控制准确、迅速，能够响应较高频的转矩指令。本节基于回馈制动与摩擦制动频率特性的差异，提出基于频率特性转矩分配的防抱死制动回馈控制策略，以下简称频率特性转矩分配策略。

5.3.1 频率特性转矩分配策略

在车辆紧急制动时，从车辆安全性和稳定性角度出发，以车轮最优纵向滑移率为目标，存在符合相平面条件的最优制动力矩，在该最优制动力矩作用下，车轮滑移率将快速、稳定地收敛至最优滑移率，使得轮胎与路面间的附着能力得以充分利用。

根据相平面理论，为使滑移率快速收敛到最优值 s^*，滑移率及其导数应满足下式：

$$\dot{s} = k(s - s^*) \tag{5-31}$$

联立式（5-1）~式（5-5）以及（5-31），得到满足相平面条件的目标制动力矩：

$$T_b = -\frac{vI_t}{R}\left[k\left(s^* - \frac{v-\omega R}{v}\right) + \frac{\dot{v}}{v}\left(\frac{\omega R}{v} + \frac{R^2 m_t}{I_t}\right)\right] \tag{5-32}$$

式中，k 为控制参数，通过试验调试确定。

对于电驱动车辆来说，式（5-32）中的目标制动力矩由回馈制动和摩擦制动系统共同提供。摩擦制动系统适宜提供高强度、低频率的制动力矩需求；回馈制动系统适宜提供小幅值、高频变化的制动力矩需求。依据制动力矩频率特性得到如下制动力矩分配方式。

摩擦制动力矩用于提供目标制动力矩中的稳态成分，不受滑移率频繁变动的影响。令 $\dot{s}=0$ 并带入式（5-32），此时 $T_b=T_{steady}$，可得目标制动力矩的稳态成分为：

$$T_{steady} = -\frac{I_t \dot{v}}{R}(1-s) - R\dot{v}m_t \tag{5-33}$$

式中，T_{steady} 是使得车轮滑移率 s 维持在当前值的力矩。经仿真验证，式（5-33）中第一项远小于第二项，T_{steady} 主要取决于车辆减速度 $\dot{v}$，在防抱死控制时，$\dot{v}$ 反映了当前轮胎-路面附着能力，因此，T_{steady} 是与当前路面附着能力相适应的制动力矩值，是制动力需求中的低频、稳定成分，不随滑移率变化而频繁波动，因此将 T_{steady} 作为防抱死控制时摩擦制动力矩命令。由于 T_{steady} 变化频率较低，利用既有的回馈制动时的压力跟踪算法即可满足制动防抱死控制中摩擦制动压力调节的需要。

回馈制动力矩是用于提供目标制动力矩中高频波动的成分，特别是当滑移率没有达到最优值时，按照相平面条件对轮速进行微调。即当 $\dot{s} \neq 0$，应由回馈制动力矩对摩擦制动力矩进行补充，使得总制动力矩等于目标制动力矩，从而使得系统满足相平面条件，即

$$T_b = T_{steady} + T_{wave} \tag{5-34}$$

将式（5-32）、式（5-33）代入式（5-34），有：

$$T_{wave} = \frac{vI_t k(s-s^*)}{R} \tag{5-35}$$

如式（5-35）所示，当 $s \neq s^*$ 时，由回馈制动系统提供的 T_{wave} 对车轮进行制动或驱动，使得系统满足相平面条件，保证滑移率快速准确地收敛到最优值。当 $s=s^*$、$T_{wave}=0$ 时，回馈制动系统不参与防抱死控制，制动力矩完全由摩擦制动力矩 T_{steady} 承担。

综上所述，频率特性转矩分配策略首先根据轮速信号，利用式（5-32）计算得到满足相平面条件的目标制动力矩；进而分别根据式（5-33）和式（5-35）分别决定摩擦制动力矩和回馈制动力矩的命令值；最后，分别对气压制动系统和回馈制动系统进行调节，使得二者制动力矩耦合的合力矩满足相平面条件，实现车辆制动防抱死控制功能，如图5-8所示。

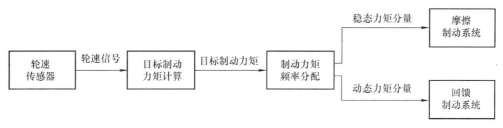

图 5-8 频率特性转矩分配策略示意图

5.3.2 硬件在环试验

1. 硬件在环试验结果分析

图 5-9 是极低附路面制动防抱死控制的硬件在环试验结果。在制动防抱死控制初期，硬件在环试验结果中的轮速跌落较为严重，滑移率一度接近 60%，这是因为实际气压制动系统中，制动压力的调节存在滞后，制动气压不可能立刻降低，因此，在硬件在环试验的防抱死制动初期，回馈制动等效制动压力为负值，这意味着电机工作在驱动状态，应尽可能使轮速快速回升，避免车轮发生抱死。

经过短暂调节，车轮滑移率稳定在最优值，没有出现大幅抖动；在防抱死控制过程中，对制动气压进行低频调节，提供与路面附着相当的制动强度，回馈制动在控制初期进行高频调节，对滑移率进行快速修正，当滑移率收敛至最优之后回馈制动调节逐渐减弱。

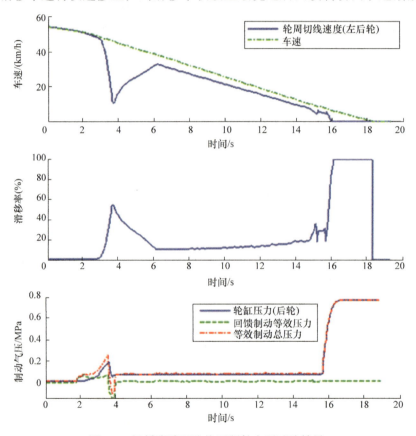

图 5-9　极低附路面防抱死硬件在环试验结果

2. 不同控制策略硬件在环试验结果对比

表 5-1 为传统摩擦制动逻辑门限值策略、补偿最优制动力矩策略和频率特性转矩分配策略在相同硬件在环试验条件下的附着系数利用率。由于频率特性转矩分配策略将车轮滑移率控制在最优滑移率，使得路面-轮胎的峰值附着系数得以利用，因此相比其他两种策略，频率特性转矩分配策略获得了更高的附着系数利用率，这说明频率特性转矩分配策略能够有效改善车辆制动的安全性和稳定性。

表 5-1　不同制动防抱死策略硬件在环试验结果

控制策略	附着系数利用率（%）
摩擦制动逻辑门限值策略	92.5
补偿最优制动力矩策略	94.3
频率特性转矩分配策略	95.0

5.4　考虑传动系统非线性特性的防抱死制动回馈控制策略

前面讨论的防抱死制动回馈控制策略均未考虑能量回馈式制动系统的非线性特性，本节针对半轴弹性、阻尼和传动系统齿隙非线性特性，提出补偿传动系统特性的防抱死制动回馈控制方法。

5.4.1　考虑齿隙影响的弹性传动系统下电机回馈制动系统建模

针对前轴单电机集中驱动式电动汽车，电机转矩经传动系统分配至左前轮及右前轮。该车的能量回馈式制动系统结构如图 5-10 所示，电机制动与液压摩擦制动共同作用在前轮，后轮由液压系统实现制动，其中液压转矩的调节装置为制动主缸压力源与液压阀块等。图 5-10 还展示了电机回馈制动系统的简化模型，表征电机转矩的传递过程，其中将传动系统各对齿轮的周向接触间隙简化为单个齿隙，大小定义为 2α（rad）。电机转矩由减/差速器和齿隙传递至半轴，再经半轴及万向节作用于车轮。假设车辆保持直线行驶，电机转矩平分至左右两侧车轮，只考虑左侧车身及车轮的纵向受力与运动；且假设传动系统弹性及阻尼体现在半轴。

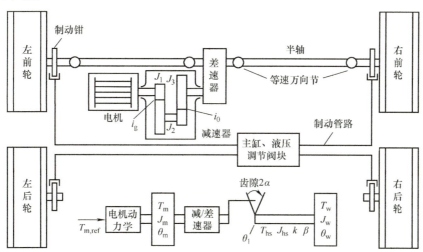

图 5-10　能量回馈式制动系统示意图及电机回馈制动系统模型

单电机前轴集中驱动式车辆的电机在制动时，其输出端至差速器的动力学方程变为

$$T_m - \frac{2T_{hs}}{i} = J_m^* \ddot{\theta}_m \tag{5-36}$$

式（5-36）简化了传动系统效率，假设其对转矩传递无影响，T_m 为电机实际转矩；T_{hs}

为左侧的半轴转矩；$i=i_gi_0>1$，为总传动速比；θ_m 为电机输出轴转角；J_m^* 为电机至半轴的等效转动惯量，表示为

$$J_m^*=J_m+J_1+\frac{J_2}{i_g^2}+\frac{J_3+J_{hs}}{i^2} \tag{5-37}$$

式中，J_m、J_1、J_2、J_3 和 J_{hs} 分别为电机、减速器输入轴及齿轮、减速器中间轴及齿轮、减速器输出轴及齿轮、半轴的转动惯量。半轴转矩 T_{hs} 为

$$T_{hs}=\beta(\dot{\theta}_1-\dot{\theta}_w)+k(\theta_1-\theta_w) \tag{5-38}$$

式中，β 为半轴扭转阻尼系数；k 为半轴扭转刚度；θ_1 为半轴前端转角；θ_w 为前轮转角。

当齿隙两侧齿轮处于接触状态时，齿隙转角 $\theta_b=\theta_m/i-\theta_1$ 的大小为 $\pm\alpha$；当齿隙两侧的齿轮未接触时，$-\alpha<\theta_b<\alpha$，此时电机转矩无法传递至半轴，电机与车轮处于解耦状态，忽略 J_{hs}，则有

$$T_{hs}=\beta(\dot{\theta}_m/i-\dot{\theta}_b-\dot{\theta}_w)+k(\theta_m/i-\theta_b-\theta_w)=0$$

故 $\dot{\theta}_b$ 可表示

$$\dot{\theta}_b=\begin{cases}\dfrac{\dot{\theta}_m}{i}-\dot{\theta}_w+\dfrac{k}{\beta}\left(\dfrac{\theta_m}{i}-\theta_w-\theta_b\right)=A,-\alpha<\theta_b<\alpha\\ \max(0,A)\theta_b=-\alpha\\ \min(0,A)\theta_b=\alpha\end{cases} \tag{5-39}$$

最终作用在左前轮的电机制动力矩 T_w 为

$$T_{hs}-T_w=\frac{J_{hs}}{2}\ddot{\theta}_w \tag{5-40}$$

规定电机提供驱动转矩时为正方向，制动力矩则为负值。不考虑道路坡度，制动时左前轮及左侧车身的动力学方程为

$$\begin{cases}T_w+T_{h,f}-F_xr-fF_{z,f}r=J_w\ddot{\theta}_w\\ F_x+\dfrac{T_{h,r}}{r}-fF_{z,r}-\dfrac{1}{2}F_{air}=\left(\dfrac{1}{2}m+\dfrac{J_w}{r^2}\right)a\end{cases} \tag{5-41}$$

式中，$T_{h,f}$、$T_{h,r}$ 分别为前轮及后轮液压摩擦制动力矩；F_x 为前轮地面纵向力；r 为车轮有效半径；f 为车轮滚阻系数；$F_{z,f}$、$F_{z,r}$ 分别为前轮及后轮的法向载荷；J_w 为车轮转动惯量；F_{air} 为整车空气阻力；m 为整车质量；a 为整车纵向加速度。当车辆制动时，若道路附着不足或制动需求过大，车轮将要发生滑移甚至抱死，F_x 可表示为

$$F_x=\mu F_{z,f} \tag{5-42}$$

式中，$\mu=f(\lambda)$，为前轮与路面间的纵向利用附着系数，是前轮滑移率 λ 的函数，二者在不同路面上的对应关系不同。

制动时车轮滑移率为

$$\lambda = \frac{v - r\omega_\mathrm{w}}{v} \tag{5-43}$$

5.4.2 考虑非线性特性的防抱死制动策略

为了增强集中驱动式车型的电机参与车辆防抱死制动时的制动效果，提升车辆操纵性和舒适性，需要设计能够同时补偿传动系统弹性、阻尼及齿隙特性的电机与液压制动力矩协调控制方法。在车辆制动时，实时观测齿隙转角 θ_b 大小，判断齿轮接触状态。当开始穿过齿隙时（$-\alpha < \theta_\mathrm{b} < \alpha$）切换至齿隙补偿控制；当齿轮重新接触后（$\theta_\mathrm{b} = \pm\alpha$），随着制动踏板行程的增加判断是否进入防抱死制动工况，同时切换至半轴补偿控制。在齿隙补偿与半轴补偿两种模式下，控制器根据被控量的反馈误差生成电机制动与液压制动各自的转矩命令，通过二者的动态配合实现前轴集中驱动式电动汽车极端工况下快速平稳的制动。

齿隙补偿控制目标为：当车辆传动系统的齿隙发生接触面变化时，尽可能减小齿轮在重新接触瞬间的转速差，从而达到减小接触冲击力的效果；同时关注穿过齿隙所用的时间，以免用时过长影响电机转矩动态响应。由于滑模控制能够处理系统非线性且响应快速，可以用其实现齿隙补偿。将转速差 $\Delta\omega$ 重新记为 e，有

$$e = \Delta\omega = \frac{\omega_\mathrm{m}}{i} - \omega_\mathrm{w} \tag{5-44}$$

滑模面 S 为

$$S = e + \varepsilon \int e \tag{5-45}$$

式中，$\varepsilon > 0$ 为满足 Hurwitz 条件的常数。定义 Lyapunov 函数为

$$v = \frac{1}{2}S^2 \tag{5-46}$$

由于在穿过齿隙的过程中 $T_\mathrm{m} = J_\mathrm{m}^* \cdot \dot{\omega}_\mathrm{m}$，则有

$$\dot{v} = S\dot{S} = S\left(\frac{T_\mathrm{m}}{iJ_\mathrm{m}^*} - \dot{\omega}_\mathrm{w} + \varepsilon e\right) \tag{5-47}$$

为了保证系统稳定性条件 $\dot{v} = S\dot{S} \leq 0$ 成立，设计滑模控制律为

$$T_\mathrm{m} = iJ_\mathrm{m}^*[-\varepsilon e + \dot{\omega}_\mathrm{w} - \eta_\mathrm{s}\,\mathrm{sgn}(S)] \tag{5-48}$$

式中，η_s 为常数，$\eta_\mathrm{s} > 0$；$\mathrm{sgn}(S)$ 为 S 的符号函数。从而有：

$$\dot{v} = S\dot{S} = S[-\eta\,\mathrm{sgn}(S)] = -\eta|S| \leq 0 \tag{5-49}$$

实际应用中，将 $\mathrm{sgn}(S)$ 替换为饱和函数 $\mathrm{sat}(S)$ 可减小滑模控制量 T_m 的抖振。另外，液压制动力矩的变化对齿隙补偿效果有着不可忽视的影响：在穿过齿隙的过程中，若液压制动强度减小，齿轮重新接触时的转速差随之增大，加剧了齿隙补偿的难度；若液压制动强度增加，转速差虽有减小趋势，但是延长了穿过齿隙的时间，甚至有可能使齿隙两侧的齿

轮在正向重新接触。为了避免液压制动系统对齿隙补偿控制效果的干扰，当穿过齿隙时，保持前轮液压转矩不变：

$$\dot{T}_{\text{h,f}} = 0 \quad (5\text{-}50)$$

当齿隙两侧的齿轮重新接触后，即由齿隙补偿切换至半轴补偿控制，目的是使得由电机通过传动系统传递至前轴两侧车轮处的总制动力矩 $2T_\text{w}$ 准确跟随由滑移率控制算法输出的电机转矩参考值 $T_\text{m,ref,abs}$ 与传动比 i 的乘积。采用以电机回馈制动为主、液压制动为辅的思路，采用双闭环反馈法，外环利用 PID 法控制前轮滑移率，内环利用 PID 法对半轴转矩进行补偿控制（图 5-11）。

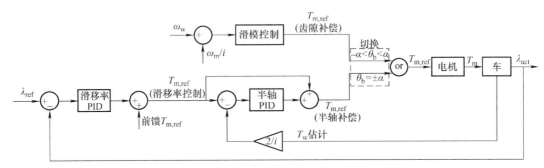

图 5-11 考虑齿隙影响的弹性传动系统回馈制动系统动态控制框图

5.4.3 仿真分析

在紧急制动开始前，驾驶员操纵加速踏板驱动车辆；当制动开始时，驾驶员快速释放加速踏板同时快速深踩制动踏板以触发防抱死控制。为了对比验证所提出的防抱死制动方法的有效性，设计未考虑齿隙及半轴特性的电机回馈制动系统动态控制方法（下称电机防抱死未补偿方法）：取消齿隙补偿滑模控制及半轴转矩控制内环，只保留车轮滑移率控制外环，将 $T_\text{m,ref,abs}$ 直接作为最终的电机转矩命令值；液压制动系统控制策略不变。

路面附着系数为 0.2，车辆制动初始速度为 35km/h。传动系统特性未补偿与补偿下的防抱死制动仿真结果如图 5-12 和图 5-13 所示。由于车辆在该路面制动时电机能够提供足够的制动力矩，触发防抱死制动后液压制动力矩被迅速置零；当车速降至 8km/h 以下电机难以提供稳定的制动力矩时，将电机制动迅速撤出，同时恢复前轮轮缸压力使车辆抱死拖滑直至停车。对比图 5-12 和图 5-13，未补偿传动系统特性时转速差达到 ±3rad/s，电机制动力矩振荡幅度大，导致轮速与车身加速度的持续波动，影响驾驶舒适性；加入补偿控制后，齿隙补偿方法在穿过齿隙时减小电机转矩幅值，极大地抑制了转速差，同时半轴补偿方法增强了系统稳定性，电机转矩调节迅速，使前轮滑移率快速稳定在目标值，车身加速度几乎无波动。补偿后的齿隙转角曲线显示，制动开始后齿隙位置从 0.03rad 变为 -0.03rad，电机由驱动车轮转为制动；当撤出电机制动后齿隙反向，车轮侧的液压转矩为电机侧的惯量提供制动力矩。与不考虑齿隙非线性的控制效果相比，半轴补偿内环微分项（D）的存在使防抱死制动过程轮速波动得到抑制，滑移率控制效果进一步变好。

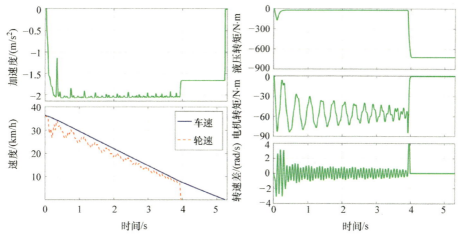

图 5-12　未补偿传动系统特性的低附路面防抱死制动结果

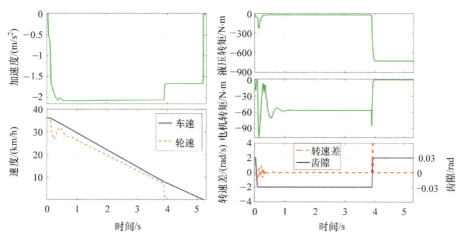

图 5-13　补偿传动系统特性的低附路面防抱死制动结果

表 5-2　基于齿隙及半轴补偿的防抱死制动效果对比

路面（附着系数）	防抱死制动方法	制动距离/m	穿过齿隙用时/ms	RMS(jerk)/(m/s³)
低附（0.2）	电机防抱死未补偿方法	25.76	41	4.72
	电机防抱死补偿方法	25.56	65	2.98
	液压防抱死方法	27.90	—	24.90

表 5-2 对比了传动系统特性补偿前后车辆防抱死制动效果，用量化指标突出仿真结果的差异，并加入传统车辆采用逻辑门限法进行液压防抱死制动的仿真结果。若车身纵向加速度的导数 jerk 幅值过大，会恶化车辆操纵性能，从而导致驾乘人员不适，故将车辆操纵性及舒适性用 jerk 在制动过程内的均方根（RMS）表征，其表达式为

$$\mathrm{RMS(jerk)} = \sqrt{\frac{\int_{t_1}^{t_2}(\dot{a})^2 \mathrm{d}t}{t_2 - t_1}} \qquad (5\text{-}51)$$

式中，$[t_1, t_2]$ 为所选取的时间区间；a 如前所述，为车身纵向加速度。

与只采用液压转矩完成制动相比，补偿控制时的防抱死制动距离缩短了 8.4%，制动强度与安全性得到提升，体现了电机作为执行机构时转矩响应的优势。由于液压制动力矩调节的逻辑门限值方法存在增减保压特性，作用于四个车轮处的液压转矩在防抱死制动时呈现周期波动，jerk 的幅值远大于电机制动的情形。与未补偿传动系统特性的电机防抱死制动相比，补偿控制下穿过齿隙所用时间虽略有增加，但对转矩的动态响应影响很小；最为关键的是，jerk 的均方根降低了 36.9%，制动强度越大时改善效果越明显。说明补偿后基本消除了传动系统齿隙、弹性与阻尼的影响，前轮电机制动力矩得到准确控制，制动过程更平顺。

5.5 基于电机磁场定向控制的防抱死制动回馈控制策略

本节针对集中驱动式电动汽车极端制动工况，提出综合考虑电机磁场定向控制及传动系统机械特性补偿的电机回馈制动系统动态控制方法。将电机磁场定向控制与传动系统机械特性补偿控制相结合，实现极端工况下电机回馈制动系统、液压制动系统及轮胎路面特性的电动汽车制动系统机电一体化控制。

5.5.1 电机回馈制动系统建模

研究对象为前轴集中驱动式电动轿车，单电机生成的驱制动力矩通过减速器、差速器、半轴等环节传递至车轮，车辆动力学表示为：

$$\begin{cases} T_m - \dfrac{2T_{hs}}{i} = J_m^* \ddot{\theta}_m \\ T_{hs} = \beta(\dot{\theta}_l - \dot{\theta}_w) + k(\theta_l - \theta_w) \\ T_{hs} - T_w = \dfrac{J_{hs}}{2} \ddot{\theta}_w \\ J_m^* = J_m + J_1 + \dfrac{J_2}{i_g^2} + \dfrac{J_3 + J_{hs}}{i^2} \\ T_w + T_{h,f} - F_x r - f F_{z,f} r = J_w \ddot{\theta}_w \\ F_x + \dfrac{T_{h,r}}{r} - f F_{z,r} - \dfrac{1}{2} F_{air} = \left(\dfrac{1}{2} m + \dfrac{J_w}{r^2}\right) a \\ F_x = \mu F_{z,f} \end{cases} \quad (5\text{-}52)$$

式中，T_m、T_{hs}、T_w 分别为电机转矩实际值、左侧半轴转矩及左前轮处的电机转矩；θ_m、θ_l、θ_w 分别为电机输出轴转角、半轴内端转角和左前轮转角；$i = i_g i_0$ 为总传动比；J_m^*、J_m、J_1、J_2、J_3 和 J_{hs} 分别为电机至半轴、电机、减速器输入轴及齿轮、减速器中间轴及齿轮、减速器输出轴及齿轮、半轴的转动惯量；β 和 k 分别为半轴扭转阻尼系数及刚度；$T_{h,f}$、$T_{h,r}$ 分别为前后轮液压制动力矩；F_x 为前轮地面纵向力；r 为车轮有效半径；f 为车轮滚阻系数；$F_{z,f}$、$F_{z,r}$ 分别为前后轮垂向载荷；J_w 为车轮转动惯量；F_{air} 为整车空气阻力；m 为整车质量；a 为车身纵向加速度；$\mu = f(\lambda)$ 为轮胎与路面间的纵向利用附着系数。

忽略 J_{hs}，齿隙转角 $\dot{\theta}_b$ 为

$$\dot{\theta}_b = \begin{cases} \dfrac{\dot{\theta}_m}{i} - \dot{\theta}_w + \dfrac{k}{\beta}\left(\dfrac{\theta_m}{i} - \theta_w - \theta_b\right) = A, -\alpha < \theta_b < \alpha \\ \max(0, A)\theta_b = -\alpha \\ \min(0, A)\theta_b = \alpha \end{cases} \quad (5\text{-}53)$$

将车身纵向速度记作 v，左前轮轮速记作 ω_w（$\dot{\theta}_w$），则车辆制动时车轮的滑移率 $\lambda \in [0,1]$ 为

$$\lambda = \frac{v - \omega_w r}{v} \quad (5\text{-}54)$$

轮胎、液压制动系统模型与前文相同。研究车型采用电驱动车辆常用的永磁同步电机（Permanent Magnet Synchronous Motor，PMSM）作为动力源。$d\text{-}q$ 参考系下电机方程可描述为

$$\begin{cases} u_d = Ri_d + \dfrac{Ldi_d}{dt} - p\omega_m Li_q \\ u_q = Ri_q + \dfrac{Ldi_q}{dt} + p\omega_m Li_d + p\omega_m \psi \\ T_m = p\psi i_q \end{cases} \quad (5\text{-}55)$$

式中，u_d、u_q 为 $d\text{-}q$ 轴的端电压；i_d、i_q 为 $d\text{-}q$ 轴电枢电流；R 为电枢电阻；L 为 $d\text{-}q$ 轴电感，假设该电机 $d\text{-}q$ 轴电感相等；p 为极对数；ψ 为永磁磁链。

由于 T_m 取决于 i_q，故期望将 i_d 控制为零。采用磁场定向控制（Field-Oriented Control，FOC）控制电机实际转矩 T_m 跟随转矩命令值 $T_{m,\text{ref}}$，控制框图如图 5-14 所示。

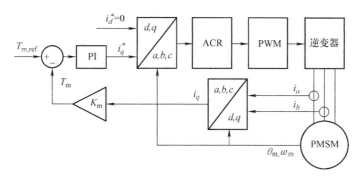

图 5-14 永磁同步电机磁场定向控制框图

通过传感器得到电机的相电流 i_a 和 i_b，经坐标变换（abc 坐标系→dq 坐标系）后得到 i_q，再通过增益 K_m 得到电机实际转矩 T_m。转矩目标值 $T_{m,\text{ref}}$ 与之作差后输入 PI 控制器得到 q 轴电流目标值 i_q^*，与 i_d^* 一同经过坐标变换（dq 坐标系→abc 坐标系）后，输入至相电流调节器 ACR，最后通过 PWM 控制逆变器，形成 PMSM 的转矩控制闭环。其中，坐标变换需要电机的转角 θ_m 及转速 ω_m 信息。

5.5.2 基于磁场定向控制的电机回馈制动系统控制方法

采用传动系统特性补偿下的防抱死制动方法，包括以电机为主、液压为辅的协调控制方法，将其整理如下。

当路面制动力不足、导致车轮滑移而触发防抱死制动时，首先忽略传动系统的特性，利用 PID 法将车轮滑移率误差 $\lambda_{ref} - \lambda_{act}$ 转化为电机制动力矩命令，其中 λ_{ref} 为目标滑移率，λ_{act} 为实际滑移率。车辆防抱死制动工况未考虑传动系统补偿的前轮滑移率控制框图如图 5-15 所示，其中省略了液压制动控制环节。若记滑移率 PID 控制参数为 k_p、k_i、k_d，则电机转矩命令增量 $\Delta T_{m,ref}(k) = T_{m,ref}(k) - T_{m,ref}(k-1)$ 通过下式计算。

$$\Delta T_{m,ref}=k_p(\lambda_{ref}-\lambda_{act})+k_i\int(\lambda_{ref}-\lambda_{act})dt+k_d\frac{d(\lambda_{ref}-\lambda_{act})}{dt} \quad (5\text{-}56)$$

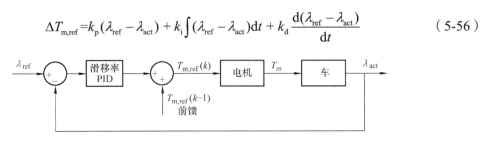

图 5-15 未考虑传动系统补偿的前轮滑移率控制框图

接着，对传动系统特性进行补偿。电机从驱动切换为制动或是制动过程中路面附着发生变化时，电机端与车轮端转矩的作用关系会产生变化，导致齿隙转角在 $\pm\alpha$ 中切换。采用模式切换控制补偿传动系统特性，对齿隙转角 θ_b 进行识别以判断进行齿隙补偿或半轴补偿。当穿过齿隙时进行齿隙补偿，通过滑模法调节电机制动力矩以降低齿轮接触时的转速差，减小冲击。将齿隙补偿下的电机转矩控制量 $T_{m,ref,b}$ 的符号函数替换为饱和函数。当齿隙重新接触后进行半轴补偿，选取滑移率控制模块输出的电机转矩命令值 $T_{m,ref,sr}$[即图 5-15 中的 $T_{m,ref}(k)$] 和所估计的两侧车轮处总电机制动力矩除以传动比后的值 $2T_{w,est}/i$，二者的误差通过 PID 控制模块最终输出补偿后的电机转矩命令值 $T_{m,ref,hs}$。记半轴 PID 控制参数为 k_α、k_β、k_γ，补偿后的电机转矩命令值为

$$T_{m,ref,hs}=T_{m,ref,sr}+\left[k_\alpha\left(T_{m,ref,sr}-\frac{2T_{w,est}}{i}\right)+k_\beta\int\left(T_{m,ref,sr}-\frac{2T_{w,est}}{i}\right)dt+k_\gamma\frac{d\left(T_{m,ref,sr}-\frac{2T_{w,est}}{i}\right)}{dt}\right] \quad (5\text{-}57)$$

将半轴补偿 PID 控制作为内环，完成前轮滑移率控制双闭环的建立。车辆防抱死制动过程齿隙及半轴补偿模式切换控制框图如图 5-11 所示。

最后，选取包括相平面法及滑模法在内的两种车辆防抱死制动工况使用的车轮滑移率控制方法，与所提出的补偿传动系统特性的电机回馈制动系统转矩控制方法进行对比。在以上两种方法中，车轮滑移率控制方法的推导过程将车辆传动系统简化为刚性，车身及左前轮的动力学方程为

$$\begin{cases} F_x=m'a \\ T'-F_xr=J_w\dot{\omega}_w \end{cases} \quad (5\text{-}58)$$

式中，m' 等效为作用在左前轮的车身质量；T' 为作用在左前轮的电机转矩与液压转矩之和，忽略了车身风阻与车轮滚阻等影响。推导 $\dot{\lambda}$ 的表达式为

$$\dot{\lambda} = \frac{\omega_\text{w} r \dot{v} - \dot{\omega}_\text{w} r v}{v^2} \tag{5-59}$$

进一步可得：

$$\dot{\lambda} = \frac{r}{v^2}\left[\omega_\text{w}\dot{v} - \frac{v(T' - m'r\dot{v})}{J_\text{w}}\right] \tag{5-60}$$

记滑移率误差为 $e_\text{pp} = \lambda - \lambda_\text{ref}$，根据滑移率相平面控制原理，令：

$$\dot{e}_\text{pp} = k_\text{pp} e_\text{pp} \tag{5-61}$$

式中，$k_\text{pp} < 0$ 为控制参数。假设 λ_ref 保持不变，有：

$$\dot{\lambda} = k_\text{pp} e_\text{pp} \tag{5-62}$$

将式（5-60）代入，得到电机转矩作用在左前轮处的命令值 $T_\text{w,ref,pp}$ 为

$$T_\text{w,ref,pp} = \left(\omega_\text{w} a - \frac{k_\text{pp} e_\text{pp} v^2}{r}\right)\frac{J_\text{w}}{v} + m'ra - T_\text{h,f} \tag{5-63}$$

考虑该控制方法下的电液制动力矩分配情况，令 $\dot{\lambda} = 0$，得到 $T_\text{h,f}$：

$$T_\text{h,f} = \frac{\omega_\text{w} a J_\text{w}}{v} + m'ra \tag{5-64}$$

代入式（5-63），得：

$$T_\text{w,ref,pp} = -\frac{k_\text{pp} e_\text{pp} v J_\text{w}}{r} \tag{5-65}$$

最终，车轮滑移率控制相平面法的电机转矩命令值 $T_\text{m,ref,pp}$ 为

$$T_\text{m,ref,pp} = \frac{2 T_\text{w,ref,pp}}{i} = -\frac{2 k_\text{pp} e_\text{pp} v J_\text{w}}{ir} \tag{5-66}$$

另外，在滑移率控制滑模法中，选取滑模面 S_sm 为

$$S_\text{sm} = e_\text{pp} + \alpha_\text{s}\int e_\text{pp} \tag{5-67}$$

式中，$\alpha_\text{s} > 0$ 为常数。令滑模法控制量 $T_\text{ref,sm}$ 为

$$T_\text{ref,sm} = \left[\frac{\omega_\text{w} r a}{v^2} + \alpha_\text{s} e_\text{pp} + \gamma_1 S_\text{sm} + \gamma_0 \text{sat}\left(\frac{S_\text{sm}}{\phi}\right)\right]\frac{J_\text{w} v}{r} + m'ra \tag{5-68}$$

式中，$\text{sat}\left(\dfrac{S_\text{sm}}{\phi}\right)$ 为饱和函数；$\gamma_0 > 0$、$\gamma_1 > 0$、$\phi > 0$，均为常数。此时，Lyapunov 函数 $V = \dfrac{1}{2}S_\text{sm}^2$ 的导数满足：

$$\dot{V}=S_{\text{sm}}\dot{S}_{\text{sm}}=S_{\text{sm}}(\dot{\lambda}+\alpha_s e_{\text{pp}})=S_{\text{sm}}\left[\frac{\omega_{\text{w}}ra}{v^2}-\frac{r(T_{\text{ref,sm}}-m'ra)}{J_{\text{w}}v}+\alpha_s e_{\text{pp}}\right]$$

$$=-\gamma_1 S_{\text{sm}}^2-\gamma_0 S_{\text{sm}}\cdot\text{sat}\left(\frac{S_{\text{sm}}}{\phi}\right)\leqslant 0$$

(5-69)

车轮滑移率控制滑模方法的控制量 $T_{\text{ref,sm}}$ 在电液制动系统中的分配按照以电机为主、液压为辅的方式进行。

5.5.3 仿真分析

1. 滑移率 PID 控制仿真分析

利用含 FOC 法控制下的 PMSM 模型在内的系统模型，在 MATLAB/Simulink 环境下进行车辆防抱死制动工况的仿真研究。选取四种典型路面完成车辆的制动过程：低附路面 $\mu_{\max}=0.2$、高附路面 $\mu_{\max}=0.8$、低附切换高附路面 $\mu_{\max}=0.2\rightarrow0.8$、高附切换低附路面 $\mu_{\max}=0.8\rightarrow0.2$。初始车速为 45km/h，在制动开始时驾驶员快速地将踏板踩至最大行程，触发防抱死控制。

图 5-16 和图 5-17 分别为传动系统特性未补偿及补偿后的滑移率控制 PID 法的低附路面防抱死制动结果。图中所示曲线有：车速及左前轮转速、制动减速度、电机及液压转矩、电机三相电流、电机 d-q 轴电流、转速差（齿隙转角）。低附路面防抱死制动时，减速度约为 -2m/s^2，电机回馈制动系统能够单独提供车辆制动所需转矩，液压转矩接近零。

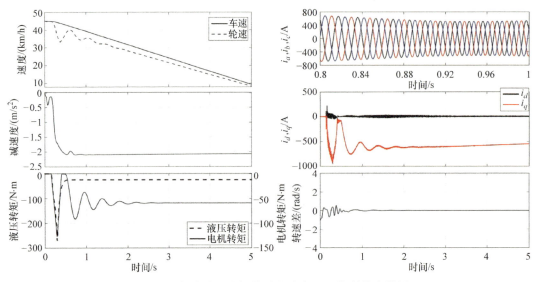

图 5-16 低附路面未补偿时滑移率 PID 控制仿真结果

与未考虑传动系统特性的控制方法相比，补偿后的轮速、车身减速度、电机转矩及转速差的波动变小，车轮滑移率更快地收敛至目标值，车辆的制动过程更平滑。

图 5-18 和图 5-19 分别为高附路面上传动系统特性未补偿及补偿后的滑移率控制 PID 法的仿真结果。高附路面防抱死制动时，减速度约为 -8m/s^2，电机无法单独提供足够的制

动力矩，需要液压制动系统的参与，其转矩稳定在约 −800N·m，在此基础上调节电机转矩使车轮滑移率跟随目标值。

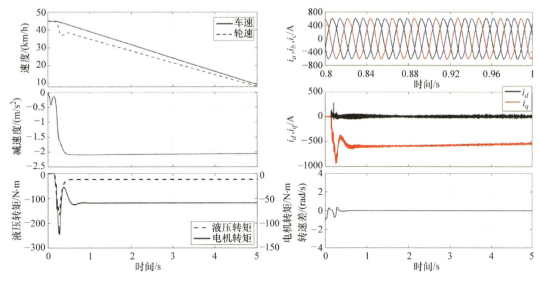

图 5-17 低附路面补偿时滑移率 PID 控制仿真结果

若传动系统半轴与齿隙未补偿，则制动初始阶段齿轮出现正负向反复接触，转速差波动很大，幅值达到 8rad/s，导致轮速及减速度出现振荡。补偿后，齿隙非线性不再引起齿轮反复接触，转速差、轮速及车身减速度振荡衰减，整车制动过程更平稳。

另外，在 FOC 法控制下 PMSM 的 d-q 轴电流控制正常，电机转矩高频波动的幅值可以控制在 2N·m 内，能够很好地跟随动态转矩命令。

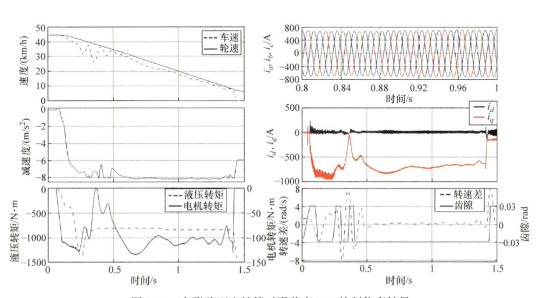

图 5-18 高附路面未补偿时滑移率 PID 控制仿真结果

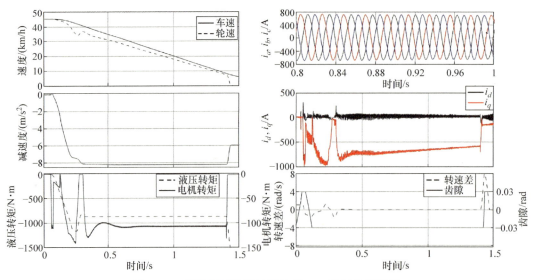

图 5-19 高附路面补偿时滑移率 PID 控制仿真结果

图 5-20 和图 5-21 分别为低附切换高附路面上传动系统特性未补偿及补偿后的防抱死制动仿真结果。在车速降至 35km/h 时车辆由低附驶入高附路面,切换前后的液压转矩由接近零变为 −800N·m,车身减速度由 −2m/s² 变为 −8m/s²。从两图中路面切换时电机相电流及 d-q 轴电流的变化趋势上看出,传动系统补偿情形下电机转矩瞬时变化更剧烈,i_q 调节更迅速、幅度更大。由于补偿时电机转矩快速准确的响应,转速差、车身减速度能够更快稳定。

由于补偿时电机转矩快速准确的响应,转速差、车身减速度能够更快稳定。

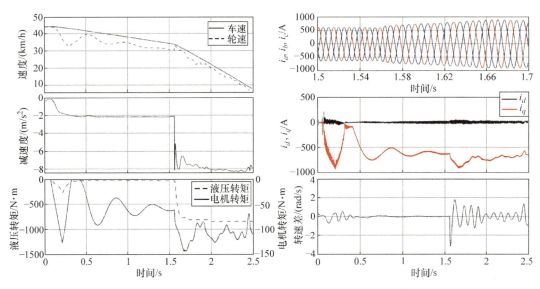

图 5-20 低附切换高附路面未补偿时滑移率 PID 控制仿真结果

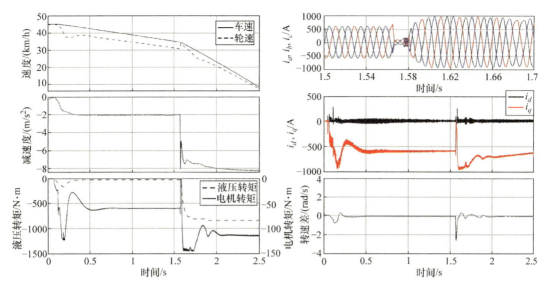

图 5-21 低附切换高附路面补偿时滑移率 PID 控制仿真结果

图 5-22 和图 5-23 分别为高附切换低附路面上未补偿及补偿传动系统特性的防抱死制动仿真结果。在车速降至 28km/h 时车辆由高附路面驶入低附路面，切换前后的液压转矩稳态值由 $-800\mathrm{N\cdot m}$ 变为接近零，车身减速度由 $-8\mathrm{m/s^2}$ 变为 $-2\mathrm{m/s^2}$。

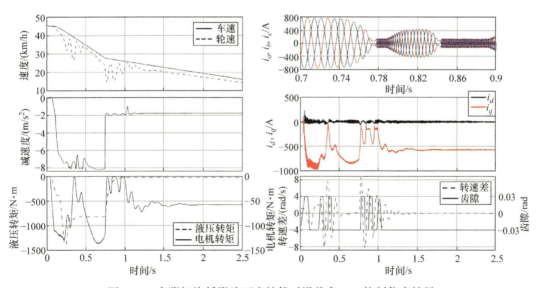

图 5-22 高附切换低附路面未补偿时滑移率 PID 控制仿真结果

与由车辆驱动/滑行切换至制动工况类似，该路面附着的切换，也将激发齿隙非线性的负面作用。若此时不进行传动系统的补偿，转速差、轮速及车身减速度的波动大，将导致制动效果变差。若考虑补偿，利用电机制动力矩的快速调节可使得齿隙位置快速稳定，进而衰减轮速及车身减速度波动，提升制动平稳性。

上述四种典型防抱死制动工况中，利用电机制动力矩快速准确地控制以补偿传动系统特性，很好地抑制了齿隙及半轴对转矩传递的不良影响，对制动效果的改善明显。

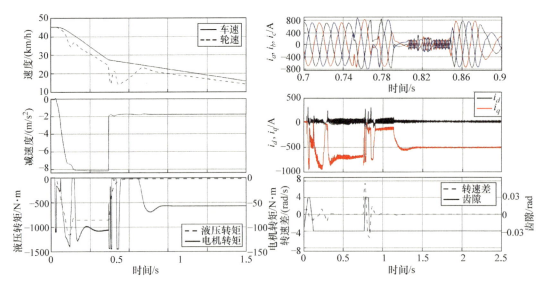

图 5-23 高附切换低附路面补偿时滑移率 PID 控制仿真结果

2. 滑移率相平面及滑模控制仿真分析

高附路面车辆防抱死制动工况车轮滑移率相平面法控制仿真结果如图 5-24 所示。随着制动的进行，电机不再工作在制动相位，根据相平面法计算生成了电机驱动转矩以使滑移率跟随目标值。在整个制动过程中，电机转矩、轮速及车身减速度都处于振荡状态，这种振荡是由半轴特性所致。由于相平面控制方法的提出将传动系统简化为了刚性，尤其是无法消除研究车型传动系统的弹性对转矩传递的影响，因此电机回馈制动系统参与防抱死制动控制的效果恶化。

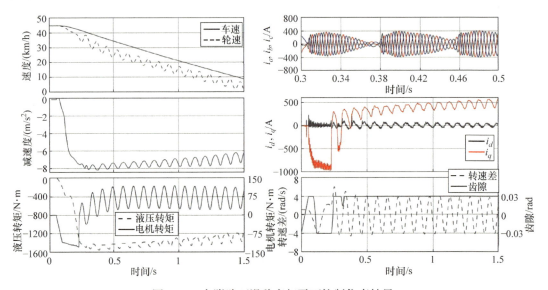

图 5-24 高附路面滑移率相平面控制仿真结果

而针对车轮滑移率控制滑模方法，为了验证其有效性，首先进行纯液压制动仿真分析。高附路面下车辆液压防抱死制动滑模控制仿真结果如图 5-25 所示。在防抱死制动触发时，将电机转矩置零，使制动过程完全由液压制动系统完成。在滑模控制下，液压制动力矩稍有振荡，其能够将滑移率控制在目标值，车身减速度波动很小，车辆制动平稳。由于液压转矩直接作用在车轮处，传动系统特性不会对其调节效果造成影响。

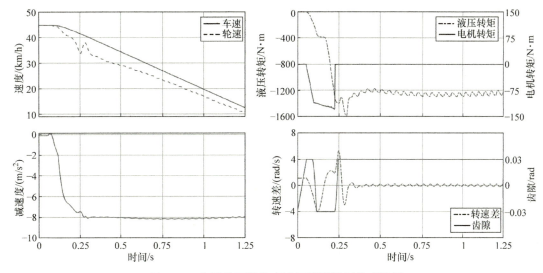

图 5-25 高附路面滑移率液压滑模控制仿真结果

其次，进行刚性传动系统车型防抱死制动过程车轮滑移率滑模控制仿真分析。高附路面下电动轮车型的防抱死制动滑模控制结果如图 5-26 所示。将车辆传动系统变成刚性后，滑模法能够实现良好的车轮滑移率控制。液压制动系统提供辅助转矩约 $-800\text{N}\cdot\text{m}$，在此基础上电机执行滑模法生成的制动力矩动态调节命令，转矩值、车身减速度均快速收敛。验证了滑模法对防抱死制动过程车轮滑移率控制的有效性。

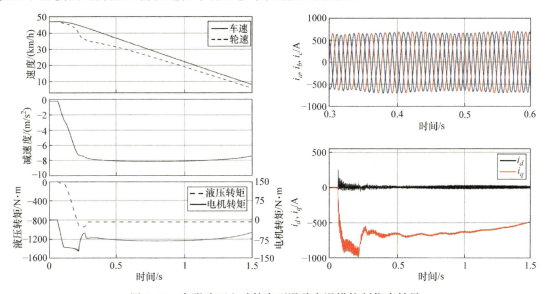

图 5-26 高附路面电动轮车型滑移率滑模控制仿真结果

高附路面滑移率滑模控制下未补偿及补偿传动系统的防抱死制动仿真结果如图 5-27 和

图 5-28 所示。未补偿时，整个制动过程中的电机转矩在驱动与制动相位间切换，齿轮在正负向反复接触。未补偿传动系统特性的电机回馈制动系统滑模法控制下的轮速、车身减速度波动最大，波动幅值分别达到 11km/h 及 2m/s^2，制动效果尤其是制动舒适性恶化严重。

补偿后，传动系统齿隙及半轴的模式切换控制环节提升了系统控制的稳定性，在电机制动力矩的调节下，齿隙位置快速稳定，轮速、车身减速度波动几乎消除。车辆制动冲击度大幅降低，防抱死制动效果得到明显改善，制动过程平顺且制动距离缩短。

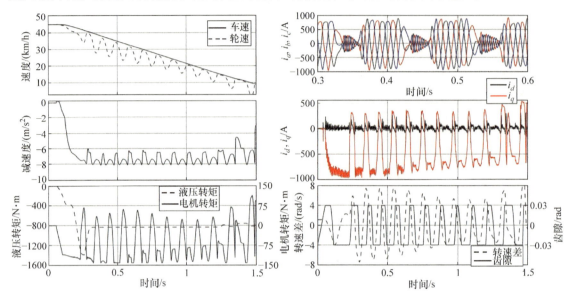

图 5-27　高附路面未补偿时滑移率滑模控制仿真结果

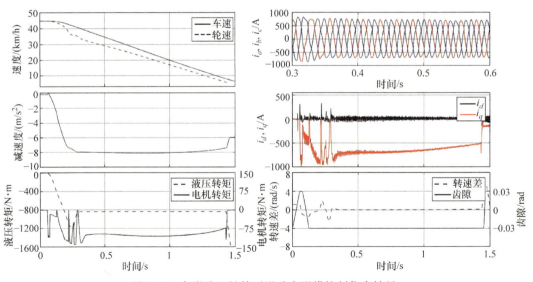

图 5-28　高附路面补偿时滑移率滑模控制仿真结果

综上，若没有充分考虑到传动系统机械特性对电机回馈制动系统转矩传递的影响，当利用相平面法或滑模法对电机转矩进行动态调节时，电机转矩、车身减速度波动大，即使

PMSM 电机的 FOC 法可以快速准确地跟随转矩命令,也无法得到平稳的制动过程。用所提出的模式切换方法对传动系统补偿后,转矩传递效果得到明显改善,结合 PMSM 转矩控制的优势可以大幅提升车辆防抱死制动过程车轮滑移率控制的平顺性及舒适性,同时缩短制动距离,提升安全性。

3. 结果对比

为了进一步验证所提出基于电机特性的传动系统补偿下防抱死制动方法的有效性,表 5-3 对比了传动系统特性补偿前后车辆防抱死制动效果,用量化指标突出上文仿真结果的差异。其中,依旧使用车身纵向加速度 a 的导数 jerk 在制动过程时域内的均方根(RMS)表征车辆操纵性能及乘客的舒适性。所选取的时间区间 $[t_1, t_2]$ 一般为制动开始或路面附着切换时的时间区间。

与未补偿传动系统特性的电制动系统 PID 法防抱死制动结果相比,补偿后 PID 法的车身 jerk 的均方根显著降低,四种路面下分别减小 15.0%、87.3%、73.5%、84.7%,在大制动强度及对接路面时改善效果明显。由于补偿后车轮实际的滑移率更接近最优目标值,使得制动距离分别缩短 0.4%、1.6%、0.4%、2.1%。高附路面下效果最差的防抱死控制方法是未补偿传动系统的电机回馈制动系统滑模控制,最好的是补偿后的电机回馈制动系统滑模控制。与前者相比,后者车身减速度 jerk 的均方根降低 97.3%,制动距离缩短 8.4%。补偿后基本消除了传动系统齿隙与半轴的负面影响,使得 PMSM 的 FOC 法优势充分发挥,前轮处的电机转矩得到准确控制,制动过程更平顺,驾驶操纵性与乘客舒适度大幅提升。

表 5-3 不同滑移率控制方法仿真结果对比

μ_{max}	滑移率控制方法	制动距离 /m (在 45km/h → 10km/h 时)	RMS(jerk)/(m/s³)
0.2	PID(未补偿)	35.14	1.40
	PID(补偿)	35.00	1.19
0.8	PID(未补偿)	9.34	24.38
	PID(补偿)	9.19	3.10
	相平面(未补偿)	9.84	24.69
	液压滑模	9.23	5.68
	电机滑模(未补偿)	9.99	77.12
	电机滑模(补偿)	9.15	2.08
0.2 → 0.8	PID(未补偿)	20.50	16.13
	PID(补偿)	20.41	4.27
0.8 → 0.2	PID(未补偿)	19.93	12.80
	PID(补偿)	19.52	1.96

通过仿真分析得到以下结论:与未考虑电机电压-电流-转矩物理模型及未考虑传动系统弹性、阻尼、齿隙补偿的制动方法相比,所提出的基于电机磁场定向控制的电机回馈制动系统动态控制方法在单一附着及对接路面上电机的电流分量控制正常;同时车轮滑移率及车身减速度波动小,能充分利用 PMSM 转矩控制优势,实现极端工况下电动汽车平稳、快速的防抱死制动效果。

第 6 章

液压制动力控制方法

液压制动力的控制效果直接影响液压制动与摩擦制动的动态耦合品质及协调控制效果,对车辆的制动平顺性、制动稳定性以及制动能量回收效率产生影响。液压线控制动系统电磁阀控制技术经历了从粗糙到精密的多个过程,从基于大量标定试验的开关控制,逐步演化到基于流量的动态闭环控制。机理分析不断透彻,控制精度不断提高。本章将依次介绍电磁阀动力学建模过程以及控压方法的演化。在开环压力控制部分分析了电磁阀动力学特性,构建了电磁阀模型,并进行了线性简化;在闭环压力控制部分引入了在线估计的压力反馈,实现了更为精准的控制。

6.1 电磁开关阀液压力开环动态限压差控制

现有高速开关阀 PWM 脉宽调制的控制方式无法满足回馈制动过程中液压制动力的精密控制。为了进一步提高系统的可靠性、耐久性,改善液压力控制品质,保证整车制动平顺性与舒适性,需要探索电磁阀新型控制方式。

6.1.1 电磁阀"机-电-液"耦合动力学模型

在汽车液压制动控制系统中,由制动主缸产生的制动压力经进油阀的调制进入轮缸,产生制动器制动力。进油阀的控制品质对整车摩擦制动力的调节以及耦合制动力的控制效果至关重要。选取液压制动系统中最具代表性的进油阀,将其作为研究对象探索精密控制方法。

进油阀为典型的外流式常开电磁阀,其结构如图 6-1 所示。其主要部件包括:线圈、隔磁管、动铁、推杆、阀体、阀芯、回位弹簧与阀座等。其中,线圈套在隔磁管上,动铁在隔磁管内,与阀体间有一定气隙,因而能在隔磁管内上下运动。推杆在阀体内,一端与动铁接触,另一端与阀芯上端面固连。阀芯下端面为球面,与回位弹簧的一端接触。在线圈不通电的情况下,电磁阀处于开启状态。当线圈通电时,其内部产生磁场,在电磁力的作用下,动铁推着推杆和阀芯一起向阀座方向运动,直至阀芯球状端面接触阀座,电磁阀关闭。

1. 阀芯动力学平衡方程

如图 6-2 所示,以电磁阀阀芯关闭状态下阀芯球状端面顶点位置为坐标原点,以阀芯开启的方向为正方向,建立系统坐标系。阀芯在运动过程中,受到电磁力、液动力和弹簧力等的制约。仅考虑阀芯轴向运动,则阀芯动力学平衡方程为

$$m_v \frac{d^2 x_v}{d^2 t} = -F_e + F_s + F_h - F_B \tag{6-1}$$

式中,m_v 为动铁、阀芯及推杆的总质量;x_v 为阀芯位移;F_e 为电磁力;F_s 为弹簧力;F_h 为液动力;F_B 为阻尼力。

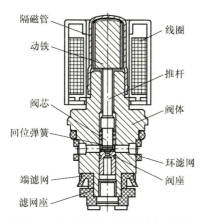

图 6-1 液压制动系统进油阀结构

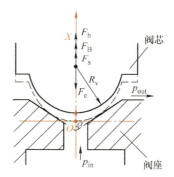

图 6-2 电磁阀阀芯坐标系

2. 电磁力

套在隔磁管外的线圈通电后,产生电磁力作用于阀芯。而电磁力的强度主要受线圈电流、线圈匝数、气隙长度以及气隙磁阻等相关参数的影响,可表示为

$$F_e = (IN)^2 / (2R_g l) \tag{6-2}$$

式中,N 为线圈匝数;R_g 为气隙磁阻;l 为气隙长度;I 为通过线圈的电流。

对式(6-2)进行线性化,可以得到:

$$F_e = \frac{\partial F_e}{\partial i} I(t) + \frac{\partial F_e}{\partial x_e} x_v(t) = K_i I(t) + K_{xe} x_v(t) \tag{6-3}$$

式中,K_i 为线圈电流 - 电磁力增益系数;K_{xe} 为阀芯位移 - 电磁力增益系数;x_v 为阀芯位移(指在图 6-2 所示坐标系中距 O 点的位置坐标)。

3. 弹簧力

电磁阀阀芯所受的弹簧力大小主要与回位弹簧的刚度及缩量相关。对于阀口常开的电磁阀,在常态下阀芯位移为零,回位弹簧处于预压缩状态;当电磁阀线圈通电,阀芯完全关闭时,回位弹簧压缩量达到最大值,该最大值即等于弹簧预压缩量 x_0 加上阀芯的最大位移值 x_m。当阀芯处于任一位置 x_v 时,弹簧力为

$$F_s = K_s(x_0 + x_m - x_v) \tag{6-4}$$

式中,K_s 为回位弹簧刚度。

4. 黏性阻力

当电磁阀阀口开启时，液流对阀芯产生的黏性阻力将作用于阀芯，其大小主要与阀芯运动速度及液体的黏滞性质相关。电磁阀所受到的黏性阻力可表示为

$$F_B = B_v \frac{dx_v}{dt} \tag{6-5}$$

式中，B_v 为液体的速度阻尼系数。

5. 液动力

在电磁阀的运动过程中，由于流体的作用，阀芯会受到液动力。考虑阀芯下端面的轴向液动力 F_h 包括稳态液动力 $F_{h,st}$ 与瞬态液动力 $F_{h,i}$，即

$$F_h = F_{h,st} + F_{h,i} \tag{6-6}$$

稳态液动力是指阀内流体流动过程中无时变流动的情况下，液体流动引起的液体介质对阀芯的附加作用力。

在如图 6-2 所示的阀芯坐标系中，于节流口处取一段液流体作为控制体，由动量定理可知如下关系式：

$$F_{h,st} = \Delta p A_j - \rho q_v (v_j \cos\alpha - v_0) \tag{6-7}$$

$$v_j = \frac{q_v}{A_j} \tag{6-8}$$

$$v_0 = \frac{q_v}{A_0} \tag{6-9}$$

$$A_j = \frac{\pi d_m}{R_v} \sqrt{R_v^2 - \frac{d_m^2}{4}} \, x_v = w x_v \tag{6-10}$$

式（6-7）~式（6-10）中，v_0 为进入节流口前控制体的初速度；v_j 为节流口处控制体的速度；A_j 为节流口处过流面积；q_v 为节流口处流量；Δp 为节流口两侧压力差；d_m 为阀座大端直径 d_2 和小端直径 d_1 的平均值；R_v 为阀芯端面球体半径；α 为阀座锥角的一半；w 为阀芯位移与过流面积之间的比例关系，见式（6-11）。

$$w = \frac{\pi d_m}{R_v} \sqrt{R_v^2 - \frac{d_m^2}{4}} \tag{6-11}$$

由于 x_v 值极小，故忽略二次项，则稳态液动力可表示为

$$F_{h,st} = \pi R_v^2 (\cos\alpha)^2 \Delta p - 2 C_d^2 \Delta p (\cos\alpha) A_j \tag{6-12}$$

式中，$\pi R_v^2 (\cos\alpha)^2$ 为常数项系数，其大小仅与电磁阀结构参数有关，其决定了阀口关闭时阀芯所受稳态液动力的大小，即阀芯所受到的静压力。

瞬态液动力是时变流动情况下液体流动引起的液体介质对阀芯的附加作用力，是由阀口开度变化而产生的。在外流式阀中，瞬态液动力的方向与阀芯运动速度相反，为正阻尼

力，可表示为

$$F_{h,i} = -C_d L w \sqrt{2\rho\Delta p}\frac{dx_v}{dt} \quad (6\text{-}13)$$

式中，L 为阻尼长度。

综上，电磁阀阀芯所受的液动力可表示为

$$\begin{aligned}F_h &= F_{h,st} + F_{h,i} \\ &= \pi R_v^2 (\cos\alpha)^2 \Delta p - 2wC_d^2\Delta p(\cos\alpha)x_v - C_d L w\sqrt{2\rho\Delta p}\frac{dx_v}{dt}\end{aligned} \quad (6\text{-}14)$$

对于电磁阀阀口的输出压力，直接采用轮缸模型，即简化的"活塞-弹簧"结构形式，此处不再赘述。

6.1.2 电磁阀动态限压差控制方法机理分析

在建立的电磁阀"机-电-液"耦合动力学模型的基础上，进一步探索液压制动力精密控制的新方法。

当电磁阀阀芯处于关闭状态时，如图 6-3 所示，阀芯的受力平衡方程为

$$-F_e + F_s + F_h + F_N\sin\alpha = 0 \quad (6\text{-}15)$$

式中，F_e 为电磁力；F_s 为弹簧回复力；F_h 为液动力；F_N 为阀座对阀芯的轴向支持力。

然而，当阀芯处于临界开启状态时，即阀芯位移为零，而其加速度已不为零，即 $x_v = 0$，$\ddot{x}_v \neq 0$。此时阀座对阀芯的支持力消失，则在此状态下阀芯的动力学平衡方程可写为

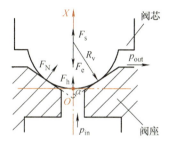

图 6-3 电磁阀阀芯坐标系

$$-F_e + F_s + F_h = 0 \quad (6\text{-}16)$$

又由式（6-3）可以得到：

$$F_e = K_i I(t) + K_{xe} x_v(t) \quad (6\text{-}17)$$

在临界平衡状态下，$x_v = 0$，那么此时阀芯所受到的电磁力大小为线圈电流值的一次函数，可表示为

$$F_e = K_i I(t) \quad (6\text{-}18)$$

此状态下阀芯所受的弹簧力为

$$F_s = K_s(x_0 + x_m) \quad (6\text{-}19)$$

在临界开启的平衡状态下，阀芯所受的液动力中仅包含稳态部分，而瞬态液动力分量变为零，则：

$$F_{h,st} = \pi R_v^2 (\cos\alpha)^2 \Delta p \quad (6\text{-}20)$$

综上，在阀芯处于临界开启状态时，式（6-1）表示的阀芯动力学平衡方程可写作：

$$-K_i I + K_s(x_0 + x_m) + \pi R_v^2 (\cos\alpha)^2 \Delta p = 0 \quad (6\text{-}21)$$

整理式（6-21），可以得到：

$$\Delta p = \frac{K_i}{\pi R_v^2 (\cos\alpha)^2} I - \frac{K_s(x_0 + x_m)}{\pi R_v^2 (\cos\alpha)^2} \quad (6\text{-}22)$$

式（6-22）表明，在临界开启平衡状态下，电磁阀阀口两侧压差值 Δp 与线圈电流 I 之间存在着一种线性的对应关系。

基于式（6-22）所得到的机理分析算式，对电磁阀在阀芯临界开启状态下进行控制试验。调节电磁阀的线圈电流，观察阀芯临界开启状态下阀口两侧所对应的压力差，试验结果如图 6-4 所示。根据试验结果可以看到，这种由理论分析得出的线性关系与实际测试得到的结果吻合较好，说明此前的机理分析是正确的。

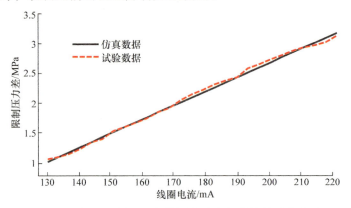

图 6-4 阀口两侧压差与线圈电流之间的线性对应关系

基于上述电磁阀阀芯临界平衡状态下阀口两侧压力差 Δp 与线圈电流 I 之间的线性对应关系，在一定输入压力作用下，可利用线圈电流与压差之间的一一映射关系，通过对线圈电流的动态调节获得阀口两侧理想的压差值，能够通过准确控制得到所期望的输出压力：

$$\begin{aligned} p_{\text{out}} &= p_{\text{in}} - \Delta p \\ &= p_{\text{in}} - \frac{K_i}{\pi R_v^2 (\cos\alpha)^2} I + \frac{K_s(x_0 + x_m)}{\pi R_v^2 (\cos\alpha)^2} \end{aligned} \quad (6\text{-}23)$$

式中，p_{out} 为电磁阀出口压力；p_{in} 为入口压力。

电磁阀在线圈电流的控制下使阀芯的运动状态发生变化，图 6-5 给出了阀芯在临界开启状态下的限压差控制条件。可以看出，当阀芯处于临界开启状态时，若给定的线圈电流减小或者增大输入压力使得阀口两侧压力差继续变大，则此临界的平衡状态将被打破，阀芯开始运动，电磁阀开启；而若给定的线圈电流减小或者减小输入压力使得阀口两侧压力差减小，则此临界的平衡状态亦将被打破，不过由于阀座支持力的存在，阀芯将保持关闭状态，电磁阀不开启。

通过上述控制方式，电磁阀在阀芯临界稳定状态下，工作在一种"限压差"工作模式，即：通过对线圈电流的动态调节，获得电磁阀阀口两侧理想的"压差"值，进而精确控制电磁阀阀口的输出压力。该方法可广泛应用于各种液压控制场合，包括电动汽车的制动能量回收动态耦合控制，具有大幅提高液压力控制精度的潜力。

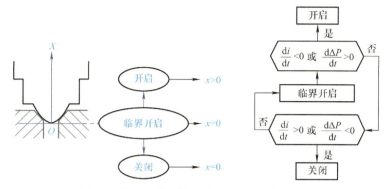

图 6-5　限压差控制方法阀芯运动状态示意图

6.1.3　限压差控制模型硬件在环试验验证

1. 液压制动系统硬件在环试验台

所搭建的硬件在环试验台如图 6-6 所示，包括上位机计算机、下位机、制动控制器、液压制动调节单元、制动轮缸以及液压压力传感器等组件。上位机计算机用于监控试验进程、分析保存试验数据。下位机采用 dSPACE 公司开发的实时仿真平台 AutoBox，车辆模型、运行工况、路面状况等无法用实物再现的虚拟物件与情景都可嵌入实时仿真平台中。制动控制器用于控制液压制动调节单元等执行机构，通过 CAN 总线与实时仿真平台 AutoBox 进行通信。

在硬件在环试验台中，液压制动执行机构即是实际车辆上使用的零部件，包括制动踏板、制动主缸、四个车轮轮缸以及一个液压制动力调节单元。在液压制动调节单元中，对应各个轮缸的进油阀均为外流式开关电磁阀，这与本节所研究的限压差控制方法的对象是一致的。压力传感器采集制动主缸与各制动轮缸的制动压力，分别对应限压差控制中电磁阀阀口的输入压力与输出压力。压力传感器采集的液压力信号发送至制动控制器，在本研究中所采集的轮缸压力只用于做监控，未用于控制。

设置两种不同工况，分别为：①线圈电流一定，电磁阀输入压力变化；②电磁阀输入压力一定，线圈电流变化。上述两种试验工况分别对应车辆回馈制动过程中的两种典型控制过程，即驾驶员总制动需求变化，以及总制动需求保持不变，而摩擦制动需求变化。

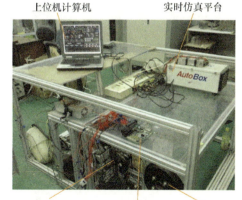

图 6-6　液压制动系统硬件在环试验台

2. 限压差控制方法硬件在环试验

在上述液压制动系统硬件在环试验台上，对限压差控制方法进行硬件在环试验，在第一种工况下的限压差控制试验结果如图 6-7 所示。线圈电流恒定为 150mA。电磁阀阀口输入压力可近似视为阶跃输入，第 2~8s 间，输入压力维持在 6MPa 附近，之后分别减至 4MP 与 2MPa，并各维持 5s。由图 6-7 可知，在各不同输入压力下，电磁阀阀口输出压力呈现动态的跟随变化。然而在经历初期短暂调节后，阀口两侧压力差迅速收敛至 1.5MPa，并维持恒定，证明了线圈电流保持恒定，则电磁阀阀芯对阀口两侧压差的限制能力保持一定。

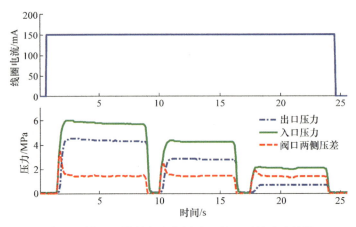

图 6-7 限压差控制方法在测试工况一下的试验结果

第二种工况的试验测试结果如图 6-8 所示。电磁阀阀口输入液压力恒定为 4.5MPa，而电磁阀线圈电流则为 150mA、175mA、200mA 动态变化。由图可知，随着电磁阀线圈电流的逐渐增大，阀口两侧压力差随之动态变化。在恒定的阀口输入液压力的作用下，阀口输出压力逐渐由线圈电流 150mA 作用下的 3MPa 降至线圈电流 170mA 作用下的 2MPa，则阀口两侧的压力差由 1.5MPa 上升至 2.5MPa，表明电流增大则压力差限制能力增强。

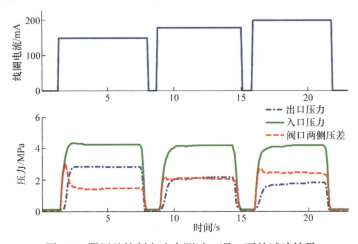

图 6-8 限压差控制方法在测试工况二下的试验结果

根据硬件在环试验数据可知，在阀芯临界开启的平衡状态下，电磁阀阀口两侧压力差与线圈电流之间存在线性对应关系。

6.1.4 电磁阀限压差控制方法的调节特性及规律

基于所建立的电磁阀机-电-液耦合动力学模型，在 MATLAB/Simulink 环境下对电磁阀动态限压差控制特性及规律进行进一步分析。

1. 不同输入压力作用下的压差变化规律

在恒定的 140mA 线圈电流作用下，将电磁阀阀口输入压力设为斜坡输入。分别对电磁阀阀口输入压力为 1.5MPa、2.5MPa、3.5MPa 以及 4.5MPa 的情形进行仿真分析，仿真结果如图 6-9 和图 6-10 所示。

如图 6-9 所示，当电磁阀阀口输入压力为 1.5MPa 时，阀口两侧限制压差为 1.2MPa；当电磁阀阀口输入压力增大到 2.5MP 时，阀口两侧限制压力仍然为 1.2MPa。而当输入压力增大到 4.5MPa 时，在相同的 140mA 线圈电流作用下，阀口两侧限制压力差依然维持不变。

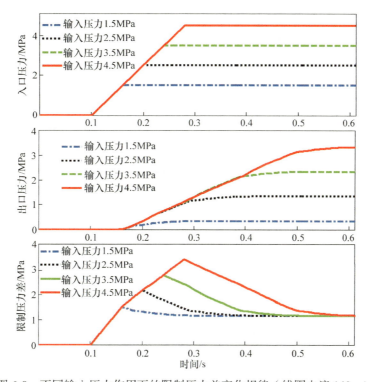

图 6-9　不同输入压力作用下的限制压力差变化规律（线圈电流 140mA）

如图 6-10 所示，随着阀口输入压力的增大，电磁阀阀芯位移逐渐增大，即阀口处的节流面积增大，且阀芯处于最大位移处的时间变长。电磁阀阀芯所受到的液动力幅值增大，且液动力的变化时间逐渐变长，但最终均收敛于同一稳态液动力值。

由上述现象可见，在各个不同输入液压力输入下，所对应的电磁阀限制压差经过一定时间的调节，最终都收敛至一个相同的数值，这表明一个输入电流仅对应一个限制压差值，且该压差值与输入压力无关。但输入压力越大，压差的调节时间越长，即达到稳定压差的时间越长。

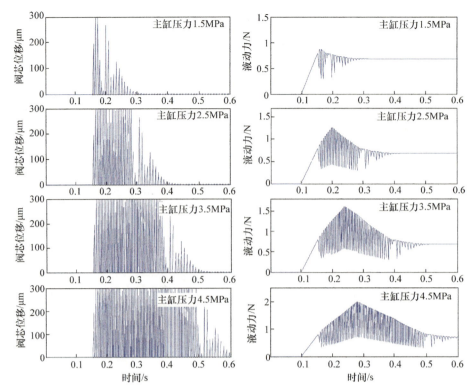

图 6-10 不同输入压力作用下的阀芯位移及液动力变化情况

2. 不同线圈电流作用下的压差变化规律

在相同 3MPa 的阀口输入液压力作用下，分别对线圈电流为 130mA、150mA、170mA 以及 190mA 的情形进行仿真分析，仿真结果如图 6-11 所示。

由图 6-11 可知，随着线圈输入电流的增大，电磁阀阀芯在起始时刻所受的合力逐渐增大，经过动态调节，当阀芯受力达到平衡状态后，其阀口两侧所限制压差逐渐增大。当线圈电流为 130mA 时，阀口两侧限制压差低于 0.93MPa；当线圈电流为 150mA 时，阀口两侧限制压差为 1.39MPa；而当线圈电流增大到 190mA 后，阀口两侧限制压力差则增至近 2.31MPa。且随着输入线圈电流的增大，阀芯达到受力平衡所需要的调节时间逐渐缩短。在线圈电流为 130mA 的情形下，阀口两侧限制压差收敛至稳态的时间超过 0.2s；而当线圈电流增大到 190mA 后，收敛时间减至 0.1s 左右。

由图 6-11 可知，在达到平衡状态之前的动态调节过程中，线圈输入电流越大，阀口两侧限制的压差也越大，使得阀芯所受到的液动力幅值增大。

线圈电流对动态限压差控制过程中阀芯位移以及所受液动力的影响规律如图 6-12 所示。当线圈电流为 130mA 时，阀芯所受到的液动力幅值达 1.4N；当线圈电流为 150mA 时，阀芯所受到的液动力幅值为 1.49N；而当线圈电流增大到 190mA 后，阀芯所受到的液动力幅值则增至 1.7N。但在动态调节过程中，阀口两侧的实时压差与所限制压差的差距，则随着输入电流的增大而逐渐减小，使得阀口开度逐渐减小，压力波动的周期逐渐缩短。在线圈电流为 130mA 的情形下，动态调节过程中，阀口开度均值在 200μm 左右，收敛至稳态的调节时间超过 0.28s；当线圈电流增大到 150mA 后，阀口开度均值达 150μm 左右，收敛时间减至 0.2s 左右；而当线圈电流增大到 190mA 后，阀口开度均值低于 100μm，收敛时间减至 0.1s 左右。

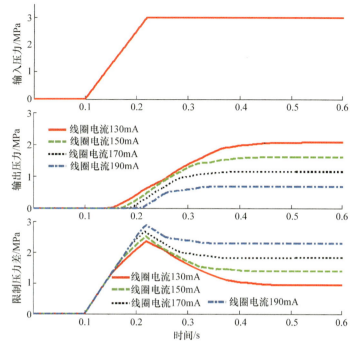

图 6-11　不同线圈电流作用下的压差变化规律（输入压力 3MPa）

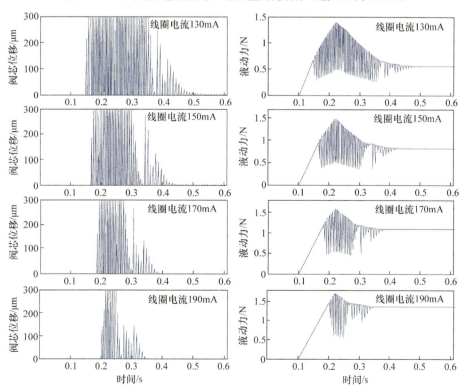

图 6-12　不同线圈电流作用下阀芯位移及液动力变化情况

6.1.5 结构参数对限压差控制效果的影响

在上述对电磁阀动态限压差控制特性及规律分析的基础上，为了进一步探索动态限压差方法的控制品质与性能，以及该控制方法对现有液压制动系统关键零部件设计的新要求，需深入分析电磁阀关键结构参数对动态限压差控制效果的影响。

1. 阀芯质量对限压差控制效果的影响

给定相同的线圈输入电流（140mA）和相同的电磁阀阀口输入压力（3MPa），令电磁阀阀芯质量取为 1.05g、2.10g 以及 4.20g 三种，进行仿真分析。

由图 6-13 给出的仿真结果可见，阀芯质量的大小对最终收敛达到的电磁阀限制压力差值并无明显影响。在各个阀芯质量所对应的仿真情形中，限制压差最终均收敛至同一稳定压差 1.2MPa。

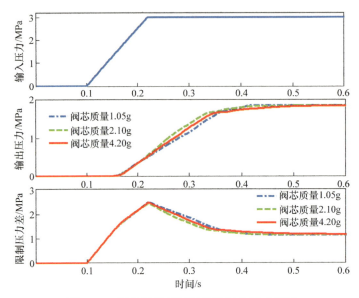

图 6-13 阀芯质量对限压差控制的影响规律

电磁阀阀芯质量对动态限压差控制过程中阀芯位移以及所受液动力的影响规律如图 6-14 所示。随着阀芯质量的增大，在达平衡状态前的动态调节过程的时间变长。这主要是由于阀芯质量增大，系统惯量增大；在整个系统中，阀芯位移的响应表现为二阶振荡环节，系统调整时间与无阻尼自振角频率的倒数正相关，即 $t_s \propto \omega_n^{-1}$，而阀芯质量的增大将造成此二阶系统无阻尼自振角频率 ω_n 变小，使得系统调整时间变长。

2. 阀芯直径对限压差控制效果的影响

给定相同的线圈电流（140mA）以及相同的电磁阀阀口输入液压力（3MPa），阀芯球形端面直径则取为 1.388mm、1.588mm 和 1.788mm 三种，分别进行仿真分析，结果如图 6-15 所示。

在一定范围内，随着阀芯球形端面半径的增大，阀口两侧压力差的限制效果逐渐减弱。当阀芯球形端面直径为 1.588mm 时，在线圈电流保持 140mA、阀口输入液压力斜坡输入稳定至 3MPa 后，阀口两侧压差的限制能力为 1.2MPa；而当直径增加至 1.788mm 后，在其他条件相同的情况下，阀口两侧压差的限制能力为 0.9MPa。可以看到，随着阀芯球形端面直径的增大，在线圈电流一定的情况下，限压差控制对电磁阀阀口两侧压力差的限制能力逐渐降低。

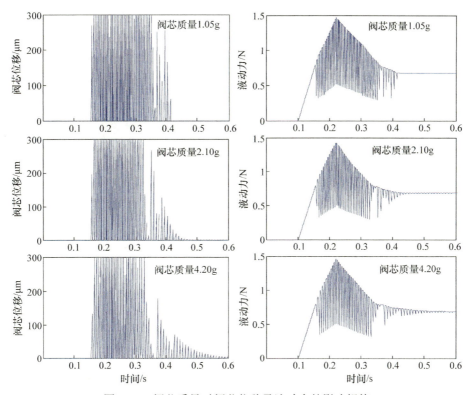

图 6-14　阀芯质量对阀芯位移及液动力的影响规律

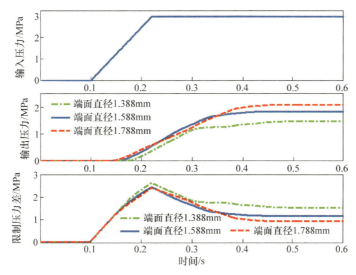

图 6-15　阀芯球形端面直径对限压差控制的影响规律

产生这种现象的原因主要是：在电磁阀临界开启状态下，电磁阀阀芯对阀口两侧压力差产生限制作用时，当线圈电流保持不变，则阀芯所受到的弹簧力、电磁力以及来自液体的静压力均保持不变；而在静压力分量中，阀芯端面球形直径与压差呈反比例关系，故采用球体半径加大的阀芯，对阀口两侧压力差的限制能力将会减弱。

阀芯球形端面直径大小对动态限压差控制过程中阀芯位移以及所受液动力的影响规律如图 6-16 所示。随着阀芯球形端面直径的加大，在整个控制过程中阀芯位移的平均值略有增大。这主要是因为阀芯与液流接触面积随着阀芯球面直径的加大而增大，使得液动力变大。当阀芯球形端面直径为 1.388mm 时，阀芯所受到的液动力幅值在 1.2N 左右；而当阀芯球形端面直径加大到 1.788mm 后，阀芯所受到的液动力幅值则增大到 1.8N。这主要是因为在达平衡状态之前的动态调节过程中，电磁阀阀芯所受到的液动力与阀芯球形端面直径大小正相关，故当阀芯球形端面直径加大时，液动力的幅值增大。而在动态调节过程中，系统收敛至稳态的调节时间随着阀芯球形端面直径的增大而略有减小，但变化程度并不明显。

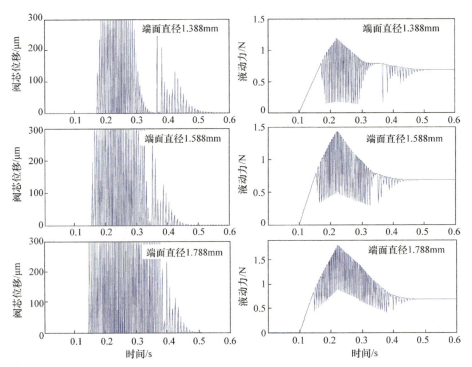

图 6-16　阀芯球形端面直径对阀芯位移及液动力的影响规律

3. 回位弹簧刚度对限压差控制效果的影响

给定相同的线圈电流以及相同的电磁阀阀口输入液压力，回位弹簧刚度取为 170N/m、340N/m 和 510N/m 三种，分别进行仿真分析，仿真结果如图 6-17 所示。

由图 6-17 可以看出，在一定范围内随着回位弹簧刚度的增大，阀口两侧压力差的限制效果逐渐减弱。当回位弹簧刚度为 170N/m 时，在线圈电流为 140mA、阀口输入液压力斜坡输入稳定至 3MPa 后，对阀口两侧压差的限制能力为 2.1MPa；而当回位弹簧刚度增加至

510N/m后,在其他条件相同的情况下,阀口两侧压差的限制能力降低至0.2MPa。不难看出,随着回位弹簧刚度的增大,在线圈电流一定的情况下,限压差控制对电磁阀阀口两侧压力差的限制能力逐渐降低。

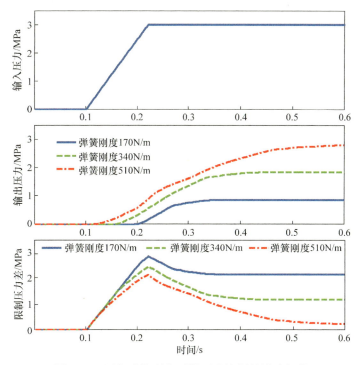

图6-17 回位弹簧刚度对限压差控制的影响规律

产生上述现象的原因主要是:在电磁阀临界开启的平衡状态下,电磁阀阀芯位移一定,当回位弹簧刚度增大时,电磁阀阀芯所受的弹簧回复力增大;根据阀芯动力学平衡方程可知,为了保持系统平衡状态,线圈电流所产生的电磁力用于克服弹簧力的分量变大;在线圈电流不变的情况下,电磁力中用于限制压力差的部分则相应减小,故阀口两侧压力差的限制能力将会减弱。

回位弹簧刚度对动态限压差控制过程中阀芯位移以及所受液动力的影响规律如图6-18所示。当回位弹簧刚度为170N/m时,阀芯位移的平均值为100μm左右,调节时间低于0.2s;当回位弹簧刚度为340N/m时,阀芯位移的平均值为150μm左右,调节时间低于0.3s;而当回位弹簧刚度增大到510N/m时,阀芯位移的平均值增大到200μm以上,且调节时间亦显著增加,达到0.4s以上。可以看到,随着回位弹簧刚度的加大,在整个控制过程中阀芯位移的平均值明显增大,且系统收敛至稳态的调节时间明显变长。

而在达平衡状态之前的动态调节过程中,当回位弹簧刚度为170N/m时,阀芯所受到的液动力幅值为1.7N左右,并最终收敛至1.3N左右;当回位弹簧刚度为340N/m时,阀芯所受到的液动力幅值为1.45N左右,并最终收敛至0.7N;而当阀芯球形端面直径增大到510N/m后,阀芯所受到的液动力幅值则衰减至1.3N左右,而最终收敛至的稳定值仅为0.2N。可以看到,在限压差控制作用下,阀芯所受到的液动力的值则随着回位弹簧刚度的增大而明显下降。

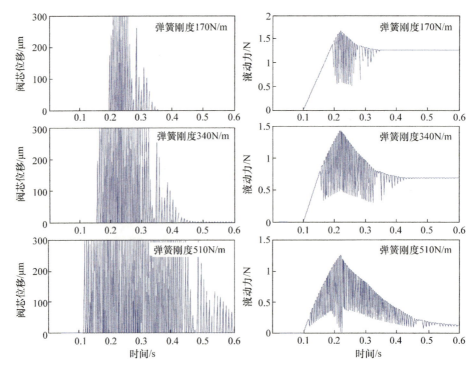

图 6-18　回位弹簧刚度对阀芯位移及液动力的影响规律

4. 阀座锥角对限压差控制效果的影响

给定相同的线圈电流以及相同的电磁阀阀口输入液压力，电磁阀阀座锥角取为 90°、114° 以及 125° 三种，分别进行仿真分析，结果如图 6-19 所示。

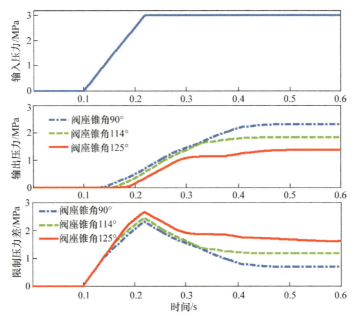

图 6-19　阀座锥角对限压差控制的影响规律

在一定范围内，随着阀座锥角的增大，阀口两侧压力差的限制效果逐渐增强。当阀座锥角为 90°，线圈电流为 140mA、阀口输入液压力斜坡输入稳定至 3MPa 后，阀口两侧压差的限制能力为 0.7MPa；而当阀座锥角增加至 125° 后，在其他条件相同的情况下，阀口两侧压差的限制能力上升至 1.6MPa。

上述情况的成因主要是：在电磁阀临界开启的平衡状态下，当线圈电流保持不变，则阀芯所受到的弹簧力、电磁力以及来自液体的静压力均保持不变；当阀座锥角在一定范围内增大时，电磁阀阀芯与液流的接触面减小；根据阀芯动力学平衡方程可知，在其他条件不变的情况，产生相同大小静压力所需的压强值增大，故阀口两侧压力差的限制能力增强。

电磁阀阀座锥角对动态限压差控制过程中阀芯位移以及所受液动力的影响规律如图 6-20 所示。可以看出，在一定范围内，随着阀座锥角的增大，整个控制过程中阀芯位移的平均值显著减小，且系统收敛至稳态的调节时间亦有缩短。当阀座锥角为 90° 时，阀芯位移的平均值达 200μm 左右，调节时间大于 0.35s；而当阀座锥角增大到 125° 后，阀芯位移的平均值降低至 150μm 左右，调节时间降低至 0.25s。这主要是因为，阀座锥角增大，使得电磁阀球状端面与液体的接触面积增大，增大了系统的流量，进而减小了收敛至稳态的调节时间。

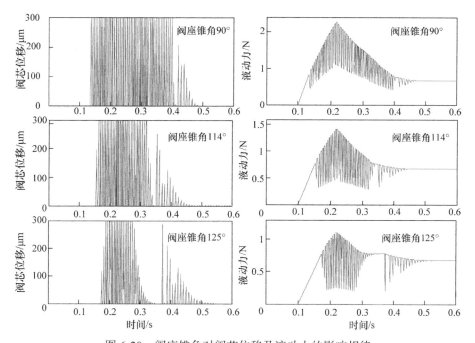

图 6-20 阀座锥角对阀芯位移及液动力的影响规律

而在达平衡状态之前的动态调节过程中，阀芯所受到的液动力的幅值随着阀座锥角的增大有明显下降，但其最终收敛的稳定值未有明显变化。当阀座锥角为 90° 时，阀芯所受到的液动力幅值为 2.3N 左右，并最终收敛至 0.7N；而当阀座锥角增大到 125° 后，阀芯所受到的液动力幅值则衰减至 1.2N 左右，最终稳定值也为 0.7N。

6.1.6 环境温度对限压差控制效果的影响

除了系统的相关结构参数，环境温度亦会显著影响机 - 电 - 液系统的整体功能与控制性能。例如，温度会影响执行机构的响应性能、液压系统的密封性能、流体的黏度等性能，这些因素都可能会影响系统的整体控制效果。因此，研究环境温度对电磁阀限压差控制调节性能的影响是非常必要的。

1. 环境温度对所限制压力差的影响规律

为了探究环境温度变化对同一线圈电流下电磁阀两侧所限制压力差的影响规律，在不同环境温度下进行了电磁阀限压差控制的硬件在环试验。设置三个试验组，所给定的电磁阀线圈电流分别为 150mA、175mA 以及 200mA，而在每组试验中，环境温度逐渐变化，在温度达到 -3℃、2℃、3℃、5℃、13℃和 24℃时采集数据，上述三个试验组的硬件在环试验结果如图 6-21 所示。

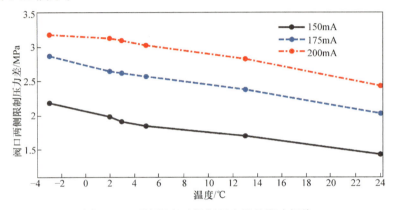

图 6-21 环境温度对限制压力差的影响规律

由图 6-21 可见，在一定的电磁阀线圈电流作用下，电磁阀阀芯对阀口两侧压力差的限制能力将会随着环境温度的上升而逐渐降低。以线圈电流 150mA 的试验组为例，电磁阀阀口两侧的限制压力差由 -3℃下的 3.18MPa 逐渐降低至 24℃下的 2.43MPa，其所限制压力差的压降在温度 27℃的变化范围内达到了 0.7MPa。

图 6-22 显示了不同环境温度下线圈电流与限制压力差相互作用规律的硬件在环试验结果。根据试验结果可知，随着温度的不断升高，电磁阀线圈电流与阀口两侧所限制压差的对应关系曲线不断下移。在 -3 ~ 24℃这一范围内，该线性对应关系下移了近 50%，然而同一温度下，线圈电流与限制压力差之间的线性关系仍然保持得相对较好。

造成上述现象的主要原因是温度变化引起线圈电阻阻值的变化。电磁阀线圈电阻阻值受温度影响显著，二者之间的关系为

$$R = R_0 + \alpha T \quad (\alpha > 0) \tag{6-24}$$

式中，R_0 为线圈电流的参考值；α 为温度系数；T 为环境温度。

由式（6-24）可知，当环境温度降低时，线圈电阻会相应减小，在输入线圈电流一定的情况下，其输出功率上升，使得电磁阀阀芯所受的电磁力变大，进而提高了电磁阀对阀口两侧压差的限制能力，导致所限制压差值上升。

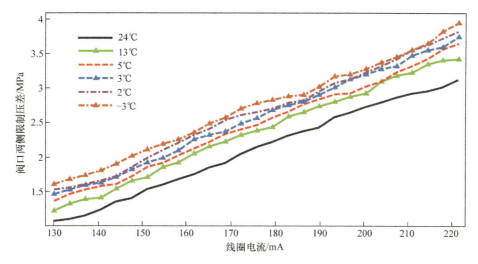

图 6-22 不同环境温度下线圈电流与限制压力差的相互作用规律

2. 限压差与线圈电流对应关系的修正

基于试验结果可知,电磁阀阀芯对阀口两侧压力差的限制能力明显受环境温度变化的影响。因此,根据所得到的环境温度变化下测试结果,对线圈电流与限制压力差之间的线性对应关系进行修正。以正常室温(24℃)限压差与线圈电流之间的线性关系作为基准,在一定环境温度的变化范围内(-5~25℃),考虑环境温度变化对电磁阀线圈阻值所带来的影响,该线性对应关系式(6-22)可修正为

$$\Delta p = \frac{K_i}{\pi R_v^2 (\cos\alpha)^2} I - \frac{K_s(x_0 + x_m)}{\pi R_v^2 (\cos\alpha)^2} - 0.02(T - 297) \tag{6-25}$$

式中,T 为环境温度(K)。

6.2 电磁开关阀液压力闭环动态限压差控制

在机电混合制动过程中,液压制动力的调节精度会对机电耦合协调控制效果产生直接影响,对车辆安全性、制动舒适性和能量经济性等整车性能指标影响巨大。与此同时,与传统制动系统相比,能量回馈式车身电子稳定控制(EESC)系统制动主缸与轮缸在制动工况下完全机械解耦,对轮缸压力实现精密控制难度增大。目前高速开关阀主流控制方式为脉宽调制(PWM),由于 PWM 控制无法实现液压力的连续调节,因此难以满足机电混合制动过程中液压制动力的调节精度。为进一步提高 EESC 系统液压制动力控制品质,需要在 EESC 系统液压管路布置方案的基础上,对新型高速电磁阀控制方式进行探索。

6.2.1 液压力闭环限压差控制方法机理分析

在 EESC 系统中,轮缸进油阀的开度直接决定轮缸制动液的进液量,是影响轮缸压力调节精度的重要因素。探索进油阀的精密控制方法有助于提升机电混合制动过程中回馈制动力与液压制动力的耦合控制效果。故本节以进油阀为例说明闭环限压差控制方法的工作

机理，后续将该控制方法推广至溢流阀。

如图 6-1 所示，轮缸进油阀结构为外流式常开电磁阀。电磁阀由电磁组件和机械组件构成。其中，线圈固定在隔磁管上，动铁在隔磁管内，动铁与阀体间存在气隙。推杆装配在阀体内，一端与阀芯上端面相连，且与回位弹簧接触，另一端与动铁接触。阀芯下端面为球面，落座时可与阀座形成密封面。当线圈不通电时，电磁阀在回位弹簧的作用下处于开启状态。当线圈通电时，动铁在电磁力的作用下克服弹簧回复力，带动推杆和阀芯向阀座运动，当阀芯落座后，阀芯和阀座形成球面密封，此时电磁阀处于关闭状态。

通过分析可知，在已知阀入口压力和目标压力的前提下，通过开环限压差控制可以得到跟踪阀出口目标压力所需的电磁阀电流值。然而在实际工程应用过程中，该开环控制方式存在以下两个问题：①电磁阀在使用过程中部件发生老化变形、系统参数随温度发生变化以及各电磁阀制造装配存在偏差，开环限压差控制无法保证控制效果对以上问题的鲁棒性；②在 EESC 系统中，进油阀入口处无压力传感器，入口压力估计误差会对开环限压差控制效果造成较大影响。基于以上两点工程实际问题，需要探索液压力闭环限压差控制方法。

液压力闭环限压差控制框图如图 6-23 所示。为提高压力调节精度和对外界干扰的鲁棒性，液压力闭环限压差控制由前馈模块和反馈模块组成。其中前馈模块根据目标压差 Δp_{tgt} 与实际压差 ΔP_{act} 的差值 ΔP_{error}，通过压差 - 电流脉谱图得到前馈参考电流指令值 I_{ff}。该电流脉谱图可通过 6.1.2 中的试验离线测得，或根据电磁阀参数利用式（6-22）计算得到。反馈模块则根据目标压力和实际压力的差值 ΔP_{error}，通过比例 - 积分环节计算得到电流反馈控制指令值 I_{fb}。电流指令值可以写成：

$$I = I_{ff} + I_{fb} \tag{6-26}$$

需要说明的是，前馈环节可以将系统状态迅速调整至目标值附近，由此可以提高压力调节响应速率。通过反馈控制可使系统在平衡点附近消除稳态跟踪误差，同时提升控制算法抗干扰能力。

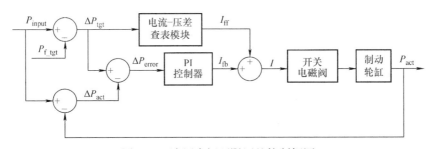

图 6-23　液压力闭环限压差控制框图

电磁阀在电流控制下可以改变阀芯开启时阀口两侧压差，从而对轮缸压力进行实时调节。根据闭环限压差控制的特点，提出了如图 6-24 所示的轮缸压力调节控制流程。该控制流程通过实际轮缸压力与目标轮缸压力差值的门限值控制压力调节状态。压力调节由增压状态、保压状态和减压状态构成。通过调节跟踪误差门限值的大小可以对压力跟踪精度进行调节。

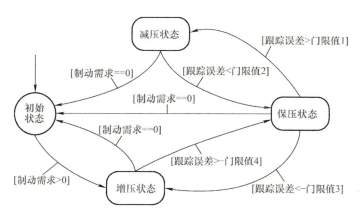

图 6-24 液压力控制状态跳转图

与传统电磁阀 PWM 控制相比，电流控制可以实现对阀口进液量的连续调节，同时当阀口两侧压差达到目标值时，电磁阀在电磁力、弹簧力和液压力的共同作用下迅速关闭，有效缓解了 PWM 控制过程中压力超调的问题。

6.2.2 液压力闭环限压差控制算法硬件在环试验

1. 基于闭环限压差控制的压力跟踪硬件在环试验

对闭环限压差控制的硬件在环试验的目标压力为斜坡输入并最终稳定至 3MPa，该目标压力与典型常规制动工况相似。闭环限压差压力跟踪控制效果如图 6-25 所示。在 0.3s 时，目标压力开始增长，此时为克服油泵建压存在滞后的问题，溢流阀电流指令保持在较高的数值，减少制动液溢流量，配合泵油电机实现进油阀入口端快速建压，此时 EESC 系统处于快速建压模式。与此同时，进油阀线圈电流指令由 0 跳变至 300mA，控制进入轮缸的制动液流量，在实现轮缸快速建压的同时尽可能减小压力超调量。在 0.8s 之后，油泵压力建立完成，此时进油阀开度逐渐减小，在目标压力附近根据目标压力与实际压力的差值进行微调。同时，溢流阀电流指令减小，开度增大，进油阀入口端高压源数值降低。随着目标压力稳定在 3MPa，轮缸进入保压状态，此时进油阀和出油阀均处于关闭状态。

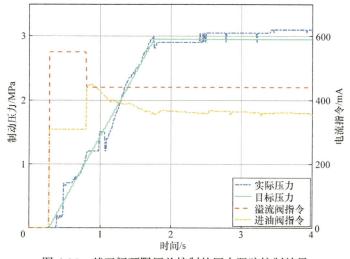

图 6-25 基于闭环限压差控制的压力跟踪控制效果

试验结果表明，闭环限压差控制算法可以根据目标压力变化，实时调节进油阀电磁线圈电流，从而实现对目标压力的跟踪。该试验验证了闭环限压差控制算法对动态变化的目标压力跟踪的有效性。

2. 基于闭环限压差控制的协调式回馈控制算法硬件在环试验

为验证基于闭环限压差控制的回馈制动控制算法，在液压制动系统试验台上进行硬件在环试验。在实际制动控制器上运行基于闭环限压差控制的回馈控制策略，选取典型制动工况对控制策略的控制效果进行分析，主要关注机电混合制动过程中回馈制动力和液压制动力的协调控制效果，从而验证所提出的闭环限压差控制算法能否有效应用于电驱动车辆实际控制问题中。

在硬件在环试验中，选取常规制动工况，驾驶员制动初始车速为 72km/h，路面附着系数为 0.8，主缸制动压力为斜坡输入并最终维持在 3MPa，该制动工况与典型城市制动工况相似。

前轴硬件在环试验结果如图 6-26 所示。在 0.8s 时，驾驶员逐渐踩下制动踏板，主缸压力沿着一定斜率开始上升，此时电机工作在发电状态，电机回馈制动力逐渐施加。由于制动初期驾驶员制动力矩增加速率大于回馈制动力增加速率，在 BCU 的控制下，液压制动力逐渐增加。在 1.5s 左右，驾驶员保持制动踏板在固定开度，主缸压力稳定在 3MPa，此时为最大限度地回收制动能量，回馈制动力沿其外特性曲线继续增加，为实现对驾驶员制动意图的精确跟踪，EESC 系统在 BCU 的控制下对轮缸压力进行减小。直到 4s，电机回馈制动力达到峰值，液压制动力保持在稳定值。在 5.5s 左右，车速下降到较低值，受外特性限制，电机转矩迅速下降，此时液压需要进行补充以保证车辆需求制动力，前轮进油阀在BCU 的控制下按电机转矩退出速率对前轮轮缸进行增压，回馈制动力和液压制动力协调控制效果良好。

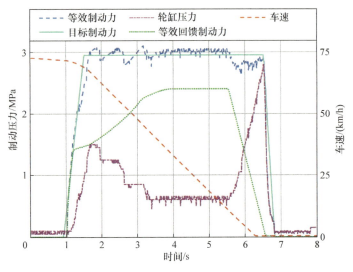

图 6-26 机电混合制动工况前轴硬件在环试验结果

后轴硬件在环试验结果如图 6-27 所示。由于目标车型后轴无回馈制动力，需要液压制动力单独实现对主缸压力的跟踪。从图 6-27 可以看出，在制动初期由于轮缸压力建压需求较大,因此进油阀电流指令较小,阀口开度较大。随着主缸制动压力达到最大值并保持在 3MPa,轮缸在控制逻辑的调节下进入保压状态。当驾驶员松开制动踏板,轮缸出油阀打开,制动液直接流回油壶。整个制动过程中后轴实际轮缸压力对目标压力跟随效果良好,满足后轴制动需求。

由上述硬件在环试验结果可知,机电混合制动过程中,在闭环限压差控制算法下,通过调节进油阀线圈电流,轮缸压力可以实时根据回馈转矩大小进行调节,实现对驾驶员需求转矩的跟踪。同时,在驾驶员不同的制动意图下,所设计的泵油电机和溢流阀协调控制算法可以实现不同速率和幅值的高压源供,满足了不同工况下的驾驶员的制动意图。

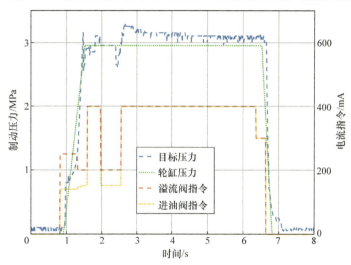

图 6-27 机电混合制动工况后轴硬件在环试验结果

3. 与传统电磁阀 PWM 控制算法的比较

与传统 PWM 相比,闭环限压差控制可以通过对阀口两侧压差进行精确调节,实现对进入轮缸的制动液体积进行精密控制。当轮缸实际压力到达目标压力附近时,电磁阀在液压力、电磁力和弹簧力的作用下会迅速关闭,因此压力超调现象会得到显著缓解。下面利用定量方式,比较在传统 PWM 和闭环限压差控制下,轮缸压力对目标压力的跟踪效果。

目标压力为斜坡输入并最终稳定至 3MPa,分别采用闭环限压差控制和传统 PWM 方式对目标压力进行跟踪。分别采用整个过程压力跟踪平均误差和均方根误差作为评价指标,其中平均误差反映稳态跟踪效果,均方根误差则反映动态过程跟踪效果,目标制动压力跟踪均方根误差(Root Mean Square Error,RMSE)计算公式可表示为

$$\mathrm{RMSE} = \sqrt{\frac{1}{n}\sum_{k=1}^{n}\left[p_{\mathrm{eq}}(k) - p_{\mathrm{m}}(k)\right]^2} \quad (6\text{-}27)$$

PWM 和闭环限压差控制压力跟踪效果硬件在环试验结果见表 6-1。相比于 PWM 控制,闭环限压差控制算法在目标压力稳态跟踪和动态跟踪效果方面均有明显提升。其中目标压力稳态跟踪效果方面,闭环限压差控制算法较 PWM 提升了 47.1%,动态压力跟踪效果提升 58.3%。试验结果说明,所设计的闭环限压差控制算法较传统 PWM 控制对液压制动力的调节精度起到大幅改善作用。

表 6-1　两种不同电磁阀控制方式下目标压力跟踪效果比较

控制方式	PWM 控制	闭环限压差控制	提升程度
平均目标压力跟随误差 /MPa	0.17	0.09	47.1%
目标压力跟随均方根误差 /MPa	0.24	0.10	58.3%

6.3　电磁开关阀流量拟线性控制

液压制动系统通过电磁阀的控制实现制动压力的调节，电磁阀的控制效果直接影响液压力与目标压力的跟踪效果，还会影响整车层面的制动平顺性、稳定性以及制动能量回收效率等。因此，对电磁阀的底层液压控制特性的研究至关重要。当前的 ABS 及 ESC 系统中，主要通过低频 PWM 技术对电磁阀进行控制，实施阶梯增/减压。制动压力的调节不够平滑，控制精度较差，并伴随较大的工作噪声，无法满足线控制动系统的需求。为了进一步提高液压系统的控制精度，降低压力调节的噪声，电磁阀的底层控制方法必须进行重新设计。

6.3.1　开关电磁阀数学物理模型数值求解

由于电磁阀的数学物理方程都是非线性高阶方程，目前尚没有较好的数学方法求得其解析解，仅能根据简单的推导，对其参数值变化的影响进行推测。而且流量系数、节流面积等关键的系数也均为时变参数，使得电流和流量关系的求解更加困难。

虽然解析求解求解困难，但是由于在固定压差下，电磁阀为单输入单输出系统，其输入为 PWM 控制占空比，输出为电磁阀流量，因此可以借助计算机方法建立数值模型，对电磁阀控制的过程进行数值模拟，得到 PWM 占空比与流量之间对应关系的数值解。

1. 数学物理模型数值模型建立

根据上面推导的电磁阀数学物理模型，在 MATLAB/Simulink 中建立电磁阀的数值仿真模型，具体的建模思路如图 6-28 所示。

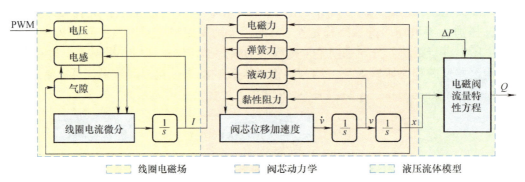

图 6-28　电磁阀数值仿真模型建模

在模型的建立过程中涉及的各个子系统的参数，包括了电磁线圈、电磁阀、制动液以及制动轮缸等，详见表 6-2 ~ 表 6-4。

表 6-2 电磁阀相关参数

参数	数值
最大流量系数	0.7
由层流变湍流的雷诺数	400

表 6-3 制动液相关参数

参数	数值
制动液密度	850kg/m³
制动液黏度	42.5mm²/s
制动液体积模量	1700MPa
制动液平均工作温度	40℃

表 6-4 制动轮缸相关参数

参数	数值
活塞直径	35mm
活塞质量	0.5kg
制动盘间隙	0.25mm
等效弹簧刚度	2.5×10^6 N/m
等效阻尼系数	1.1×10^7 N·s/m

设立可变恒压源，使得电磁阀两侧的跨阀压差始终保持在 20MPa，PWM 控制频率 400Hz，控制电压为 12V。以 1% 的增幅从 0 开始调整输入电磁线圈的占空比数值，遍历从 0% 到 100%，记录电磁阀的电磁力、线圈电流、阀芯位移和流量特性，得到数值求解的结果如图 6-29～图 6-32 所示。

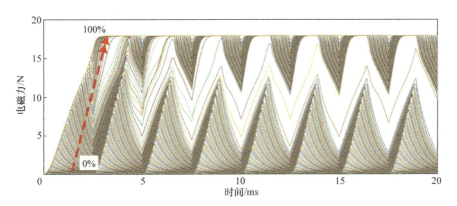

图 6-29 占空比 0%～100% 电磁力数值求解结果

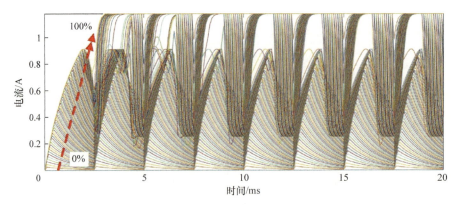

图 6-30　占空比 0%～100% 线圈电流数值求解结果

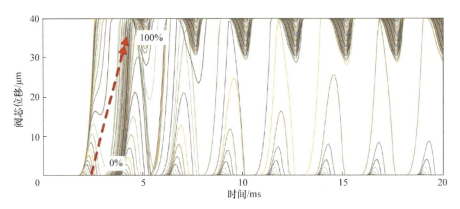

图 6-31　占空比 0%～100% 阀芯位移数值求解结果

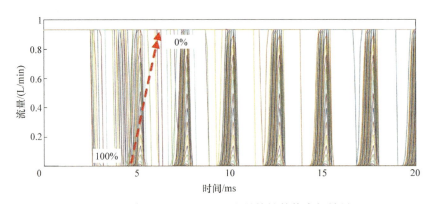

图 6-32　占空比 0%～100% 流量特性数值求解结果

通过对上述数值求解结果的简单分析可以得到，PWM 空占比从 0%～100% 过程中，电磁阀的运动可以分为四个阶段。

第一个阶段是占空比较小时（小于 50%），此时电磁力不足以克服静止状态下回位弹簧弹力和液压力的合力，电磁阀处于长开状态。

第二个阶段是随着占空比的不断增大（55%～60%），电流增加，电磁力增大，达到了回位弹簧弹力和压力的合力时，电磁阀在其上止点附件小幅度振动，但电磁力不足以将电磁阀完全关闭。

第三个阶段是随着占空比的进一步增大（65%~80%），电磁阀阀芯会克服回位弹簧和液压力的阻力，将电磁阀完全关闭，并在下止点附近振荡。

第四个阶段是随着占空比的再次增大（85%以上），电磁力远大于回位弹簧和液压力的阻力，将阀芯紧压在阀座上，而断电时间电磁力下降的最低值仍大于弹簧力和液压力的合力，电磁阀处于长关状态。

2. 电磁力累积效应分析

随着占空比的增加，电磁力的变化呈现了阶段化的特点。选择20%、50%、60%、80%、90%占空比驱动下电磁力的数值结果进行分析，如图6-33所示。

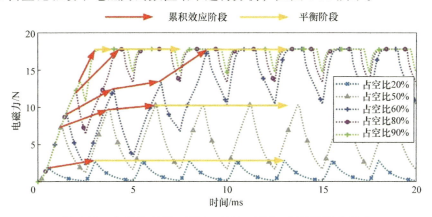

图6-33 占空比20%、50%、60%、80%、90%下的电磁力

根据结果可以得出，不同占空比下，当电源接通初始时，电磁力按照完全一致的速率迅速上升。当电源切断时，电磁力下降速率则根据电磁力的不同而不同，电磁力越大，则其下降速度越快。

当占空比较小时，电源切断时间内（设为T_{NC}）电磁力将完全释放为0，下一个控制周期又从0开始增加，如20%占空比下的控制结果。

当占空比逐渐增加时，电源导通时间（设为T_C）增加，电磁力增加的数值也随之增加，但由于T_{NC}缩小，在T_{NC}时间内电磁力将无法完全释放为0，那么下一个周期的电磁力初值则不为0，在相同的T_C时间内，电磁力的终值将高于上一个周期，由此出现了电磁力的累积效应，该累积效应随着占空比的增加而增加。但由于电磁力增加后，在T_{NC}时间内的电磁力释放速率也增加了，因此经过几个周期的终值和释放速率同时增加后，二者达到了平衡。也即每个周期的电磁力初始值和最终释放后的终值相等，电磁力的累积效应结束，如50%占空比的控制结果。

当占空比进一步增加后，T_C时间内电磁力的终值显著增大，而T_{NC}显著减少，电磁力的释放不及时，电磁力的累积效应越发剧烈，经过几个周期的累积，达到了电磁力的峰值，此时线圈电流最大，气隙最小，电磁力和线圈电流均达到了饱和，占空比越大则饱和出现的时间越早。电磁力饱和后，此后的所有周期，电磁力在饱和区域附近呈现了有规律的振荡。占空比越大，电磁力的振荡越小，如60%、80%、90%占空比的控制结果。

由于电磁力的累积效应，电磁阀在控制开始的前几个周期可能没有动作，随着电磁力逐渐累积增加，几个周期之后，电磁阀开始动作，占空比越大，开始动作所需时间越短。为了使得结果更加准确并具有代表性,选择 10ms 作为判定阀芯动作和不动作的界限,在 10ms 内阀芯位移可以达到最大值的,认为其对应的占空比为可使得阀芯动作的占空比。

3. 电流平均值与饱和效应分析

通过前面的分析可知,电磁力具有周期的累积效应,该累积效应的产生与线圈电流和阀芯位置直接相关。在占空比很小时,阀芯不动,该累积效应仅由电流直接决定,则此时电流必然出现了与电磁力相同的累积效应。当阀芯移动时,气隙变短,电磁力与二者同时相关,数值结果如图 6-34 所示。

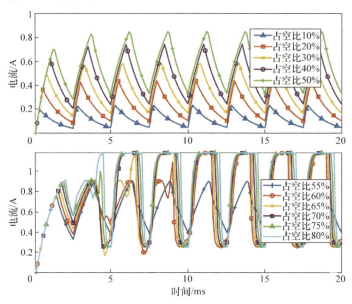

图 6-34　占空比 10%～50%、55%～80% 下的线圈电流

根据数值求解的结果,线圈电流变化可以按照两个阶段分析。第一个阶段是在小占空比区间,阀芯没有动作或动作微小,此时气隙的改变也比较微小,电流在前几个周期出现与电磁力相同的累积效应,随后经过数个周期的调整,达到增减平衡,如图 6-34 中 10%～50% 占空比的结果。但不同的占空比下,最终达到的平衡状态不同。占空比越大,电流的平均值也越大。在 T_C 和 T_{NC} 时间内,电流在各自占空比对应的平均值附近振荡。

随着占空比的不断增加,电流平均值不断增大,相应的电磁力也不断增加,带动阀芯运动,使得气隙出现了明显的缩小,此时电流的特性出现了明显的变化,进入第二阶段。首先是电源导通时,不同占空比下电流增加的曲线基本吻合,电流均达到饱和电流。其次是电源切断时,与电流增加过程类似,不同占空比下电流降低后的最低值也基本相同,出现了电流降低的类"饱和"现象。根据数值求解结果,该阶段不同占空比下线圈电流之间的不同仅存在于饱和电流的持续时间上。与上个阶段类似,电流的平均值同样随着占空比的增加而增加。

根据上面的分析过程,无论占空比处于怎样的区间,在控制开始的几个周期内,电流均处于累积过程,经过数个周期的调整后,小占空比控制的线圈进入累积平衡状态,大占空比控制的情况进入饱和平衡状态。为了分析在累积过程和平衡过程占空比与平均电流的关系,对第一个周期内和最后一个周期内的电流平均值进行计算，计算的结果如图6-35所示。

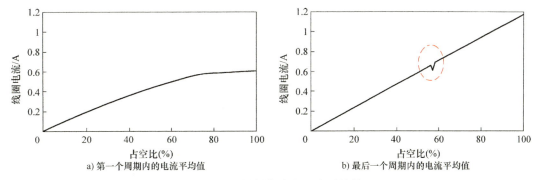

图 6-35　不同周期内的电流平均值

在控制第一个周期内，电流平均值之间除了单调增长没有明显的数学关系。而当电流进入稳态后，无论是累积平衡状态，还是饱和平衡状态，占空比与平均电流之间存在着明显的线性关系。在两个平衡状态之间存在一个过渡区域，该区域是两种平衡状态均存在的区域。由于在过渡状态下，其达到平衡状态需要更长的时间，因此在计算的最后一个周期内（17.5~20ms），电流仍处于累积效应过程，使得其电流平均值低于预期，如图6-35b中画圈部分所示。

4. 可用占空比区间分析

根据电磁力的累积效应和饱和效应，基于电磁阀的动力学方程，可以推测，阀芯位移也存在累积效应和饱和效应。选择代表性占空比的计算结果如图6-36所示。

按照10ms内阀芯达到最大位移作为划分的标准，可用占空比的最低值为60%。随着占空比的增加，阀芯位移达到最大值的时间不断缩短，并在其最大值附近小幅度振荡。当占空比高于85%时，在电源断开的时间内，电磁阀阀芯没有动作。

根据求解结果，可以认为在常规控制方法下，电磁阀的可用控制占空比区间为60%~85%。

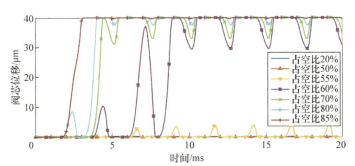

图 6-36　不同占空比驱动下的阀芯位移分析

5. 可用区间流量特性分析

根据可用占空比，将对应的电磁阀流量特性的计算结果绘制在图6-37中。从结果可知，电磁阀的流量特性将仅与电磁阀的开度有关，电磁阀开度越大，则其流量越大，同理对应的阀芯位移越大，则其流量越小。从计算结果可知，流量特性没有明显的累积效应，只有在电磁力进入饱和平衡区域之后，其流量特性才具有明显的规律性，在此之前其流量特性不稳定。

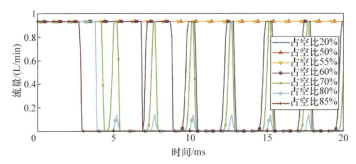

图 6-37　不同占空比驱动下的流量特性分析

在占空比 60%～70% 的区间，其流量特性可以实现在设计最大流量和最小流量 0 之间的切换，占空比大小影响最大流量持续的时间。70% 占空比以上，阀芯开度显著减小，节流面积缩小，其最大流量低于电磁阀的设计最大流量，随着占空比的增加，最大流量不断减小。电磁阀的流量与轮缸压力的变化率相对应，因此在可用占空比区间内，基本可以实现压力保持和最大增速的切换控制。

6.3.2　开关电磁阀高频 PWM 饱和先导流量控制方法

根据上面的分析过程，可以得到以下几个初步结论：

可用占空比区间内，电磁力、电流以及阀芯的位移均存在两个阶段，即累积效应阶段和饱和平衡阶段。占空比越大，饱和出现的时间越早。

在累积效应阶段，电磁力、电流和阀芯位移的关系较为复杂且没有统一的规律，预测困难。到达饱和平衡阶段后，电磁力、电流以及阀芯位移在不同的周期之间完全一致。

电磁阀的流量特性也存在两个阶段，第一个阶段其特性难以估计，到达饱和区域后，其变化特性单调一致，可控性强。

在可用占空比下的一段区域内，存在一部分占空比区间，如果给定充足的累积效应时间，该部分占空比控制下，电磁阀的各物理量也会进入饱和阶段，该部分占空比区间具有一定的利用潜力。

根据结论，累积效应阶段由于各物理量不稳定，可控性差，不是理想的工作区域。如果能够使得电磁阀快速进入饱和区域，就可以使得电磁阀的各个物理状态迅速实现有规律的一致可控。

在固定的 PWM 控制频率下，使电磁阀快速进入饱和区的唯一方法是提高占空比。

1. 饱和先导控制方法

根据上述分析，提高 PWM 控制信号的占空比到 100%，可以使电磁阀在一个周期（2.5ms）内即进入饱和区。但是 100% 占空比下电磁阀是完全关闭、不可控的。为了避免这个问题，提出饱和先导控制方法。

在控制信号的第一个周期内，给 100% 占空比的控制信号，使得电磁阀的所有物理量在一个周期内迅速进入饱和区域。

进入饱和区后，PWM 控制占空比切换至上面推导出的可用占空比区间，进行电磁的流量控制。

在每个控制周期内先执行断电时间 T_{NC}，再按照占空比执行导通时间 T_C，保证在每个控制周期最后电磁阀状态又回到了饱和位置，作为下一个控制周期的引导。

不失一般性，将各个物理量的变化过程假设为线性增减，其控制思路如图 6-38 所示。

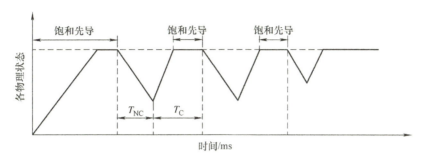

图 6-38 饱和先导控制方法控制思路

根据上述的电磁阀饱和状态下的各物理量的变化规律，在饱和先导控制方法下，阀芯从完全关闭的极限位置开始运动，可以看作是电源导通时间和关断时间调换的 PWM 控制方法，即从饱和位置开始，先进入 T_{NC} 时间，再进入 T_C 时间。T_{NC} 时间内电磁阀离开极限位置，电流减小，电磁力减小，阀芯开度增加。而在 T_C 时间内，电磁阀调转方向，电流增加，电磁力增加，阀芯开度减小，向饱和位置运动。通过这样的控制过程，每个控制周期的结束时刻，电磁阀均回到饱和位置，引导下一个控制器的电磁阀运动。根据前面的分析结果，从饱和位置出发的电磁阀运动，在控制周期间的一致性良好，而且与占空比存在明显的单调关系。这种控制周期开始和结束时刻都在饱和位置的控制方法，被称为饱和先导控制方法。

2. 饱和先导控制效果仿真

按照饱和先导控制方法调整控制信号的输入方式，在可用占空比区间内，对电磁阀的运动情况进行仿真研究。电磁阀两侧的压差仍然设置为 20MPa，控制信号的频率设定为 400Hz，占空比的遍历区间选择 60%～85%，电磁阀各物理量的仿真结果如图 6-39 所示。

从仿真结果可以看出，在饱和先导控制方法下，电磁阀的所有物理量在第一个周期内迅速进入饱和，随后的所有周期均维持了完全一致的变化规律，在 T_{NC} 时间内离开饱和位置，在 T_C 时间内回到饱和位置，并在饱和位置持续到周期结束，而且占空比越小，其在饱和位置停留的时间越短。

计算饱和区域内各物理量的平均值，如图 6-40 所示。根据计算结果，电磁力、阀芯位移的平均值与占空比均不存在线性关系，而线圈平均电流与占空比之间的线性关系较为明显。控制输出即流量特性，在 60%～80% 的范围内基本也为线性关系。由于流量特性对应轮缸压力的变化率，根据仿真的结果推断，在占空比 60%～80% 之间，可以线性地调节压力的变化。

根据图 6-40，在可用占空比区间内，每个控制周期仍有部分时间处于完全饱和状态，说明在饱和先导控制方法下，在原普通 PWM 控制方法可用占空比的区间下方，本属于不可用占空比的区间范围内的部分占空比数值，可以拓展为可用占空比区间。

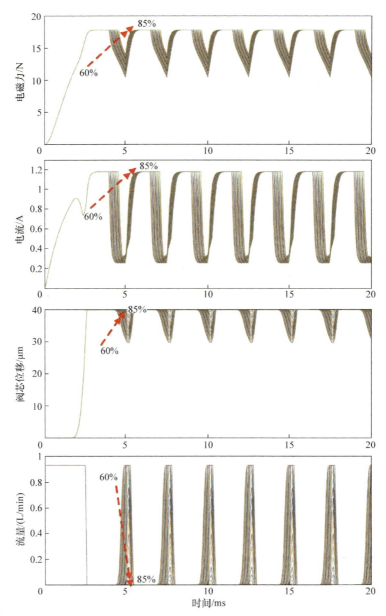

图 6-39 饱和先导控制方法仿真结果

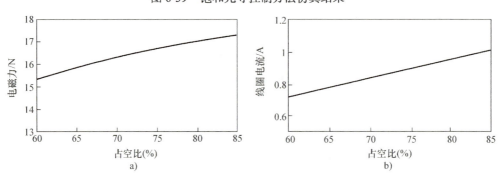

图 6-40 各物理量占空比 - 平均值关系

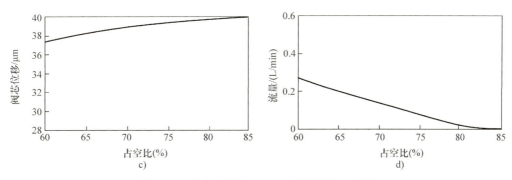

图 6-40　各物理量占空比 - 平均值关系（续）

3. 可用占空比区间拓展

根据上面的分析，降低仿真分析的控制输入占空比为 40%～60%，观察各物理量的仿真情况。根据仿真结果，当占空比低于 47% 时，电磁无法再恢复至饱和位置，经过几个周期的振荡后，电磁阀回归到传统控制方法的累积平衡状态。根据仿真结果可知，饱和先导控制方法的占空比下限可以拓展到 47%。选择阀芯位移作为代表性结果如图 6-41 所示，重新计算各物理量的周期内平均值如图 6-42 所示。

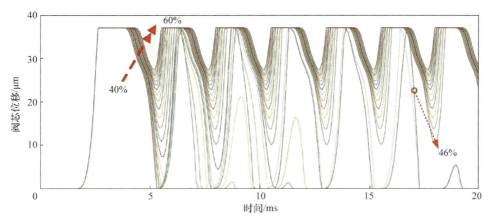

图 6-41　饱和先导控制下 40%～60% 占空比内阀芯位移的求解结果

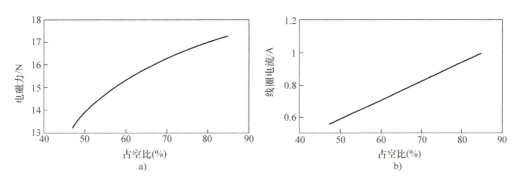

图 6-42　拓宽占空比区间后各物理量占空比 - 平均值关系

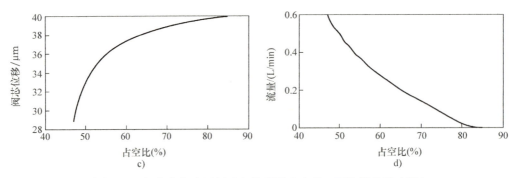

图 6-42 拓宽占空比区间后各物理量占空比 - 平均值关系（续）

根据仿真结果可知，拓宽占空比区间后，电磁力、阀芯位移以及流量的平均值与占空比已经完全不存在线性关系了，电流仍然保持良好的线性关系。平均流量与占空比之间呈现了分段线性的关系，在47%～55%及55%～85%两个区间内，可以分别进行线性拟合。该拟线性关系可以作为开环控制的参考模型，是压力控制设计的重要依据。

4. 混合高频压差修正方法

在上述分析过程中，始终保持电磁阀两侧的压差在20MPa，然而高压蓄能器在实际工作中的压力是逐渐降低的，直至达到其最低允许压力8MPa，柱塞泵重新对高压蓄能器进行增压。当蓄能器中的压力减小时，其相应的静态液动力也随之减小。由于液压力的减小，驱动阀芯运动的最小电磁力减小，对应平均电流可以随之减小，因此可用占空比区间的下限降低。同理，从饱和区域离开饱和位置时所需的电流也减小，这需要给电磁线圈更多的 T_{NC} 时间，因此可用占空比的上限也随蓄能器压力的减小而减小。

解决上述问题的主要思路是，降低饱和状态的电流大小，使得饱和电磁力减小，减小幅度与液压力的降低量级相等，改变饱和状态的出现位置。降低线圈电流，一种方法是改变线圈内阻的大小，另外一种思路是提升载波信号的频率到4kHz超高频，用较高的占空比将电流维持在一个较低的水平。

对于改变线圈内阻的做法，需要根据蓄能器的压力值动态改变串联电阻的电阻值，理论上可行，但难以工程实现，且存在电阻大量发热问题。而PWM变频控制技术目前已经成熟，并且有多个集成电路芯片支持这样的控制方式。

如图6-43所示，在4kHz下线圈电流在平均电流附近以极小振幅振荡，电流的平均值随占空比的增加而增加。其稳定的电流值可以作为不同压差下达到饱和时的电流值，因此按照这样的思路对饱和先导法进行修正。

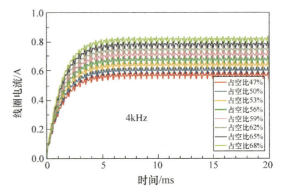

图 6-43 4kHz下线圈电流分布

如图6-44所示，在 T_C 时间内，回到饱和位置的过程采用400Hz高频控制，使得电流值增加迅速。当电流值达到当前压差对应的饱和值时，切换控制频率为4kHz超高频率，使电流值停止增加，保持稳定，直至下一个 T_{NC} 时刻。采用超高频载波信号的另一个好处是由于饱和位置不是长通电状态，其平均电流随着饱和位置的下降而下降，有利于减小电磁阀本身的电力消耗。

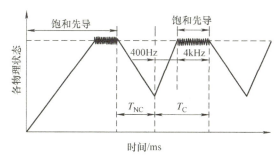

图 6-44　混合高频修正方法

6.3.3　高频 PWM 饱和先导流量拟线性控制台架试验

在电磁阀流量特性测试试验台上对设计的饱和先导控制算法进行试验验证，电磁阀流量特性测试试验台主要通过输入不同的控制占空比和高压压力，对电磁阀的流量特性以及轮缸压力 - 容积（Pressure-Volume，PV）特性进行测定。

1. 电磁阀流量特性测试试验台

电磁阀流量特性测试试验台由三部分组成，分别是液压控制单元测试油路、数采与驱动子系统和高压供给子系统，如图 6-45 所示。

a) 液压控制单元测试油路

b) 数采与驱动子系统

c) 高压供给子系统

图 6-45　电磁阀流量特性测试试验台

液压控制单元测试油路由制动轮缸钳盘总成、多个流量和压力传感器、液压控制单元、高压供油与回油以及连接各部分的油路开关组成。高压供油油路提供了制动液的来源，用来替代方案中的高压蓄能器，便于试验压力的控制。流量传感器对管路中的制动液流量进行测定，压力传感器安装在制动钳盘总成中，对制动轮缸中的压力进行测定。数采与驱动子系统由工控机及 Labview 商业软件、稳压电源、数采单元等组成，主要负责上述传感器的数据采集。高压供给子系统由泵油电机、高压蓄能器、储油箱和冷却室等组成，可以模拟方案中的高压蓄能器，其输出的制动压力是实时可调的。

2. 电磁阀流量特性测试试验

在 20MPa 恒定压差下，通过饱和先导法，对轮缸增压阀施加 47%～85% 连续的占空比驱动信号，通过电流传感器对线圈电流进行监测，通过流量传感器对电磁阀流量进行采集，试验结果如图 6-46 及图 6-47 所示。

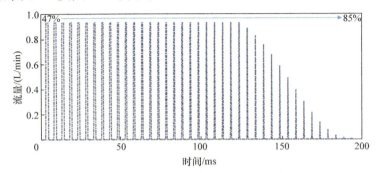

图 6-46　47%～85% 线圈电流台架试验结果

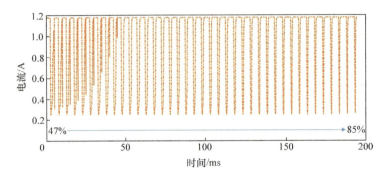

图 6-47　47%～85% 流量变化台架试验结果

根据试验结果，随着控制占空比的增加，电流逐渐变大，饱和电流持续时间变长，流量逐渐变小，当占空比大于 70% 时，流量峰值小于电磁阀可达到的最大值，并随着占空比的增加而降低。对每个占空比内的平均流量进行计算，并与仿真结果进行比较，结果如图 6-48 所示。

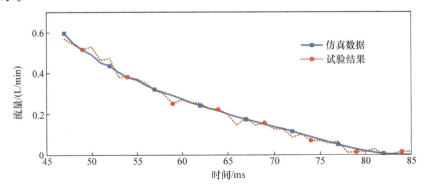

图 6-48　轮缸增压阀流量特性台架试验结果

根据试验结果，在饱和先导法控制下，平均流量随占空比增加而减少，并且其变化趋势与占空比控制值之间存在了线性度较高的拟线性关系。通过这样的对应关系，可以在每个周期内实现较为精确的流量控制，并作为压力控制的重要开环参考值。

流量控制与压力控制之间的转换方法主要通过轮缸的 PV 特性实现。通过上述流量特性测试试验台，对典型的车用前后轮缸的 PV 特性进行测定，结果如图 6-49、图 6-50 所示。

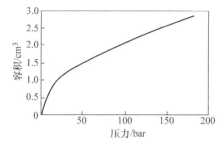

图 6-49　前轮轮缸 PV 特性曲线

注：$1bar = 10^5 Pa$。

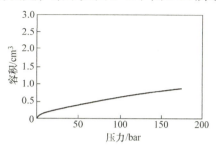

图 6-50　后轮轮缸 PV 特性曲线

6.4　针对 EEHB 的自适应增益规划闭环压力控制

开关电磁阀作为流量调节单元，主要通过控制信号动态调整阀芯开度，实现不同的平均流量。但是流量特性仅反映容性腔体体积的变化，并不能等效为系统内压力的变化。由于车用制动系统的控制目标及状态反馈均限制为轮缸中的制动压力，因此必须对制动轮缸体积变化与压力的对应关系展开研究，并基于前文的拟线性流量控制方法研究制动系统的压力控制方法。

此外，EEHB 系统内存在的动态高压源，在开关电磁阀两侧形成波动变化的高背压，相比于 ABS 和 ESC 系统，其工作环境发生了本质的变化。研究高精度、增减平滑的闭环压力控制方法对于保证制动安全性、提高回馈制动能效与减小制动冲击至关重要。

6.4.1　自适应增益规划闭环压力控制机理分析

在前面的分析过程中，通过对电磁阀数学物理方程的数值求解和各物理量变化规律的分析，提出了饱和先导与混合高频压差修正结合的底层控制方法。该方法实现了 PWM 控制占空比与平均流量间的拟线性控制关系，理想状态下，通过调节 PWM 占空比，可以实现高精度的流量控制，高精度的流量控制是高精度压力控制的核心与关键。

下面基于控制信号占空比与平均流量之间的对应关系，设计电磁阀的前馈压力控制方法。针对建模不精确及环境变化等引起的扰动，设计压力闭环反馈控制方法，对开环控制命令进行修正，增强系统的鲁棒性。针对高背压引起增/减超调，提出相应的压力振颤抑制方法。

1. 自适应增益规划闭环压力控制结构

本研究提出的闭环压力控制结构如图 6-51 所示，整个控制系统由开环控制模块、闭环控制模块、底层控制模块以及控制对象组成，其中控制对象为电磁阀、管路、制动轮缸以及制动器等组成的液压制动系统。

开环控制模块根据目标制动力 P_{tgt} 和高压蓄能器的压力 P_{acc} 计算开环前馈的 PWM 控制信号占空比；闭环控制模块以当前轮缸制动力和目标制动力之间的偏差作为控制输入，通过 PD 控制器的设计，对前馈占空比的参考值进行修正；开环控制器和闭环控制器共同构成了上层控制器，主要完成 PWM 占空比参考值的计算。

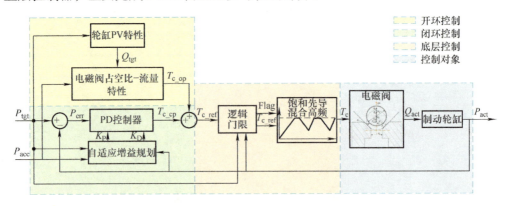

图 6-51　制动压力自适应增益规划闭环控制框图

底层控制器首先通过逻辑门限法判断当前的轮缸压力状态，对系统的增 - 减 - 保状态切换进行决策，避免过度增/减压导致的压力振颤。其次利用提出的饱和先导控制方法产生实际的电磁阀驱动信号，并通过混合高频修正方法，对饱和位置进行实时修正。

2. 开环前馈控制器

在车用制动系统中，平均流量的累积引起轮缸活塞内体积的变化，而体积的变化使得轮缸制动压力发生变化。一般轮缸的 PV 特性可以通过试验的方法进行测定，也可以通过经验公式的方式进行表示，再对系数进行标定。

$$P_{i,j} = a_1 V_{i,j}^3 + a_2 V_{i,j}^2 + a_3 V_{i,j}, \quad i,j = 1,2 \tag{6-28}$$

式中，$P_{i,j}$ 为各轮缸制动压力；$V_{i,j}$ 为各轮缸制动容积；a_1、a_2、a_3 为经验系数。

$$V_{i,j} = V_{i,j}(0) + \int Q_{act} dt, \quad i,j = 1,2 \tag{6-29}$$

式中，$V_{i,j}(0)$ 为各轮缸初始容积；Q_{act} 为电磁阀实际流量。

开环控制通过式（6-28）表示 PV 特性和目标制动力 P_{tgt} 计算目标轮缸容积，再通过式（6-29）计算目标体积变化速度，也即电磁阀的流量 Q_{tgt}。在目标流量 Q_{tgt} 基础上，可以通过 6.3 节中得到的占空比 - 平均流量特性计算出目标流量下的开环控制占空比 $T_{c\text{-op}}$。

3. 闭环反馈控制器

为了消除环境及制造装配等导致的开环控制偏差，增强控制系统的鲁棒性，基于经典的 PID 控制器中的 PD 项设计了闭环控制器的结构。PD 控制器的输入为轮缸目标值与轮缸实际压力的偏差 P_{err}，通过 PD 控制器计算出占空比的闭环修正量 $T_{c\text{-op}}$。

在控制器设计时没有加入积分项，主要是因为电磁阀的控制变量是流量，但由于系统硬件的限制，制动系统只能选择压力作为输出反馈值。而根据上面的推导，压力值可以等效为流量的积分，PD 控制器对于内环中的电磁阀控制系统已经相当于传统的 PI 控制器，如果控制器中再加入积分 I 项，将使得内环电磁阀闭环控制系统的阶数再次升高，降低系统稳定裕度，进而可能导致系统不稳定。此外传统 PID 控制器中的积分项主要用于消除稳态误差，在一般控制系统中，稳态误差的期望值均为零，但是在 EEHB 系统中，控制信号以离散周期的形式实施，周期内无法立即变化占空比。而高背压使得单位周期内的压力波动巨大，因此，如果以零稳态误差作为控制目标会导致增/减压超调严重，致使系统在增减压之间频繁切换，从而导致轮缸压力的剧烈振颤。为了避免这个问题，在设计压力闭环控制算法时，在目标调节精度（0.1MPa）内的稳态误差是允许存在的，用逻辑门限值法来替代积分项，控制增-减-保状态的切换，能够显著提升系统的稳定性。

由于 EEHB 系统的高压蓄能器的压力变化范围大（8～20MPa），轮缸的目标值变化范围也很大，因此要通过控制 PWM 信号实现不同的电流平均值，使得系统可以在多个位置达到平衡，只用一组比例-微分增益（K_P, K_D）局限性很大。根据当前的高压蓄能器压力和轮缸的实时压力，自适应动态地规划 PD 控制器的控制增益将显著提高系统的鲁棒性，增益规划的规则通过台架试验的方式进行测定和调试，形成与电磁阀压差对应的参数查表函数。对于中间状态，一般采用插值方法求得其规划值，通过试验测定的增益规划规则见表 6-5。

表 6-5 增益规划规则

电磁阀压差/MPa	K_P	K_D
1	5.0	0.01
2	4.7	0.2
3	4.2	0.3
4	3.8	0.47
5	3.2	0.59
6	3.0	0.62
7	2.2	0.85
8	1.4	0.93
9	1.1	1.17
10	1.04	1.34
11	1.0	1.49
12	0.85	1.61
13	0.7	1.77
14	0.62	1.83
15	0.4	1.96
16	0.25	2.3

4. 逻辑门限值法振颤抑制

PID 控制器在进行轮缸压力增-减-保状态的切换时，按照目标压力值和实际压力值之差 P_{err} 的符号作为切换的依据。但是在最大 20MPa 高压蓄能器压力下，如果在 P_{err} 的符号改变时改变控制状态，由于延迟和周期性离散控制特性，必将导致系统的严重超调，即过度增压或过度减压。同时 P_{err} 的符号在一个周期内发生变化时，通常会导致其对时间的导数很大，从而使得电磁阀反向控制增益过大，系统将会在过度增压和过度减压间进行高频切换，并带有较大的超调量，系统发生剧烈振颤。

为了避免这种现象的发生，引入逻辑门限值控制方法，在一定的范围内，允许微量稳态误差的存在，使得系统的调节更加平顺。逻辑门限值控制方法的系统框图如图 6-52 所示。

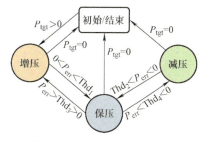

图 6-52 逻辑门限值控制框图

其中 Thd_1 ~ Thd_4 为四个门限值，一般设置为目标制动系统需要达到的控制精度即可，在本研究中，$Thd_1 = 0.05$、$Thd_2 = -0.05$、$Thd_3 = 0.1$、$Thd_4 = -0.1$。

6.4.2 压力闭环控制硬件在环试验及实车测试

为了对闭环压力控制效果进行验证，在控制算法设计完成后，进行了大量的台架测试及实车路试。对控制参数进行反复的调试和标定，并通过对比控制算法结果，验证了所提出的控制算法的优越性。

在台架测试方面，测试内容包括压力跟踪精度测试，制动能量回收典型工况测试等。在路试方面，测试内容包括模拟自动紧急制动系统（AEB）的阶跃响应测试和制动能量回收循环工况测试。

1. 压力闭环控制硬件在环系列测试

（1）斜坡与正弦曲线压力跟踪试验

通过设计斜坡与正弦曲线组合的轮缸制动压力目标，完成轮缸压力跟踪的台架试验。轮缸目标制动压力分为四个阶段，如图6-53所示。

1）阶段一目标压力是斜坡增加的，增速为2MPa/s，持续时间1.5s。
2）阶段二为压力保持阶段，持续时间2s。
3）阶段三为正弦曲线目标值阶段，周期为4s，共计两个周期。
4）阶段四为目标压力斜坡降低的，速率为-2MPa/s，持续时间1.5s。

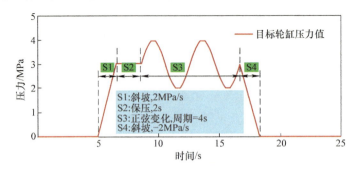

图6-53 斜坡与正弦曲线压力跟踪试验目标值和四个阶段

为了对设计的自适应增益规划控制器的有效性进行验证，选择经典的PID控制器为对照，进行同样工况的试验。传统的PID控制器没有本研究设计的开环控制中轮缸的PV特性和电磁阀流量特性，其底层控制算法为电流限压差控制算法，其控制器参数经过台架测试标定，并尽可能使轮缸压力跟踪目标压力值。传统PID控制试验和自适应增益规划控制试验的压力跟踪结果分别如图6-54和图6-55所示。

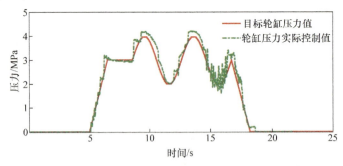

图6-54 传统PID控制器电流限压差控制算法试验结果

根据试验结果可得，传统的PID电流限压差控制器在一定程度上可以实现压力的跟踪，但是跟踪的精度较差，尤其是当实际值与目标值比较接近时，即稳态误差接近于零时，制动系统出现了在增压和减压之间的频繁往复高频切换，并导致了压力的高频振颤，制动管路内压力随之出现大幅波动。由于增压超调和减压超调之间频繁往复切换，导致单次调节的制动液流量回流至油壶较多，进而造成高压蓄能器内压力损失过多，油泵打压频繁，使得高压蓄能器和泵油电机的寿命下降。此外，PID 控制器在初期能够实现较好跟踪效果，但随着试验过程的持续，后期控制效果变差。主要原因是随着高压蓄能器的压力和轮缸压力的变化，固定增益的 PID 控制器无法实现全局最优的控制效果。

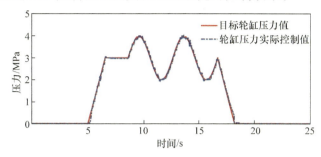

图 6-55 饱和先导自适应增益规划控制算法试验结果

而基于自适应增益规划控制算法的压力跟踪试验实现了良好的压力跟踪控制，轮缸实际压力曲线与目标压力曲线吻合度很高，对角斜坡增减及正弦变化的目标制动力均能实现高精度的跟踪。由于逻辑门限控制的存在，增压和减压会在超调出现前完成系统的控制状态切换，因此整个过程中没有压力振颤的发生，压力控制较为平滑。此外，得益于自适应调整的控制增益，高压蓄能器及轮缸内压力的波动对控制效果没有影响。

为了对不同控制方法下的控制效果进行定量评价，选择轮缸目标值与实际控制值的均方根误差作为评价指标。

通过计算，经典 PID 控制方法下的压力调节均方根误差为 0.2393MPa，而自适应增益规划控制方法下的压力调节均方根误差提升到了 0.0641MPa，相比前者，调节精度提升了 73.2%。

试验过程中增-减-保控制状态及进出油阀的控制占空比的试验结果如图 6-56 所示。其中，对于控制状态，保压为 0，增压为 1，减压为 2。控制占空比分别对应轮缸进油阀和轮缸出油阀的控制命令。根据试验结果，在每个增压过程的开始，均存在时长为一个周期的 100% 占空比，即饱和先导底层控制中的先导控制值。

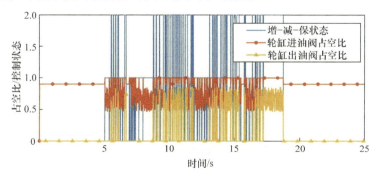

图 6-56 自适应增益规划控制算法控制信号及占空比试验结果

为了对控制算法的鲁棒性做进一步的验证，选择同路的两个轮缸作为研究对象，同时为两个轮缸设计不同的目标制动力曲线进行压力跟踪试验，两轮压力跟踪的试验结果如图 6-57 所示。

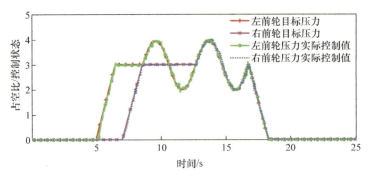

图 6-57　饱和先导自适应增益规划控制算法双轮跟压试验结果

试验工况设置左前轮的跟压目标值与上述单轮跟压目标值完全相同，而右前轮的目标压力值的增加晚于左前轮，左前轮和右前轮的目标制动压力同时到达 3MPa，此后右前轮进入保压状态，直到与左前轮同时进入最后一个周期的正弦压力跟踪，最后一个阶段，两轮同时进入减压过程。

根据试验结果，两个轮同时进行跟压试验时，压力跟踪的效果也良好，没有高频振颤的发生，压力调节过程平滑。左前轮压力调节导致的压力波动对右前控制算法的控制效果没有明显的影响，反之亦然，系统的鲁棒性较强。

（2）典型制动能量回收工况试验

以 75km/h 的制动初速度进行典型"一脚制动"即中等制动强度工况的硬件在环试验。试验中所用的车辆动力学模型、电机模型、电池模型等按照相关工作基础进行建立，并在 dSPACE 中实时运行。试验中所采用的电动车辆平台的相关参数见表 6-6。

表 6-6　采用的电动车辆平台的相关参数

部件	参数名称	数值
整车	满载质量	1360kg
	前轮距	1550mm
	后轮距	1565mm
	减速器速比	7.23
	迎风截面积	2.28m²
	正向风阻系数	0.28
	有效滚动半径	0.28m
	前后轴距	2.62m
	质心高度	495mm
电机	最大转矩	145N·m
	额定功率	22kW
	峰值功率	60kW
电池	满电电压	337V
	满电容量	72A·h

典型制动能量回收工况试验结果如图 6-58 所示。在 0～2.5s，车辆自由滑行，此时电机施加一个大小为 18N·m 的回馈制动力矩，模拟传统内燃机车辆的反拖制动，提供相似驾驶感受的同时，提高能量回收效率；从第 2.5s 开始，驾驶员踩下制动踏板。此时电机回馈制动力矩迅速增加，单独承担制动需求，此时目标液压制动力和实际液压制动力均为 0。

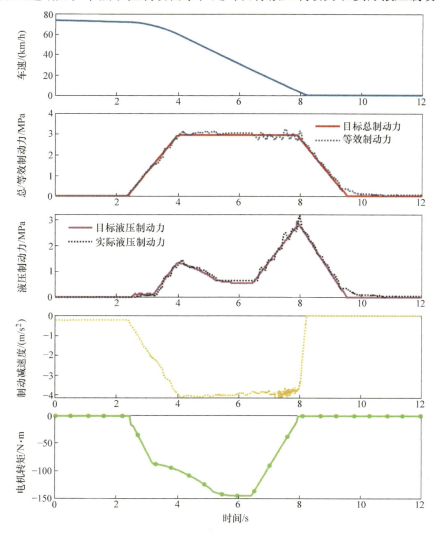

图 6-58　综合优化策略常规制动试验结果

随着制动强度增加和车速的降低，在第 3.2s 左右时，到达了对应车速下电机的回馈制动力矩的极限值，根据控制策略，由液压制动力补充电机制动力不足部分，此时目标液压制动力开始上升，同时实际液压制动力在控制器的控制下，跟踪目标压力值，直到第 4s 时，总制动需求达到了最大值；此后随着车速的进一步降低，根据电机外特性，其最大可执行回馈转矩继续增加，而总制动需求保持不变，因此为了最大化能量回收效率，从第 4s 开始，目标液压制动力出现了下降，实际液压制动力在控制算法的控制下降低，跟踪目标压力值，直到电机到达其最大可执行回馈制动力矩，电机回馈力矩和液压制动力均进入了保持状态；第 6.5s 时，车速到达 20km/h，继续降低车速，电机的回馈转矩将进入不稳定区域，根据回馈制动控制策略，需要将回馈转矩以固定斜率退出，同时，目标液压制动力增加，补充总制动需求与电机回馈制动力之间的差值，直到第 8s 车辆完全停止。整个减速过程中，制动减速度变化平滑，未出现明显整车冲击。此外，等效制动力与目标总制动力之间吻合得很好，不仅证明了回馈制动算法的有效性，也证明了自适应增益规划的压力高精度控制。

2. 压力闭环控制实车测试

设计如下两个试验，对搭载了 EEHB 线控制动系统的纯电动汽车进行测试。首先通过静态轮缸压力阶跃响应试验，对模拟 AEB 工况下，轮缸中压力响应时间进行测试。其次通过实车道路测试系统，对基于压力闭环控制算法的回馈制动控制策略的能效改善效果进行验证。

（1）轮缸压力阶跃试验

在智能驾驶与高级辅助驾驶功能中，AEB 功能需要车轮能够在最短的时间内到达最大制动压力，缩短制动时间。为了对 EEHB 的快速增压能力进行测试，设计了轮缸压力阶跃试验。

在不同的高压蓄能器初始压力下，模拟 AEB 在时间 $t = 5s$ 时激活。此时全开轮缸进油阀，对轮缸内压力变化进行测定，并监测压力达到 8MPa 的时间，试验的结果如图 6-59 所示。

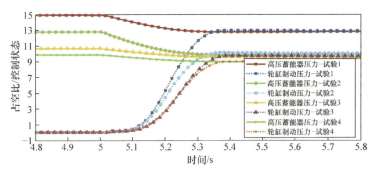

图 6-59 轮缸压力阶跃试验结果

在 15MPa、13MPa、11MPa 和 10MPa 初始压力下，轮缸压力达到 8MPa 的时间分别是 230ms、255ms、295ms 和 305ms，相比于传统的 ESC 的主动增压时间 600ms，时间缩短了 50% 以上。

（2）驾驶循环工况试验

上文硬件在环测试的典型制动过程的试验结果反映了闭环压力控制的高精度效果，同时也对一次制动过程中，可回收的能量占总动能的百分比进行了测定。但是其试验结果表征的只是制动能量回收系统的回收能力，为了更加清晰地展示制动能量回收系统对于车辆续驶里程的改善，需要按照标准工况对车辆的回馈制动策略进行试验，因此通过转鼓试验台，选择欧洲经济委员会（Economic Commission for Europe，ECE）驾驶循环工况，对搭载了 EEHB 的测试车辆进行了基于驾驶循环工况的测试。以电池 50% SOC 为初始测试条件，进行连续四组测试并取平均值，车速跟随曲线如图 6-60 所示。

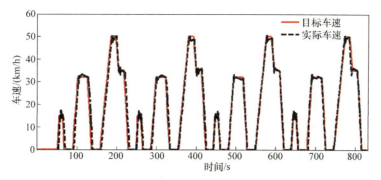

图 6-60 ECE 驾驶循环工况车速跟随效果

选择"制动能量回收对整车能效改善率"指标来表示回馈制动对电动汽车续驶里程的延长率,其计算方法为

$$\delta_{\text{reg}} = \frac{\eta_{\text{charge}}\, \eta_{\text{discharge}}\, E_{\text{reg}}}{E_{\text{drv}}} \times 100\% \quad (6\text{-}30)$$

式中,η_{charge}、$\eta_{\text{discharge}}$ 分别为电池的充、放电效率;E_{reg} 为循环工况中直流母线处回收的能量;E_{drv} 为循环工况中驱动所用的总电能。

$$E_{\text{reg}} = \int_{t_0}^{t_1} UI\,\mathrm{d}t \quad (6\text{-}31)$$

$$E_{\text{drv}} = \int_{I \geqslant 0} UI\,\mathrm{d}t \quad (6\text{-}32)$$

式中,$I \geqslant 0$ 表征驱动过程电池放电。

经过计算,ECE 循环工况下,通过提出的制动能量回收控制策略,可以达到 26.7% 的续驶里程延长。

第 7 章

气压制动力控制方法

制动气室的压力调节效果直接影响气压制动与电机制动的协调控制效果,从而影响车辆的舒适性、稳定性,也会对制动能量回收效率产生影响。目前广泛应用的制动系统气压调节模块有电磁开关阀和比例继动阀。

7.1 气压制动力控制框架

7.1.1 基于模型的气压开环控制

基于气压制动系统模型的气压开环控制,如图 7-1 所示,控制器根据当前的制动踏板位置信号,以及整车需要的目标制动压力来控制高速开关阀调节制动气室气压。其最重要的部分在于对当前制动气室气压与下一步制动气压的估计,从而控制调节阀进行相应的增压、减压与保压操作。对于当前压力的估计,建立在每次高速开关阀增压、减压或保压动作对于气室压力的改变量,以及初始气室的压力上;对于初始制动压力,可以根据踏板位置进行判断;而对于高速开关阀动作对气压的改变量,则需要根据气压制动系统的模型,同时结合实际高速开关阀模型计算得到。

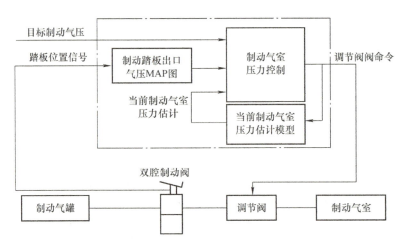

图 7-1 基于模型的气压开环控制

根据气压控制的目的，将制动气室的压力变化分为两个过程：气压预填充阶段和有效制动阶段。制动力矩的控制在有效制动阶段，而对于气压预填充阶段，则可以在初次增压前完成，这样可以进行简化对整个气压的控制，按照理想气体方程进行压力的调整。

7.1.2 基于压力反馈的气压闭环控制

基于传感器压力反馈的 PID 控制方法如图 7-2 所示，该方法根据实时反馈的制动气室压力控制高速开关阀，调节气室压力。

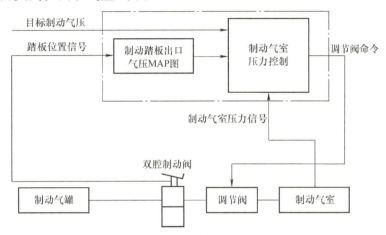

图 7-2 基于压力反馈的气压闭环控制

7.1.3 试验研究

为准确控制气压摩擦制动力，本节将利用制动能量回馈系统硬件在环试验台架，以真实的气压制动系统作为研究对象，对比分析两种控制策略下的气压调节效果。

如图 7-3 所示，在制动气室与储气罐之间串联一个高速开关阀，通过控制高速开关

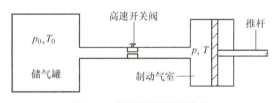

图 7-3 气压控制测试结构

阀的进气与排气达到调节制动气室气压的目的。这里选取了一个前轮制动气室作为研究对象，利用混合仿真平台中气压传感器等设备以及 dSPACE 公司生产的 ds1005 处理板作为控制器，以执行不同控制策略。

（1）基于模型的开环控制测试结果

每一个调节过程结束后，阀后气压 p 的变化与调节过程电磁阀开闭的时间和调节前的电磁阀前后压差有关。因此进行一组试验，标定电磁阀开闭时间对阀后气压的影响。图 7-4 记录了将进气电磁阀每 1s 打开 20ms 的气压上调试验结果。

通过以上的标定，得到一组制动压力与电磁阀动作的模型。

在以上基础上，通过图 7-3 的气压模型，将压力调节过程分为两个部分：气压预填充过程与压力调节过程。在首次对制动气室增压时，先进行气压预填充，以克服制动预紧力与制动器间隙；接着对制动气室气压进行基于标定模型的压力调节。利用控制器发出的目

标气压命令，考察实际系统的跟随效果，如图 7-5 所示。

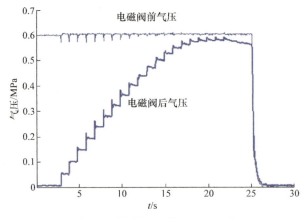

图 7-4　制动气室增压过程试验

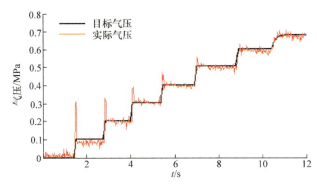

图 7-5　基于模型的开环控制结果

（2）基于气压信号反馈的闭环控制测试结果

利用制动能量回馈系统硬件在环试验台上现有的气压传感器测试制动气室气压，并反馈至控制器，通过 PID 进行气压跟踪调节，结果如图 7-6 所示。

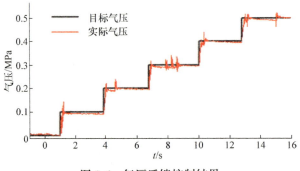

图 7-6　气压反馈控制结果

相对于原有标定的方法，基于模型的策略能够更加准确并且方便地对气压进行准确调节。同时基于模型的方法，更加准确地反映了气压制动系统的特性，对于同类型的制动系统具有通用性，适用于批量生产的车辆。

基于模型的策略与基于气压反馈的方法相比,两者调节精度相当,但基于模型的策略调节次数少,同时基于模型的策略不依赖气压传感器。由于目前气压传感器不太成熟并且成本高,因此基于模型的策略更加实用。

7.2 电磁开关阀的控制

7.2.1 电磁开关阀的建模与分析

电磁开关阀的响应特性对其跟随效果有很大的影响。同时由于采用 PWM 脉宽调制的控制方式,控制信号的频率选择也需要考虑电磁阀的响应速度。从阀本身结构角度来说,电磁开关阀的响应速度受电磁力响应、阀芯运动及气压建立等多个过程的影响。为研究这一过程,需要对电磁阀进行精确建模。根据上文对电磁开关阀的结构原理的分析,将电磁开关阀分为电路、磁路、机械、气路四个子系统,以图 7-7 所示的结构图,建立"电 - 磁 - 机 - 气"耦合动力学模型。

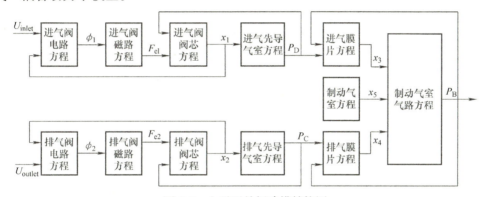

图 7-7 电磁开关阀建模结构图

U_{inlet}、U_{outlet}—进、排气阀控制信号 ϕ_1、ϕ_2—进排气阀磁路中磁通量
F_{e1}、F_{e2}—进排气阀芯电磁力 P_D、P_C—进排气先导气室压力 P_B—制动气室压力
x_1、x_3—进排气阀芯位移 x_2、x_4—进排气膜片位移 x_5—制动气室活塞位移

1. 电路系统

电路系统将控制电压信号转换为流经电磁阀线圈的电流,等效电路如图 7-8 所示。根据基尔霍夫电压定律可以得到电路系统的微分方程:

$$U = IR + N\frac{\mathrm{d}\phi}{\mathrm{d}t} \tag{7-1}$$

式中,U 为电磁开关阀驱动电压(V);I 为电磁阀线圈电流(A);R 为回路等效总电阻(Ω);N 为电磁阀线圈匝数;ϕ 为磁路中的测通量(Wb)。

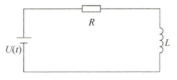

图 7-8 电磁开关阀等效电路

2. 磁路系统

电磁开关阀的等效磁路如图 7-9 所示。由磁路欧姆定律有：

$$F = NI = \phi R_m \tag{7-2}$$

式中，F 为磁路中的磁动势（A）；R_m 为磁路的总磁阻（A/Wb），由磁路中的铁磁材料磁阻 R_{mf} 与工作气隙磁阻 R_δ 组成，其计算公式如下：

$$R_m = F_{mf} + R_\delta = R_{mf} + \frac{\delta - x}{\mu_0 A} \tag{7-3}$$

式中，x 为气隙长度变化量；δ 为初始气隙长度（m）；μ_0 为空气的磁导率，值为 $4\pi \times 10^{-7}$（H/m）；A 为气隙处的横截面积（m^2）。

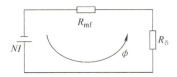

图 7-9 电磁开关阀等效磁路

阀芯外围的线圈通电后产生电磁力作用于阀芯。根据麦克斯韦电磁吸力公式有：

$$F_e = \frac{\phi^2}{2\mu_0 A} \tag{7-4}$$

3. 机械系统

机械系统包括进、排气阀芯及进、排气膜片，它们的位移决定了进排气口的面积，从而影响气体流量大小。另外进排气膜片的受力也决定了平衡状态下各气室的压力大小。下面分别以各自的初始位置为顶点，以通电后打开或闭合的方向为正方向建立坐标系，并进行受力分析。

分别以进气阀芯和进气膜片为例，其动力学平衡方程为

$$m_1 \frac{d^2 x_1}{dt^2} = F_{e1} + P_A A_1 - k_1(x_1 + x_{10}) - c\frac{dx_1}{dt} \quad (0 \leqslant x_1 \leqslant \delta_1)$$

$$m_3 \frac{d^2 x_3}{dt^2} = P_A A_{31} + P_B A_{32} - P_D A_3 - k_3(x_3 + x_{30}) - c\frac{dx_3}{dt} \quad (0 \leqslant x_3 \leqslant \delta_3) \tag{7-5}$$

式中，m_1、m_3 分别为进气阀芯和进气膜片的质量（kg）；x_1、x_3 分别为进气阀芯和进气膜片的位移（m）；k_1、k_3 分别为进气阀芯和进气膜片弹簧刚度（N/m）；x_{10}、x_{30} 分别为进气阀芯与进气膜片弹簧预压缩量（m）；δ_1、δ_3 分别为进气阀芯和进气膜片与阀座之间的间隙长度（m）；c 为阻尼系数（N/（m/s））；F_{e1} 为作用于进气阀芯的电磁力（N）；P_A 为气源压力（Pa）；P_B 为制动气室压力（Pa）；P_D 为进气先导气室压力（Pa）；A_1 为进气阀芯横截面积（m^2）；A_3 为进气膜片上表面压力作用面积（m^2）；A_{31} 为进气膜片下表面 A 气室压力作用（外环）面积（m^2）；A_{32} 为进气膜片下表面 B 气室压力作用（内环）面积（m^2）。

另外制动气室的体积变化等也对输出气压的响应有影响，因此还需要对制动气室进行

建模。将制动气室简化为图 7-10 所示的活塞结构，其运动方程为

$$m_5 \ddot{x}_5 = P_B A_5 - P_0 S_5 - k_5 x_5 - F_0 \quad (7\text{-}6)$$

式中，m_5 为活塞质量（kg）；x_5 为活塞位移（m）；A_5 为活塞有效压力面积（m²）；P_0 为大气压（Pa）；k_5 为弹簧刚度（N/m）；F_0 为弹簧预紧力（N）。

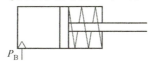

图 7-10　制动气室等效活塞结构

4. 气路系统

气体流过进、排气的过程十分复杂，通常将其视为理想气体通过收缩喷管的一维等熵流动，流量公式为

$$\dot{m} = CA(x) P_u \sqrt{\frac{2}{RT}} f\left(\frac{P_d}{P_u}\right) \quad (7\text{-}7)$$

其中

$$f(\alpha) = \begin{cases} \sqrt{\dfrac{\tau}{\tau-1}\left(\alpha^{\frac{2}{\tau}} - \alpha^{\frac{\tau+1}{\tau}}\right)} & (\alpha_c \leqslant \alpha \leqslant 1) \\ \sqrt{\dfrac{\tau}{\tau+1}\left(\dfrac{2}{\tau+1}\right)^{\frac{2}{\tau}-1}} & (0 \leqslant \alpha < \alpha_c) \end{cases}$$

式中，C 为流量系数；T 为气体温度（K）；P_u、P_d 为阀口上下游压力（Pa）；R 为理想气体常数，取 287[J/(kg·K)]；τ 为气体绝热指数，取 1.4；$A(x)$ 为阀口节流面积（m²），以进气阀芯为例，$A_1(x) = \pi x_1 d_1$，d_1 为进气阀芯所对应进气口的直径（m）；α_c 为临界压力比，$\alpha_c = \left(\dfrac{2}{\tau+1}\right)^{\frac{\tau}{\tau-1}}$。

对于气体在气室内的压力变化，首先假设气体在各气室的压力场和温度场分布均匀，将压力变化过程视为理想气体的绝热过程，忽略气体泄漏，可推导出气室内的压力变化公式为

$$\frac{dP}{dt} = \frac{\kappa}{V}\left(G_m RT - P\frac{dV}{dt}\right) \quad (7\text{-}8)$$

5. 建模结果分析

电磁开关阀的特性是通过制动气室的压力变化来反映的。为了验证所建模型的正确性，通过试验测量制动气室增减压过程中的曲线，与仿真曲线对比，得到的结果如图 7-11 和图 7-12 所示。可以看到，试验曲线与仿真曲线基本吻合，证明所建模型是正确的。

从仿真与试验结果可以看出，电磁开关阀的响应存在一定的滞后。观测电磁阀工作过程中各个物理量的变化分析滞后的产生原因。图 7-13 为增压过程各物理量的变化图。

对于增压过程，排气阀始终处于断电状态。进气阀在 $t<0$ 时为通电时状态，流经进气

阀线圈的电流为最大值，进气阀芯位移最大，即完全打开，此时进气先导气室压力与气源压力一致，进气膜片位移为零，进气口关闭，制动气压力为大气压。

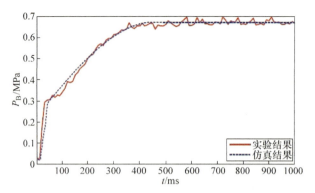

图 7-11　制动气室增压试验与仿真结果对比

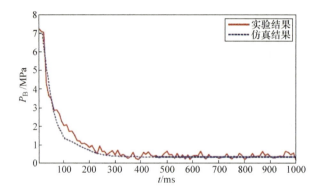

图 7-12　制动气室减压试验与仿真结果对比

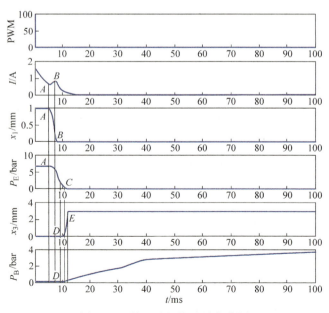

图 7-13　增压过程物理量变化图

$t = 0$ 时刻，进气阀断电，流经进气阀线圈的电流迅速减小，电磁力也相应减小，直至 A 点电磁力不足以克服弹簧力，进气阀芯开始运动。从 0 到 A 时刻为进气阀芯闭合延迟过程。这一过程时间长短由进气阀电路、磁路方程以及进气阀芯运动方程决定。

A 时刻进气阀芯开始运动，工作气隙开始减小，电路中的磁阻则开始增加，因此电流短暂地增大。B 点进气阀芯完全关闭，电路中的磁阻不再减小，电流则再次开始减小，直至为零。从 A 时刻到 B 时刻为进气阀芯闭合过程。

同时 A 时刻开始，便随着进气阀芯的运动，进气先导气室的排气口打开，压力开始下降，至 C 时刻压力为零。从 A 时刻到 C 时刻为进气先导气室压力建立过程。

进气先导气室压力下降至 D 点时，进气膜片的平衡被打破，在下表面高压气体的作用下向上运动，E 点进气膜片到达顶点，进气口完全打开。从 A 时刻到 D 时刻为进气膜片开启延迟过程，这一时间长短取决于进气膜片的运动方程以及进气先导气室内的压力变化方程。从 D 时刻到 E 时刻为进气膜片开启过程。

随着 D 时刻进气膜片的运动，进气口打开，气源的气体开始流入制动气室，制动气室的压力开始增加，直到达到平衡。这一过程为制动气室压力建立过程。

图 7-14 为减压过程各物理量的变化图，与增压过程类似，也可以分为以上几个过程。

进气阀全程通电，使进气阀处于关闭状态。0 时刻，排气阀开始通电，0 到 A 时刻为排气阀芯开启延迟过程，A 时刻至 B 时刻为排气阀芯开启过程，A 时刻至 C 时刻为排气先导气室压力释放过程，A 时刻至 D 时刻为排气膜片开启延迟过程，D 时刻至 E 时刻为排气膜片开启过程，D 时刻至制动气室压力平衡为制动气室压力释放过程。

通过上述分析可以知道，从电磁开关阀自身结构来说，开关阀响应延迟主要由进、排气阀芯闭合延迟时间以及进、排气膜片开启延迟时间组成。

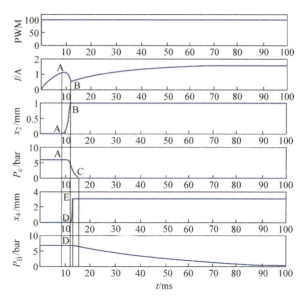

图 7-14 减压过程各物理量变化图

7.2.2 电磁开关阀的动态特性试验

本节采用 PWM 脉宽调制的控制方式，通过改变信号的占空比改变开关阀的平均开启时间，从而改变压力的增长速度。采用这一控制方式首先需要确定控制频率以及有效的占空比范围，因此需要研究电磁开关阀的 PFM 和 PWM 特性。

1. 电磁开关阀的 PFM 特性试验

为研究电磁阀在不同频率控制信号下的响应特性，以初步选择控制频率，需要进行电磁阀的 PFM 脉频调制特性试验。本实验中控制信号频率分别为 100Hz、50Hz、25Hz、20Hz、10Hz、5Hz，而占空比统一为 50%，分别进行增压和减压试验，实验结果如图 7-15

和图 7-16 所示。根据实验结果可以发现以下几点规律：

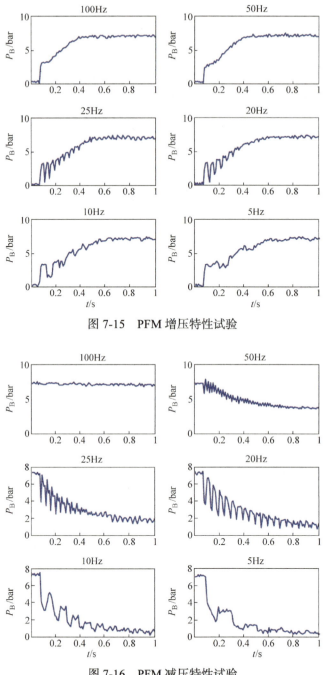

图 7-15　PFM 增压特性试验

图 7-16　PFM 减压特性试验

1）当控制频率为 100Hz 时，增压曲线与图 7-11 中的静态特性曲线几乎一致，即相当于占空比 100%，而减压曲线则发现压力完全没有下降，相当于排气阀断电状态，占空比为 0%。这是因为控制频率过高，进、排气阀芯无法完全打开，造成进气过程进气口完全打开，而排气过程排气口完全关闭。实际上 PWM 是作用于进排气阀芯、控制进排气阀芯的平均开启时间。而通过仿真分析得知，阀芯的开启除了运动时间之外还包括开启、闭合延迟，这使得控制信号频率不能太高，否则阀芯将无法完全开启或闭合，失去了采用 PWM 控制的意义。仿真结果中，进气阀闭合延迟时间为 4.3ms，闭合时间为 2.9ms，排气阀开启延迟时间为 8.3ms，开启时间为 3.3ms。由此可以算出控制频率的下限：

$$f_c = \frac{1000}{4.3+2.9+8.3+3.3} = 53.19(\text{Hz}) \qquad (7-9)$$

2）随着控制信号频率的减小，增压过程响应时间逐渐增加，而减压过程响应时间逐渐减小。理论上控制信号占空比一致，阀芯打开或关闭的时间也一致。然而实际上由于阀芯开启延迟时间及阀芯运动时间的存在，阀芯实际开启时间小于 $1/2T$（图 7-17），真实占空比略小于 50%。而随着控制信号周期的增加，真实占空比逐渐增加，更接近 50%，从而导致增压速率下降，减压速率增加。但总的来说，这一变化趋势并不明显，这也是不采用 PFM 脉频调制控制方式的原因。

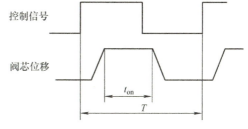

图 7-17　阀芯实际开启时间

3）伴随着控制信号的高低电平切换，输出气压也有一定的波动。可以看出，波动的频率与信号频率一致，并且频率越高，波动越小。从这一角度来说，频率越高，控制精度越好。然而考虑到工作频率越高，阀芯开关频次越多，相应的使用寿命越短，因此控制频率不宜太高。

4）上述实验均在 $t = 0$ 时刻改变占空比命令值，然而电磁阀的响应均有 70ms 左右的延迟。由图 7-18 可以看出，这一延迟主要是由信号传递带来的，图中占空比信号命令值与占空比寄存器中的真实值存在一定的延迟。

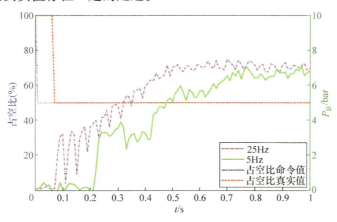

图 7-18　信号传递延迟

另外实验过程中发现，随着控制频率的减小，电磁阀响应延迟时间也相对增加，增加时间长短不定。这是因为实际控制中虽然改变了占空比，但信号的占空比却是从下一周期开始改变。因此占空比响应延迟时间在零到一个周期内随机出现，控制频率越小，周期越大，可能的延迟也越大。从这一角度分析，控制频率也不宜过低。

通过以上分析得知，电磁阀控制信号频率不宜过高也不宜过低，具体值的选择将进一步通过 PWM 特性试验确定。

2. 电磁开关阀的 PWM 特性试验

为进一步确定电磁阀的控制频率,并为下一步控制算法的设计做准备,需要研究电磁阀在不同占空比下的特性。需要说明的是,整体上将开关阀视为由常开进气阀和常闭排气阀组成,因此占空比对于进气阀指的是阀关闭的时间,而对于排气阀指的是阀打开的时间。通过前面的分析,排除100Hz与5Hz的控制频率,继续研究分别在50Hz、25Hz、10Hz的控制频率、不同占空比下的电磁开关阀 PWM 增减压特性,实验结果如图7-19~图7-21所示。通过实验结果可以发现以下几点规律:

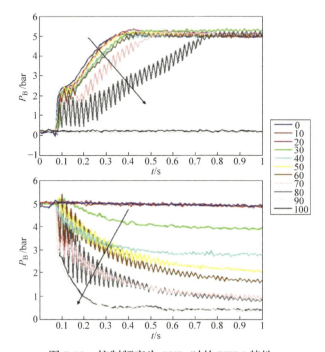

图7-19 控制频率为50Hz时的PWM特性

1)随着占空比增大,即图中箭头方向,进气阀关闭的时间增加,增压速率越来越小,而排气阀打开的时间增加,因此减压速率越来越大。这一规律也成为控制算法设计的一个重要支撑。

2)控制频率为50Hz时,曲线分布较为稀疏,而控制频率为25Hz和10Hz时,曲线分布相对更为平均。这也是由于阀芯延迟与动作时间的存在,使得在占空比较大或者较小时,输出气压曲线变化不大。从控制的角度来说,希望不同的占空比对应的增减压速率有一定差别,并且希望这个范围越大越好,这便提出了一个有效占空比的概念。表7-1分别列出了三个控制频率下的增减压有效占空比范围。从表中可以看出,控制频率为25Hz和10Hz时,有效占空比的范围更大,更有利于控制。

表7-1 有效占空比范围

频率	50Hz	25Hz	10Hz
增压	[60, 90]	[40, 100]	[40, 100]
减压	[20, 80]	[10, 90]	[0, 90]

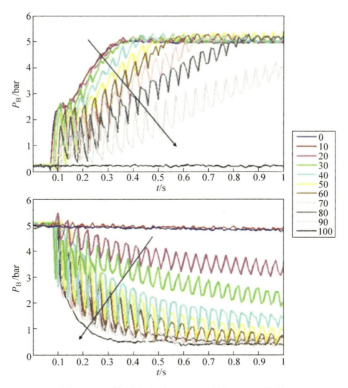

图 7-20　控制频率为 25Hz 时的 PWM 特性

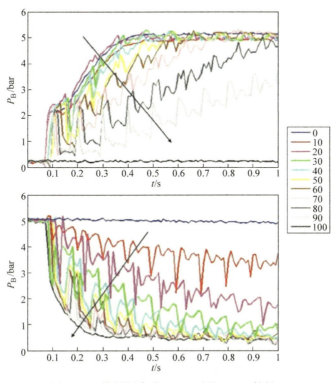

图 7-21　控制频率为 10Hz 时的 PWM 特性

根据 PFM 特性与 PWM 特性分析，从控制精度、有效占空比范围及使用寿命等角度综合分析，最终选择控制频率为 25Hz。

3. 电磁开关阀的上游气压特性

电磁开关阀的输出气压不仅与控制信号的频率、占空比有关，由气体压力变化公式可知，忽略气室体积变化，气室内的压力变化正比于进出气室的气体流量。而由气体流量公式可知，当下游压力与上游压力之间的比值小于临界压力比时，气体流量正比于上游压力，而当二者之比大于临界压力比时，气体流量与上游压力的关系则更为复杂，因此还需要进一步研究电气开关阀输出气压与上游气压之间的关系。图 7-22 所示为在不同上下游压力下的增减压特性曲线。

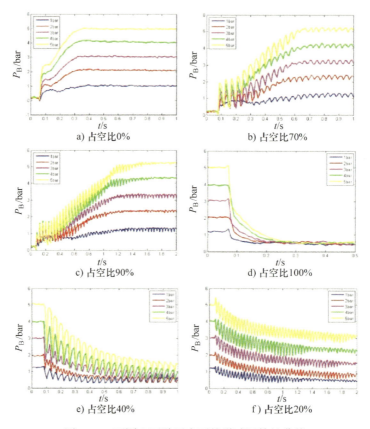

图 7-22 不同上下游压力下的增减压特性曲线

对于增压过程来说，上游压力指的是气源压力，图 7-22a~c 就是在不同气源压力下的增压曲线。可以明显看出，随着气源压力的增加，增压速率也在增大。而对于减压过程，上游压力指的是制动气室的压力，图 7-22d~f 是制动气室从不同的压力开始减压的曲线。由于减压过程制动气室的压力，即上游压力不断变化，因此制动气室压力与输出压力的关系不明显，总体来说与增压过程类似，制动气室压力越大，减压速率越大。另外需要注意的是，当占空比较小时，最后输出气压会稳定在一个大于大气压的值而不再减小。这是因为对于制动先导气室，此时在一个周期内的进气量与排气量达到平衡，气压值稳定在一个范围内。而通过排气膜片的动力学平衡方程可以推导出，当排气膜片达到平衡状态，即排气阀口关闭时，输出气压与排气先导气室气压的关系为

$$P_B = \frac{P_C A_4 + k_4 x_{40} - P_E A_{41}}{A_{42}} \quad (7\text{-}10)$$

式中，P_B 为制动气室气压（Pa）；P_C 为排气先导气室气压（Pa）；P_E 为大气气压（Pa）；x_{40} 为排气膜片弹簧预压缩量（m）；A_{41} 为排气膜片下表面 C 气室压力作用面积（m²）；A_{42} 为排气膜片上表面 B 气室压力作用面积（m²）；A_4 为排气阀芯横截面积（m²）；k_4 为排气膜片弹簧刚度（N/m）。

此时输出气压稳定在一个大于大气压的值。该特性使得在设计控制算法时需要考虑到这一输出气压限值。

7.2.3　电磁开关阀的逻辑门限控制算法

通过上述分析发现，电磁开关阀是一个典型的非线性系统。采用逻辑门限值控制方法对其进行控制。控制流程图如图 7-23 所示。

对于增压与减压过程，逻辑门限分别为 $\Delta P_{\text{rise\_max}}$ 和 $\Delta P_{\text{fall\_max}}$，指增减压过程中一个周期内最大的增减压幅度，即增减压速率。增压速率与阀前气压相关，而减压速率与当前制动气室压力相关。通过实验得到它们之间的关系表，控制时通过查表得到实时的增减压门限值。

根据阀前压力判断车辆是否处于制动状态。如果阀前压力小于一定值，这里取 0.15bar，则判断车辆处于无制动状态，进气阀与排气阀都处于初始状态，占空比为零；如果阀前压力大于此值，则判断车辆处于制动状态。通过目标压力与当前压力的差值判断是该增压还是减压。为避免阀频繁动作，使得气压频繁在目标压力值附近波动，设切换阈值为（±0.1）bar。即当目标压力与当前压力之差大于 0.1bar 时增压，小于 −0.1bar 时减压，在此之间则保压。

增压过程中，排气阀占空比始终为 0，为关闭状态，调节进气阀占空比。首先阀前气压与目标气压的差值若较小，则进气阀全开，占空比为 0；否则进一步判断目标压力和压力的差值与进气门限值的关系。若差值大于门限值，则进气阀占空比取 DC_inlet1；若小于门限值又大于门限值的 1/2，则占空比取 DC_inlet2；若处于门限值的 1/2 至 1/4 之间，则占空比取 DC_inlet3；若小于 1/4 门限值，则占空比为 100，进气阀关闭，处于保压状态。DC_inlet1-3 为通过多次实验标定的进气阀占空比控制指令，数值逐渐增大，相应的增压速率逐渐减小。

减压过程与增压过程类似，进气阀占空比为 100，处于关闭状态，调节排气阀占空比。首先判断目标压力的大小，若小于一定值，则近似为大气压，排气阀占空比为 100，排气阀全开，使气室压力以最大速率迅速降为大气压。否则进一步对比当前压力和目标压力的差值与排气门限值的关系，选择占空比指令。与进气阀不同的是，还需要考虑当前气压值本身，当前气压越小，占空比应适当增大，从而增大减压速率，避免气压值在达到目标值之前趋于稳定。排气阀占空比控制指令 DC_outlet1-5 数值逐渐减小，相应地，减压速率也逐渐减小。

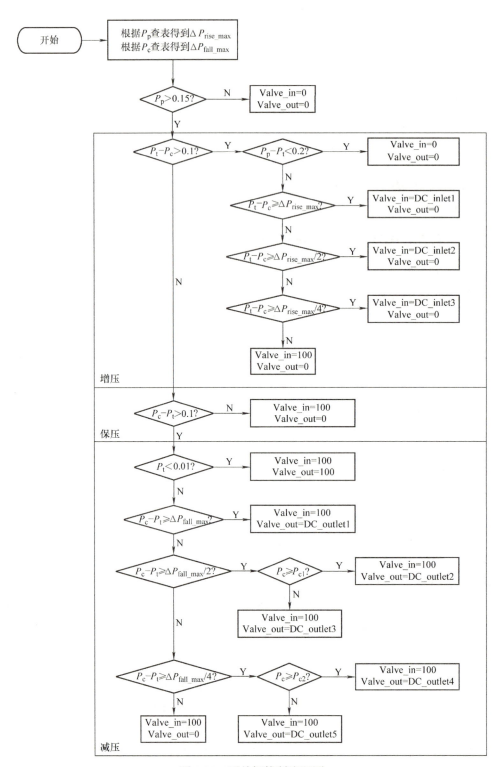

图 7-23 开关阀控制流程图

P_p—阀前压力（踏板后压力） P_c—当前制动气室压力 P_t—目标压力

门限值的选择则对响应速率与静态误差都有影响。通过控制逻辑可知当前气压与目标气压的差值在 1/4 门限值范围内时，电磁阀处于保压状态，因此静态误差为门限值的 1/4。另外门限值越小，响应速率越大。占空比控制指令的选择实际也是调节响应的速率。然而需要注意的是，响应速度过大易造成气压在目标气压值附近大幅度的波动。为提高控制精度需牺牲响应速率，适当选择门限值与占空比指令，因此进排气速率最大的占空比指令 DC_inlet1 和 DC_outlet1 不宜设为 0 和 100。

图 7-24 展示了逻辑门限控制算法下的开关阀的阶梯响应结果及进排气阀占空比曲线。除增压阶段超调较大及响应滞后较大之外，总体来说控制效果良好。需要注意的是，响应滞后严重时也会造成输出气压在目标气压附近来回波动。造成电磁阀响应延迟的原因，除了气体本身的可压缩性、电磁阀自身结构决定的电磁阀芯响应延迟、膜片响应延迟之外，还有由于控制频率造成的占空比响应延迟，以及由实验设备造成的信号传递延迟。从数量级来说，后两者的影响较大，通过选择控制频率及提高实验设备信号传递速率可以有效改善控制效果。

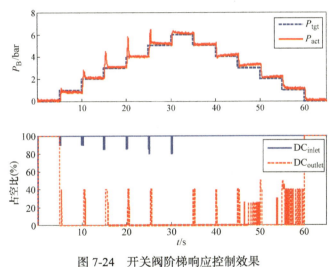

图 7-24　开关阀阶梯响应控制效果

7.3　比例继动阀的控制

电磁开关阀的逻辑门限值控制算法虽然能达到一定的控制精度，但需要基于大量的实验调节门限值以及占空比控制指令等众多参数，并且参数的适用范围有限。另外由于电磁阀是通过阀的开闭来调节气压，阀芯与阀体的撞击会带来较大的噪声，同时频繁的撞击将造成电磁阀的疲劳失效，影响整个气压制动系统的寿命与可靠性。因此考虑用比例继动阀替代电磁开关阀进行气压调节。

7.3.1　比例继动阀的建模

通过对比例继动阀的分析可知该阀的线性特性是由其结构本身决定的，因此需要对其进行精确建模，进而分析阀块的结构参数对比例阀特性的影响。将比例继动阀分为电磁、机械、气路三个子系统分别建模。

1. 电磁系统

该比例继动阀是通过控制输入电流来调节输出气压的，因此首先需要建立电流与电磁力之间的关系：

$$F_e = \frac{(NI)^2}{2\delta R_\delta} \tag{7-11}$$

式中，I 为时间的函数，其随着时间的变化而变化。对上式进行线性化，可以得到：

$$F_e = \frac{\mathrm{d}F_e}{\mathrm{d}I}I(t) = \frac{N^2}{\delta R_\delta}I(t) = K_i I(t) \tag{7-12}$$

式中，K_i 为线圈电流-电磁力增益系数。

2. 机械系统

比例继动阀阀芯运动方程分为两部分，即球阀单独运动方程以及球阀与阀座共同运动方程，分别对应于比例阀排气与进气过程：

$$\begin{cases} m_1\ddot{x}_1 = F_e + m_1 g + (P_D - P_E)S_1 - k_1(x_1 + x_{10}) - \beta_1 \dot{x}_1, & x_1 \leq \delta_{12} \\ (m_1 + m_2)\ddot{x}_1 = F_e + (m_1 + m_2)g + (P_D - P_E)S_1 - k_1(x_1 + x_{10}) \\ \quad - k_2(x_1 - \delta_{12} + x_{20}) - (\beta_1 + \beta_2)\dot{x}_1, & x_1 > \delta_{12} \end{cases} \tag{7-13}$$

式中，m_1、m_2 分别为球阀和阀座的质量（kg）；x_1 为球阀位移（m）；P_D 为备用进气阀口处气压（Pa）；P_E 为控制腔气压（Pa）；S_1 为作用于球阀的有效压力面积（m²）；k_1、k_2 分别为球阀、阀座支撑弹簧刚度（N/m）；x_{10}、x_{20} 分别为球阀、阀座支撑弹簧预紧量（m）；β_1、β_2 分别为球阀、阀座等效黏性阻尼系数 [N/(M/S)]；δ_{12} 为球阀与阀座之间的初始间隙（m）。

继动阀阀芯运动方程同样分为活塞单独运动方程及活塞阀座共同运动方程两部分，分别对应继动阀排气与进气过程：

$$\begin{cases} m_3\ddot{x}_3 = m_2 g + P_E S_3 - P_C S_{31} - P_B S_{32} - k_3(x_3 + x_{30}) - \beta_3 \dot{x}_3, & x_3 \leq \delta_{34} \\ (m_3 + m_4)\ddot{x} = (m_3 + m_4)g + P_E S_3 - P_C S_{31} \\ \quad - k_3(x_3 + x_{30}) - k_4(x_3 - \delta_{34} + x_{40}) - (\beta_3 + \beta_4)\dot{x}_3, & x_3 > \delta_{34} \end{cases} \tag{7-14}$$

式中，m_3、m_4 分别为活塞和阀座的质量（kg）；x_3 为活塞位移（m）；P_B 为出气口气压（Pa）；P_C 为排期口气压（Pa）；S_3 为活塞上表面有效面积（m²）；S_{31}、S_{32} 分别为活塞下表面内圈、外环面积（m²）；k_3、k_4 分别为活塞、阀座支撑弹簧刚度（N/m）；x_{30}、x_{40} 分别为活塞、阀座支撑弹簧预紧量（m）；β_3、β_4 分别为活塞、阀座等效黏性阻尼系数 [N/(M/S)]；δ_{34} 为活塞与阀座之间的初始间隙（m）。

给定电流值，阀芯在经过足够长的时间后达到平衡，根据上面两组方程可以推导出：

$$P_B = \frac{(m_3 + m_4)g - P_C S_{31} - k_3(x_3 + x_{30}) - k_4(x_3 - \delta_{34} + x_{40})}{S_{32}} + \frac{S_3}{S_{32}}\left[\frac{F_e + (m_1 + m_2)g - k_1(x_1 + x_{10}) - k_2(x_1 - \delta_{12} + x_{20})}{S_1} + P_D\right] \tag{7-15}$$

可以看出，当比例阀的机械参数确定后，输出气压 P_B 是 F_e 的一次函数，即输入量 I 的一次函数。因此比例阀的比例特性是由机械特性决定的，指的是比例阀的稳态特性。

3. 气路系统

气路系统的建模同上述电磁开关阀气路建模，在此不再赘述。

7.3.2 比例继动阀的特性分析

1. 弹簧刚度

由上文分析可知，弹簧刚度会影响比例阀的稳态特性。通过仿真，逐一改变弹簧刚度，做出稳态特性曲线，得到图 7-25。图 7-25a 所示为比例阀球阀支撑弹簧刚度 k_1 对比例阀特性的影响。可以看到随着弹簧刚度的增加，曲线逐渐向右移，即从死区到线性区的拐点增大，如箭头所示。这一拐点对应的是球阀刚好与阀座接触，即将打开进气阀口的状态。此时电磁力主要用于克服球阀支撑弹簧，因此 k_1 的增加导致比例阀所需要的克服弹簧打开进气阀的力随之增加，死区增加。图 7-25b 所示为比例阀阀座支撑弹簧刚度 k_2 对比例阀特性的影响。比例阀阀座支撑弹簧影响的是线性区的斜率。随着其刚度的增加，达到平衡时弹簧力增大，所需要的控制腔气体压力减小，因此曲线的斜率逐渐减小，如图中箭头所示。根据上文中推导的平衡状态关系式（7-15）也可以得到这一结论，随着 k_1、k_2 的增大，输出气压减小。

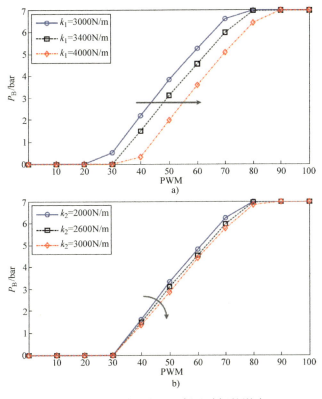

图 7-25 弹簧刚度对比例继动阀的影响

相对来说，继动阀活塞支撑弹簧和阀座支撑弹簧的刚度 k_3、k_4 对比例继动阀的稳态特性影响不大，因为继动阀主要起到增大气体流量，加快响应速度的作用，它的输出气压与控制腔的气压基本一致，从式（7-15）也可以看出，k_3、k_4系数相对k_1、k_2较小。

2. 阀口直径

气体流经阀口的流量是阀口节流面积，即阀口直径的函数，因此阀口直径会影响比例阀的动态特性。不同阀口直径下的增减压动态特性如图7-26所示。可以看到，随着阀口直径的增大，相同开度下气体的流量增加，因此响应速度也增大，但波动也更大，需要更长的时间趋于稳定。

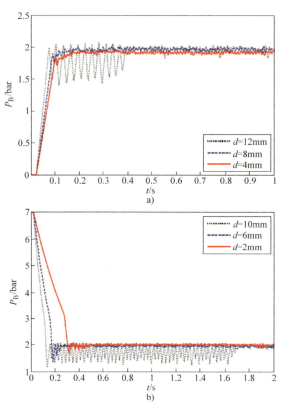

图7-26 不同阀口直径对比例继动阀的影响

3. 气源压力

由该比例继动阀的原理可知，当控制电流增加时，进气口增大，气体气压增加，反过来作用于阀块下端使进气口减小，从结构上使气压反馈，从而实现线性。因此比例阀的稳态特性与气源气压没有关系，这一点从图7-27可以验证。图7-27为不同气源压力下的比例阀稳态特性图，可以看出死区与线性区基本一致，但由于气源压力的限制，当压力减小时更早达到饱和区。这样的特性保证了在气源压力波动情况下的控制

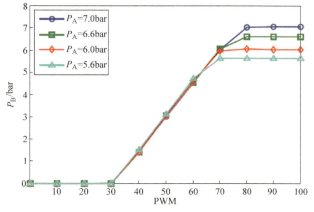

图7-27 气源压力对比例继动阀的影响

效果。

4. 备用口气压

由式（7-15）可知，输出压力不仅是电磁力，即控制电流的函数，也是备用口气压的函数。从阀自身结构分析，由于备用口直接与控制腔相连，所以控制腔的最小压力就是备用口压力，也就是输出压力的最小值。同时控制腔的压力作用于比例阀阀座下端，因此打开比例阀进气口所需的电磁力相应地增加。故比例继动阀的稳态特性曲线整体向上平移，如图 7-28 中箭头线所示。

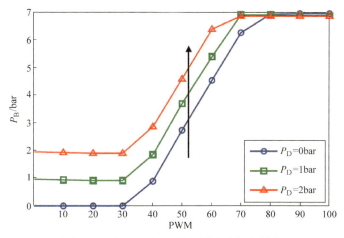

图 7-28　备用口气压对比例继动阀的影响

上述分析对比例阀的设计起到了指导作用。通过选择合适的弹簧刚度，可以使比例阀稳态特性的死区和饱和区减小，线性区斜率减小，区间增大，从而使有效控制范围增大，控制精度增加。阀口直径的选择则需要兼顾响应速度和波动大小。另外由于气源压力对比例阀的线性度影响较小，控制时可以忽略车用储气罐的压力变化。但考虑到备用口气体压力对输出气压的影响，为了简化控制，同时保证输出压力的范围为大气压到气源压力，比例继动阀正常工作时将备用口与大气相连，从而将输出压力与备用口压力解耦。

7.3.3　比例继动阀的控制算法设计

由于该比例阀具有较好的线性特性，利用实验所得数据进行开环控制已经可以得到较好的控制效果，但仍存在着一些稳态误差和响应滞后的问题，因此在此基础上增加了 PI 控制，以期望进一步提高控制效果。图 7-29 为阶梯响应的开环、闭环控制效果对比，可以看到，增加了 PI 控制后消除了稳态误差，整体控制效果更好。

控制算法原理图如图 7-30 所示。原理图中两个饱和模块分别指 PWM 占空比的限制以及气源压力的限制。受这两个饱和特性的影响，PI 控制会带来积分饱和的问题。因此设计了积分抗饱和模块，根据 PWM 占空比和实际压力控制积分参数 K_i。

图 7-31 为实验得到的有无积分抗饱和模块的控制效果和 PWM 占空比值的对比。没有积分抗饱和模块时，若气源压力小于目标压力，则输出压力与目标压力一直存在误差，积分使得控制量 PWM 占空比一直增加，减压时会导致响应滞后。增加积分抗饱和模块后，当输出压力饱和后控制量不会一直增加，从而保证了之后的响应。

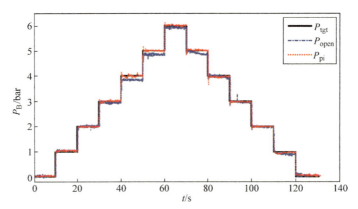

图 7-29　阶梯响应开闭环控制效果对比

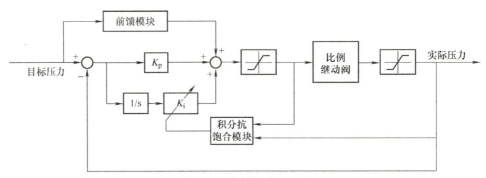

图 7-30　控制算法原理图

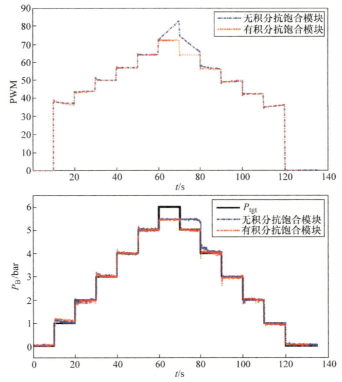

图 7-31　积分抗饱和模块的 PI 控制效果

7.4 对比测试

基于已有的电磁开关阀的制动能量回收系统方案，为改善电磁开关阀频繁动作带来的噪声和寿命问题，考虑用比例继动阀替代电磁开关阀作为气压调节模块，因此需要基于比例继动阀设计新的制动能量回收系统。将 7.2 节和 7.3 节提出的电磁开关阀和电气比例阀控制策略应用于制动能量回收系统，进行气压制动系统硬件在环试验，对比两者的控制效果，研讨比例继动阀在电动客车制动能量回收系统上应用的可行性。

7.4.1 基于电磁开关阀的硬件在环试验

制动能量回收制动力分配策略如图 7-32 所示。根据制动踏板开度算出总的制动力矩需求值。为使回馈效率最大化，初始阶段电机根据外特性曲线输出最大的回馈力矩。回馈力矩无法满足的部分，首先由前轴气压制动力矩进行补充，不足的部分再由后轴气压制动力矩补充，从而满足国标中的前后轴制动力分配曲线，避免后轴抱死。随着制动过程的进行，车速下降，电机转速也随之下降，电机回馈力矩增加，前后轴的气压制动力矩相应减小。由于电机转矩在低转速时不稳定，因此当电机转速小于一定值时，电机力矩撤出。考虑到气压制动力响应较慢而电机响应较快，为避免电机撤出过程气压制动力矩来不及补充而导致车辆减速度减小产生溜车，电机制动力矩以一定的斜率减小，缓慢撤出，前后轴气压制动力矩相应地增加，此后完全由气压进行制动。

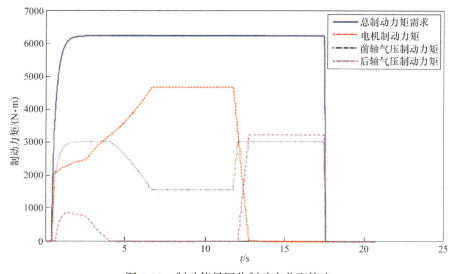

图 7-32　制动能量回收制动力分配策略

图中为车轮处的制动力矩，电机制动力矩除以传动系速比得到电机力矩的命令值。根据制动气室压力与制动力矩的关系，得到前后轮制动气压的目标值，通过控制算法得到电磁开关阀的控制指令，从而使实际气压跟随目标气压。

制动气室的气压跟随效果直接影响制动力的品质，也影响着车辆制动平顺性、舒适性。气压若不能很好地跟随，会造成整车制动力的波动，反映在整车层面则是车辆加速度的波动。因此用车辆冲击度 J，即整车加速度的变化率来评价整车的制动平顺性。由汽车理论可知：

$$J = \frac{\mathrm{d}^2 v}{\mathrm{d}t^2} \quad (7\text{-}16)$$

式中，v 为车身纵向速度（m/s）。

相关研究指出，人在舒服的范围内所能接受的最大冲击度是 $10\mathrm{m/s^3}$，该数值为冲击度的绝对值。冲击度越小，舒适性越好。制动结束时车辆加速度由某一值减为 0，冲击度会出现一个峰值，并且制动强度越大，结束时刻的冲击度越大，这是不可避免的。因此主要考虑制动过程中的冲击度。

基于电磁开关阀的硬件在环试验中，车辆在高附路面以初速 60km/h 左右进行典型制动试验，制动强度分别为轻度、中度、重度，试验结果如图 7-33～图 7-35 所示。

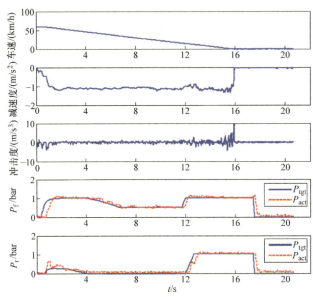

图 7-33 轻度制动硬件在环试验结果

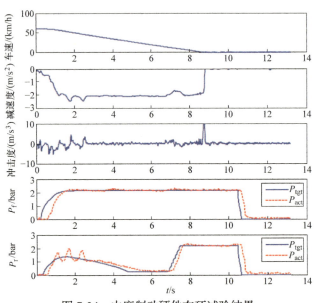

图 7-34 中度制动硬件在环试验结果

从试验结果中的压力跟随图可以看出，基于所设计的逻辑门限控制算法的电磁开关阀在稳态过程能够很好地跟随目标压力，而在动态过程则会出现一些阶梯或者波动，这是控制算法本身决定的。该算法在一定的门限值范围内输出同样的控制信号，同时该算法本质上是进行斜率控制，预设的占空比指令下有若干个压力增减速率，选择最接近于目标曲线斜率的占空比进行控制。另外占空比指令的标定是基于大量实验选取的，在某些条件下不一定能达到最优的控制效果。总体来说，压力跟随效果基本满足需求。

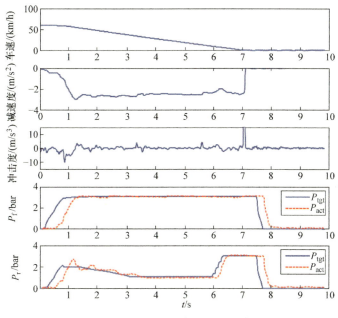

图 7-35　重度制动硬件在环试验结果

从车速曲线可以看出车辆能够较为平顺地实现制动。减速度曲线中，压力波动造成了减速度的波动，同时回馈制动退出、气压制动补充时会出现短暂的减速度减小，之后依然能保证制动强度，总体来说，制动过程减速度基本保持在目标值附近，波动较小。冲击度主要出现在开始制动与制动结束时刻，同时气压波动和回馈制动与气压制动切换过程也会出现轻微的冲击度波动，但冲击度整体保持在 10m/s^3 的可接受范围以内，可以保证良好的制动平顺性与舒适性。

7.4.2　基于比例继动阀的硬件在环试验

采用与基于电磁开关阀硬件在环试验一样的制动力分配策略，在高附路面，以初速 50km/h 左右进行典型制动，制动强度分别为轻度、中度、重度，试验结果如图 7-36～图 7-38 所示。

从目标压力与实际压力的对比图中可以看出，以比例继动阀为气压调节模块能够很好地跟随目标压力，并且在各个工况都能有较好的控制效果。图中实际压力存在一定的响应滞后，这一现象在电磁比例阀的控制中也存在，这主要是由气体的可压缩性造成的响应缓慢。

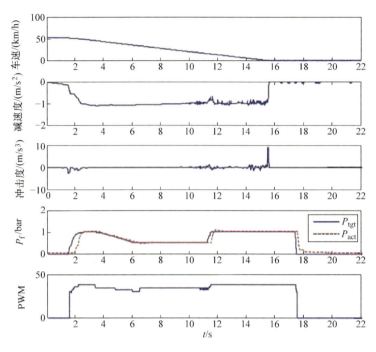

图 7-36　轻度制动硬件在环试验结果

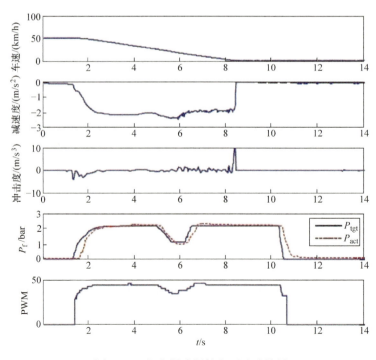

图 7-37　中度制动硬件在环试验结果

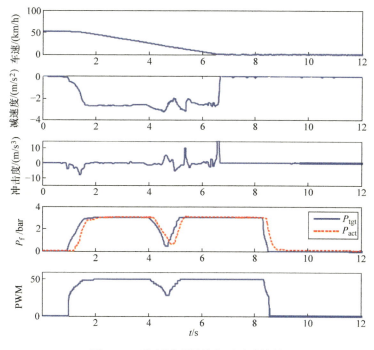

图 7-38 重度制动硬件在环试验结果

由于制动气室的气压控制效果较好，没有大的波动，因此车辆的制动减速度相对比较平滑，仅在回馈制动与气压制动切换过程出现些许波动，并且随着制动强度越大，波动也越大。这是因为大制动强度下，电机撤退和气压增加的时间都有所增加，两者的耦合效果变差。冲击度的波动依然主要出现在开始制动、制动结束与制动切换三个过程，在其他过程冲击度几乎为零，相比电磁开关阀控制下的车辆冲击度减小了许多，车辆制动平顺性与舒适性都得到了改善。

7.4.3 试验结果分析

进一步量化分析比较分别以电磁开关阀和比例继动阀为气压调节模块的制动能量回收系统。从气压调节模块的压力跟随效果以及它们对车辆制动平顺性、舒适性的影响两个角度来进行分析。

压力跟随效果以目标压力与实际压力的均方根误差值（Root Mean Square Error, RMSE）作为评价标准，其计算公式如下：

$$\mathrm{RMSE} = \sqrt{\frac{1}{n}\sum_{k=1}^{n}[p_{\mathrm{tgt}}(k) - p_{\mathrm{act}}(k)]^2} \qquad (7\text{-}17)$$

车辆的制动平顺性可用冲击度表示，对于乘客来说，影响他们对车辆平顺性的评价的最主要的指标是最大冲击度，而对气压调节模块的控制效果的评价则需要综合整个制动过程。考虑到冲击度有正负，参考均方根误差值用冲击度的均方根（Root Mean Square Jerk, RMSJ）来进行评价，计算公式为

$$RMSJ = \sqrt{\frac{1}{n}\sum_{k}^{n} J^2}$$ （7-18）

基于两种气压调节模块的制动能量回收系统硬件在环试验结果对比见表 7-2。

表 7-2　硬件在环试验结果对比

条件		RMSE /bar	平均减速度/ (m/s^2)	J_{max}/ (m/s^3)	J_{max} 改善幅度 (%)	RMSJ/ (m/s^3)	RMSJ 改善幅度 (%)
轻度制动	电磁开关阀	0.161	0.93	15.77	42.11	1.014	33.73
	比例继动阀	0.147	1.05	9.13		0.672	
中度制动	电磁开关阀	0.346	1.80	30.66	41.91	2.029	19.91
	比例继动阀	0.308	1.91	17.81		1.625	
重度制动	电磁开关阀	0.582	2.37	47.55	45.53	3.381	11.51
	比例继动阀	0.543	2.43	25.9		2.992	

从结果可以看到，各种工况中，比例继动阀控制下的 RMSE 都较电磁开关阀的控制略有改善，说明比例继动阀的控制精度比电磁开关阀的控制精度要高，从而使车辆的平均减速度也略有提高。表中 RMSE 的改善幅度不是很高，并且数值相对气压值较高，这是因为气压响应延时的存在，而电磁开关阀控制下的压力波动对误差的影响相对较小。但气压波动对车辆的影响主要是制动平顺性，因此在冲击度上体现较为明显。

对表上 J_{max} 的数值进行分析：由 J_{max} 与平均减速度的关系可以发现，随着制动强度的增加，J_{max} 也相应增加，二者的相关度很大，并且它们基本都超过了 $10m/s^3$ 的舒适范围。这是因为最大冲击度都出现在制动结束时刻，这时减速度由制动强度减为零，冲击度出现一个峰值，这是不可避免的，只能通过控制算法改善。因此制动过程中的 RMSJ 的数值更具有参考价值。从表中可以看出，在两种阀块的控制下，冲击度均方根都远小于 $10m/s^3$，说明两种气压调节模块下车辆都具有良好的制动平顺性。而从 J_{max} 和 RMSJ 的改善幅度分析，可以看出由比例继动阀控制相对电磁开关阀控制，J_{max} 的改善幅度均达到了 40% 以上，而 RMSJ 的改善幅度也分别达到了 33.73%、19.91%、11.51%，由此可以看出，比例继动阀的控制大大改善了车辆的制动平顺性。

车辆的舒适性有很多影响因素，其中包括环境噪声。实验过程中，电磁开关阀在工作过程中频繁地发出金属撞击声，而比例继动阀则几乎没有噪声。从这个角度分析，以比例继动阀为气压调节模块的车辆具有更好的舒适性。

通过本章可以看出，比例继动阀也能实现制动能量回收过程中的气压调节，并且调节精度比电磁开关阀略高，控制算法也更简单。另外比例继动阀也大大改善了车辆的制动平顺性和舒适性。同时比例继动阀的寿命较电磁开关阀有更多的提升空间，因此比例继动阀在制动能量回收系统中的应用是可行的，并且具有明显的优势。

第 8 章

能量回馈式制动系统测试评价

当汽车制动系统在单一摩擦制动系统的基础上增加了电机制动，构成新的能量回馈式制动系统时，不仅制动特性和制动技术发生了改变，对制动系统和制动性能的评价指标和测试方法也需要进行适当调整。本章仅针对电机制动介入后，与传统制动不同的测试需求进行介绍，包括 5 个部分。

1）能量经济性。制动能量的回收利用，大幅提升车辆的经济性，然而不同能量回馈式制动系统和不同控制策略对经济性提升效果不同，需要考虑如何测试评价能量回馈式制动系统对经济性提升的贡献和效果。

2）回馈制动与摩擦制动切换性能。电机制动回收能量时，单一的电机制动力无法完全满足总制动需求，电机制动和摩擦制动存在切换，需要考虑二者切换性能如何测试评价。

3）回馈制动舒适性。回馈制动与摩擦制动的切换频繁存在，切换可能的中断会影响车身发生纵向冲击，需要考虑回馈制动的舒适性测评。

4）回馈制动效能恒定性。回馈制动与摩擦制动的配合有不同形式，如叠加式、协调式，不同形式下固定制动踏板对应的总制动力可能会发生改变，需要测试评估回馈制动系统的制动效能是否恒定。

5）回馈制动防抱死性能。回馈制动介入后，一方面可能会直接触发制动防抱死，另一方面摩擦制动配合不好也可能导致制动防抱死性能下降，需要重新考虑回馈制动防抱死的测试方法。

8.1 能量经济性评价

8.1.1 评价指标

1. 能量回馈式制动系统对整车能量经济性的贡献率

为了体现制动能量回收系统在整车中起到的节能效果，引入制动能量回收贡献率 ς 作为评价指标。试验测试与计算推导两种方法都是在比较车辆有无回馈制动功能的模式下，比较车辆在相同行驶条件下的能耗量或行驶里程，即：

$$\varsigma = \left(1 - \frac{E_2}{E_1}\right) \times 100\% \tag{8-1}$$

式中，E_1 和 E_2 分别为一定的行驶里程下，在相同的行驶循环下，有再生制动功能和没有再生制动功能时，车辆的能量源变化。

对于电动汽车，E_1 是没有回馈制动功能时蓄电池的能量变化，E_2 是车辆具有回馈制动功能时蓄电池的能量变化。

由于在工程测量过程中，针对一款车型进行有无回馈制动功能的比较试验有时比较困难，相关测试人员或者研究人员希望能在一次试验中测量出制动能量回收系统相对于整车能量经济性的改善贡献率。基于上述工程要求，结合工程实践，重新定义了纯电动汽车、燃料电池汽车和混合动力汽车的制动能量回收贡献率。另外，下文以车辆制冷条件为例进行制动能量回收贡献率工程测评方法的分析过程中，由于在制冷状态下，空调能耗在整车附件能耗系统中占有较大的比重，所以附件系统能耗近似认为是空调系统能耗。

（1）纯电动汽车

相同车辆、工况情况下，无论有无制动能量回收功能，车轮处总能量 W_{drv}' 和空调系统实际消耗的总能量 W_{as}' 不变，母线总能量 E_t 的输出是确定的，即：

$$E_{t1} = E_{t2} = E_t \tag{8-2}$$

$$E_1 = NEC_1 = E_{es\_out1} - E_{es\_in2} = E_{es\_out1}' / \eta_{dchg} \tag{8-3}$$

$$E_2 = NEC_2 = E_{es\_out2} - E_{es\_in2} = E_{es\_out2}' / \eta_{dchg} - E_{es\_in2} \tag{8-4}$$

式中，E_{t1} 为循环工况中无回馈制动功能时的直流母线上输出的总电能；E_{t2} 为循环工况中有回馈制动功能时的直流母线上输出的总电能；E_t 为直流母线的输出总能量；NEC_1 为无回馈制动功能时的蓄电池能量变化；E_{es_out1} 为无回馈制动功能时蓄电池向直流母线的能量输出，具体计算过程为，首先在实际测量中直接从蓄电池前端测量出输出电流、电压的数值，然后计算得到电流和电压相乘的积分值；E_{es_in2} 为有回馈制动功能时直流母线向蓄电池的输出能量；E_{es_out1}' 为无回馈制动功能时蓄电池的总放电能量；NEC_2 为有回馈制动功能时的蓄电池能量变化；E_{es_out2} 为有回馈制动功能时蓄电池向直流母线的能量输出；η_{dchg} 在有无回馈制动下的数值相等。

同时，E_{t1} 的计算表达式为

$$E_{t1} = E_{es\_drv1} + E_{es\_as1} = E_{es\_out1}' \tag{8-5}$$

式中，E_{es_drv1} 为无回馈制动功能时驱动电机的储能装置（蓄电池）能量；E_{es_as1} 为无回馈制动功能时驱动空调系统的蓄电池回馈能量。

E_{t2} 的计算表达式为

$$E_{t2} = E_{es\_drv2} + E_{es\_as2} + E_{reg\_as2} = E_{es\_out2}' + E_{reg\_as2} \tag{8-6}$$

式中，E_{es_drv2} 为有回馈制动功能时驱动电机的储能装置（蓄电池）能量；E_{es_as2} 为有回馈制动功能时驱动空调系统的蓄电池回馈能量；E_{reg_as2} 为驱动空调系统的电机回馈能量。

由式（8-5）、式（8-6）可得，有无回馈制动两种模式下的蓄电池输出能量的关系为

$$E_{es\_out1}' = E_{es\_out2}' + E_{reg\_as2} \tag{8-7}$$

回馈制动时，蓄电池输入能量与回馈能量的关系为

$$E_{\mathrm{es\_in2}} = \eta_{\mathrm{chg}} E_{\mathrm{es\_in2}}' = \eta_{\mathrm{chg}} E_{\mathrm{reg\_es2}} \quad (8\text{-}8)$$

式中，$E_{\mathrm{es\_in2}}'$ 为实际测量过程中直接从蓄电池前端测量的输入电流和电压乘积的积分值；$E_{\mathrm{reg\_es2}}$ 为除去驱动空调系统能量的电机回馈能量。

将以上所有公式组合起来，有：

$$\varsigma = \left(1 - \frac{E_2}{E_1}\right) \times 100\% = \frac{E_{\mathrm{reg\_as2}} + \eta_{\mathrm{dchg}} \eta_{\mathrm{chg}} E_{\mathrm{reg\_es2}}}{E_{\mathrm{t2}}} \times 100\% \quad (8\text{-}9)$$

实现了车辆只在回馈制动功能模式下进行测试即可测得制动能量回收贡献率的目的。式（8-9）中，分子的含义是制动中回收的并被电机再次使用的能量，而分母的含义是直流母线上消耗的总电能。整个公式相当于把整车能量源端的能量消耗量等效至动力源前端的直流母线处。

因此，$E_{\mathrm{reg\_av}}$ 被定义为从制动能量中回收，并在直流母线上再次被使用的能量，制动能量回收贡献率可以由式（8-10）进行计算：

$$\varsigma = \frac{E_{\mathrm{reg\_av}}}{E_{\mathrm{t}}} \quad (8\text{-}10)$$

得到纯电动汽车制动能量回收贡献率：

$$\varsigma = \frac{E_{\mathrm{reg\_as}} + \eta_{\mathrm{dchg}} \eta_{\mathrm{chg}} E_{\mathrm{reg\_es}}}{E_{\mathrm{es\_out}}' + E_{\mathrm{reg\_as}}} \quad (8\text{-}11)$$

式中，$E_{\mathrm{es\_out}}'$ 为蓄电池的总放电能量；$E_{\mathrm{reg\_es}}$ 为电机回馈能量。

在式（8-11）中，$E_{\mathrm{reg\_as}}$ 不是可以直接测量的变量，可以由式（8-12）计算得到：

$$E_{\mathrm{reg\_es}} = E_{\mathrm{reg}} - E_{\mathrm{reg\_as}} = E_{\mathrm{reg}} - E_{\mathrm{es\_in}}' \quad (8\text{-}12)$$

进一步可得：

$$\varsigma = \frac{E_{\mathrm{reg\_as}} + \eta_{\mathrm{dchg}} \eta_{\mathrm{chg}} E_{\mathrm{reg\_es}}}{E_{\mathrm{reg}} + E_{\mathrm{es\_out}}' - E_{\mathrm{es\_in}}'} \quad (8\text{-}13)$$

式中，$E_{\mathrm{es\_in}}'$ 为蓄电池的总充电能量。

（2）燃料电池汽车

与纯电动汽车相比，燃料电池汽车增加了一个能量源。

制动能量回收贡献率的计算仍然可以等效到燃料电池汽车动力系统的直流母线上，分子 $E_{\mathrm{reg\_av}}$ 保持不变，分母 E_{t} 为

$$E_{\mathrm{t}} = E_{\mathrm{ps\_out}} + E_{\mathrm{es\_out}}' + E_{\mathrm{reg\_as}} \quad (8\text{-}14)$$

式中，$E_{\mathrm{ps\_out}}$ 为燃料电池的放电能量。

最终得到燃料电池汽车制动能量回收贡献率为

$$\varsigma = \frac{E_{\text{reg\_as}} + \eta_{\text{dchg}}\eta_{\text{chg}}E_{\text{reg\_es}}}{E_{\text{ps\_out}} + E_{\text{es\_out}}' + E_{\text{reg}} - E_{\text{es\_in}}'} \quad (8\text{-}15)$$

（3）混合动力汽车

1）串联式混合动力汽车。制动能量回收贡献率的计算公式与燃料电池汽车的对应计算公式一致，对应的表达式为

$$\varsigma = \frac{E_{\text{reg\_as}} + \eta_{\text{dchg}}\eta_{\text{chg}}E_{\text{reg\_es}}}{E_{\text{ps\_out}} + E_{\text{es\_out}}' + E_{\text{reg}} - E_{\text{es\_in}}'} \quad (8\text{-}16)$$

2）并联式混合动力汽车。将内燃机输出的机械能等效至直流母线上驱动电机的电能，得到以下公式：

$$E_{\text{t}} = W_{\text{eng\_drv}}/\eta_{\text{mb}} + E_{\text{es\_out}}' + E_{\text{reg\_as}} \quad (8\text{-}17)$$

由此得到并联式混合动力汽车制动能量回收贡献率：

$$\varsigma = \frac{E_{\text{reg\_as}} + \eta_{\text{dchg}}\eta_{\text{chg}}E_{\text{reg\_es}}}{W_{\text{eng\_drv}}/\eta_{\text{mb}} + E_{\text{es\_out}}' + E_{\text{reg\_as}}} \quad (8\text{-}18)$$

从以上内容可以得到，本节定义的制动能量回收贡献率的测量方法考虑了车辆空调系统的能量消耗。因此，在计算制动能量回收贡献率时，蓄电池充放电能量和电机回馈给蓄电池的能量需要测量计算得到，电机回馈能量用于直接驱动空调系统的部分可由电机回馈的总能量减去蓄电池组充电总能量得到，因此需要测得电机的实时电压电流。最后，根据蓄电池的温度、SOC、充放电功率等特性，求出蓄电池在整个循环工况中的平均充放电效率。

在实际应用测试中，能耗测试应尽可能简单，在误差允许的范围内，如果空调能耗对车辆的制动能量回收贡献率影响很小，那么在实际试验中可以忽略空调系统的能耗，简化试验流程。

若不考虑空调系统的能耗，计算纯电动汽车制动能量回收贡献率的公式可以简化如下：

$$\varsigma_0 = \frac{\eta_{\text{dchg}}\eta_{\text{chg}}E_{\text{es\_in}}'}{E_{\text{es\_out}}'} \quad (8\text{-}19)$$

式中，ς_0 为不考虑空调系统能耗的制动能量回收贡献率；$E_{\text{es\_in}}'$ 为蓄电池的总充电能量；$E_{\text{es\_out}}'$ 为蓄电池的总放电能量。

与纯电动汽车不同，燃料电池汽车的能量输入包括电机制动回馈能量和燃料电池通过 DC/DC 变换器向蓄电池的充电能量。在整车处于制动能量回收过程时，系统的能量流动过程相对于纯电动汽车更加复杂，在此阶段，空调系统的能耗包括电机制动回馈的能量和燃料电池通过 DC/DC 变换器输出的能量，与此同时，在这个过程中，燃料电池仍然可以为蓄电池充电。

通过以上分析可以得出，燃料电池汽车在制动回馈过程中，没有办法直接测量由电机回收能量直接提供给空调系统的部分。因此此处假设空调消耗的所有能量都来自于电机的

制动回馈能量。

对燃料电池汽车的制动能量回收贡献率进行计算，需要实时测量电机端的电压和电流。如果不考虑空调系统的能耗，制动能量回收贡献率公式可简化为

$$\varsigma_0 = \frac{\eta_{\text{dchg}}\eta_{\text{chg}}E_{\text{reg}}}{E_{\text{reg}} + \text{NEC} + E_{\text{ps\_DC}}} \tag{8-20}$$

与纯电动汽车不同，串联式混合动力汽车的能量输入包括电机制动回馈能量和发动机通过 DC/DC 变换器向蓄电池充入的能量。车辆在制动能量回馈过程中，空调系统的能量来源不仅包括电机制动回收的能量，还包括发动机通过 DC/DC 变换器输出的能量，同时发动机仍然可以对蓄电池充电，由以上描述可得，试验时无法测量电机回馈时直接提供给空调系统的能量。因此在试验测试过程中，本节假设车辆在制动能量回馈过程中，空调消耗的能量全部来于电机制动回收的能量。

串联式混合动力汽车制动能量回收贡献率的计算，需要实时测量电机端的电压和电流。如果不考虑空调系统的能耗，则串联式混合动力汽车制动能量回收贡献率公式可简化为

$$\varsigma_0 = \frac{\eta_{\text{dchg}}\eta_{\text{chg}}E_{\text{reg}}}{E_{\text{reg}} + \text{NEC} + E_{\text{ps}}} \tag{8-21}$$

对于并联式混合动力汽车，如果不考虑空调系统的能耗，制动能量回收贡献率的公式可以简化为

$$\varsigma_0 = \frac{\eta_{\text{dchg}}\eta_{\text{chg}}E_{\text{reg}}}{W_{\text{eng\_drv}}/\eta_{\text{mb}} + E_{\text{es\_out}}' + E_{\text{reg}}} \tag{8-22}$$

2. 制动能量回收率

制动能量回收率用于考量在减速或者制动过程中，制动能量回收系统回收动能的能力，定义为汽车在减速或制动过程中，电机回收的能量占车辆可回收动能的百分比，用 η_{reg} 表示：

$$\eta_{\text{reg}} = \frac{E_{\text{regen}}}{E_{\text{recoverable}}} \times 100\% \tag{8-23}$$

式中，E_{regen} 为减速或制动过程中电机前端回收的制动能量；$E_{\text{recoverable}}$ 为减速或制动过程中可回收的车辆动能。

$$E_{\text{regen}} = \sum_{i=1}^{n}\left(\int_{t_{i0}}^{t_{ik}} \frac{T_{\text{mot-}ij}\omega_{ij}}{\eta_{\text{d}}\eta_{\text{g}}\eta_{\text{gen}}} \text{d}t\right)_{(a<0)} \tag{8-24}$$

式中，$T_{\text{mot-}ij}$ 为第 i 次减速制动过程中第 j 秒时刻电机发出的回馈转矩；ω_{ij} 为第 i 次减速制动过程中第 j 秒时刻的电机转速；η_{gen} 为电机发电效率；η_{d} 为主减速器、差速器效率；η_{g} 为变速器效率。

在整个循环中，所有制动减速过程可回收的车辆动能为

$$E_{\text{recoverable}} = \sum_{i=1}^{n} \left(\frac{1}{2} m(v_{i0}^2 - v_{ik}^2) - \int_{t_{i0}}^{t_{ik}} fmgv_{ij} \mathrm{d}t - \int_{t_{i0}}^{t_{ik}} \frac{C_\mathrm{D} A}{21.15} (3.6 v_{ij})^2 v_{ij} \mathrm{d}t \right)_{(a<0)} \quad (8\text{-}25)$$

式中，v_{i0} 为第 i 次减速制动过程的起始车速（m/s）；v_{ik} 为第 i 次减速制动过程的末了车速。

其中，滚动阻力和空气阻力消耗的能量为

$$E_{\mathrm{f},i} = \int_{t_{i0}}^{t_{ik}} fmgv_{ij} \mathrm{d}t \quad (8\text{-}26)$$

$$E_{\mathrm{w},i} = \int_{t_{i0}}^{t_{ik}} \frac{C_\mathrm{D} A}{21.15} (3.6 v_{ij})^2 v_{ij} \mathrm{d}t \quad (8\text{-}27)$$

式中，v_{ij} 为第 i 次减速制动过程中第 j 秒时刻的车速。

在考量制动能量回收效率时不考虑道路坡度，通常通过典型制动工况来测算制动能量回收效率值。

8.1.2 试验方法

将可充电储能装置的荷电状态调整至中间值附近，按照规定的循环工况进行试验。实际车速超过理论车速公差允许范围，且单次超过车速偏差的时间大于 1s，或循环累计超过车速偏差的时间大于 4s，该试验视为无效。

进行连续 4 次循环工况的测试，对有效的试验组结果取平均，作为试验的总体评价结果。至少要完成 3 次有效的循环工况试验。

如果试验驾驶员能够选择车辆上的几种运行模式（运动型、舒适型、经济型等），那么应该寻找最好的与循环工况参考车速曲线相配合的档位。对于具备多种滑行再生制动强度模式的车辆，试验前应设置好相应模式并将再生制动强度模式记录在试验报告中。4 次循环工况试验中，不允许改变再生制动强度模式。

8.2 回馈制动与摩擦制动切换性能评价

8.2.1 评价指标

1. 正常工况制动力协调控制的切换性能评价指标

采用试验每次的协调控制功能液压制动力响应时间的平均数作为评价指标，即：

$$\overline{\Delta t_\mathrm{z}} = \frac{\sum \Delta t_{iz}}{n} \quad (8\text{-}28)$$

式中，Δt_{iz} 为每次试验的结果；n 为试验的总次数。

其中，协调控制功能液压制动力响应时间的定义为

$$\Delta t_\mathrm{z} = \frac{1}{2} (\Delta t_{1,k} + \Delta t_{2,k}) \quad (8\text{-}29)$$

式中，$\Delta t_{1,k}$ 为第 k 次试验中实际液压制动力开始弥补与理论时刻的时间差；$\Delta t_{2,k}$ 为第 k 次试验中实际液压制动力到达目标制动压力与理论时刻的时间差。

举例说明实际液压制动力开始弥补与理论时刻的时间差,以及实际液压制动力到达目标制动压力与理论时刻的时间差。如图 8-1 所示,液压制动力实际开始弥补与理论开始弥补的时间差为 Δt_1,摩擦制动压力达到目标制动压力与起始压力差值的 90% 时,与理论到达目标压力的时间差为 Δt_2。

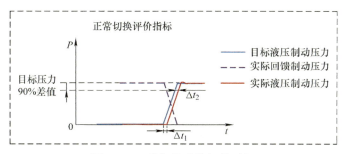

图 8-1　正常切换功能切换时间

2. 再生制动故障诊断及容错控制的切换性能评价指标

采用试验每次的再生制动故障摩擦制动响应时间的平均数作为评价指标,即:

$$\overline{\Delta t_f} = \frac{\sum \Delta t_{if}}{n} \tag{8-30}$$

式中,Δt_{if} 为每次试验的结果;n 为试验的总次数。

其中,再生制动故障摩擦制动响应时间的定义为

$$\Delta t_f = t_{2,k} - t_{1,k} \tag{8-31}$$

式中,$t_{1,k}$ 为第 k 次试验中注入导致再生制动力失效的危险事件的时刻;$t_{2,k}$ 为第 k 次试验中摩擦制动力上升至应急保护水平的时刻。

举例说明再生制动故障摩擦制动响应时间。如图 8-2 所示,再生制动力失效注入时刻为 t_1,摩擦制动力达到目标制动压力与起始压力差值的 90% 的时刻为 t_2。

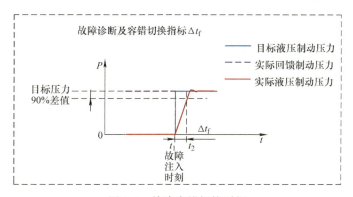

图 8-2　故障容错切换时间

8.2.2 试验方法

1. 正常工况制动力协调控制的切换性能测试

（1）台架试验步骤

1）初始化：在车辆模型中设定整车参数、制动系统参数、道路附着条件等；将车辆模型设定为线控制动的电动汽车，并且将车辆荷电状态调整至中间值附近。

2）加速阶段：促动加速踏板，将车辆加速至略高于制动初速度 80km/h，迅速松开加速踏板。

3）制动阶段：车速减小至 80km/h 时，以（-4±0.2）m/s² 的制动减速度进行制动，记录制动踏板开度；当车速下降至被测系统自行设定的车速 v_1 时，再生制动力开始逐步撤出，在车辆静止前再生制动力应减少至 0，记录液压制动力实际开始弥补与理论开始弥补的时间差为 Δt_1，监测摩擦制动压力的增长情况，当其达到目标制动压力与起始压力差值的 90% 时，记录与理论到达目标压力的时间差为 Δt_2（图 8-1）。当车速减小至 0，松开制动踏板。

4）重复步骤 2）~3）不少于 3 次。

5）记录每次试验过程中的协调控制功能液压制动力平均响应时间。

（2）实车试验步骤

1）匀速 80km/h，松加速踏板滑行回收持续至 60km/h。

2）车辆维持制动踏板恒定，且 ABS 不激活。

3）重复步骤 1）~2）不少于 3 次。

4）记录每次试验过程中的协调控制功能切换时间。

2. 再生制动故障诊断及容错控制的切换性能测试

（1）台架试验步骤

1）初始化：在车辆模型中设定整车参数、制动系统参数、道路附着条件等；将车辆模型设定为装备能量再生制动系统的电动汽车，并且将车辆荷电状态调整至中间值附近。

2）加速阶段：促动加速踏板，将车辆加速至略高于制动初速度 80km/h，迅速松开加速踏板。

3）制动阶段：车速减小至 80km/h 时，依次以（-2±0.2）m/s²、（-4±0.2）m/s² 的制动减速度进行制动，记录制动踏板开度；当车速下降至被测系统自行设定的车速 v_1 时，执行导致再生制动力失效的危险事件，再生制动力失效，回馈力矩为 0N·m，记录危险事件注入时刻 t_1；被测系统根据车速、轮速、回馈力矩、踏板开度等信息进行故障诊断及整车动力学容错控制，同时监测摩擦制动压力的增长情况，当摩擦制动力达到目标制动压力与起始压力差值的 90% 时，记录时刻 t_2（图 8-2）。

4）重复步骤 2）~3）不少于 3 次。

5）记录每次再生制动故障摩擦制动响应时间。

（2）实车试验步骤

1）匀速 80km/h，松加速踏板滑行回收持续至 60km/h。

2）车辆恒定制动踏板，且 ABS 激活。

3）重复步骤 1）~2）不少于 3 次。

4）记录每次试验过程中的协调控制功能切换时间。

8.3 回馈制动舒适性评价

8.3.1 评价指标

制动能量回收过程中，回馈制动与摩擦制动的耦合与切换、液压力的调节可能会对制动平顺性带来一定影响。因此，需从制动平顺性对能量回馈式制动舒适性进行评价。

选用汽车的冲击度 j 来评价整车的制动舒适性。冲击度是整车加速度的变化率，由汽车理论可知：

$$j = \frac{\mathrm{d}^2 v}{\mathrm{d}^2 t} \qquad (8-32)$$

式中，v 为车身纵向速度。

8.3.2 试验方法

（1）加速度传感器的安装位置

1）M 类车辆：驾驶员及同侧最后排座椅椅垫上方、座椅靠背、脚部地板上。

2）N 类车辆：驾驶员座椅椅垫上方、座椅靠背、脚部地板上。

加速度传感器只需测量纵向（X 轴向）振动。座椅靠背上的传感器的布置参见 GB/T 4970—2009《汽车平顺性试验方法》中的图 2；脚步地板上的传感器布置在驾驶员（或乘员）两脚中间位置。安装在座椅座垫上方、座椅靠背上的传感器应与人体紧密接触，座椅座垫上方传感器结构见 GB/T 4970—2009 中的图 B.1、座椅靠背传感器结构见 GB/T 4970—2009 中的图 B.2。

（2）制动强度

将可充电储能系统的荷电状态调整至中间值附近，分别按以下制动强度初始值进行试验：

1）制动强度为 0.05g。

2）制动强度为 0.1g。

3）制动强度为 0.15g。

4）制动强度为 0.2g。

5）制动强度为 0.3g。

将车辆加速到 120km/h，若车辆最高车速小于 120km/h，则以能达到的最高车速运行。松开加速踏板，待车速下降至试验规定车速以下 10km/h，即 110km/h 或最高车速 −10km/h 时，踩下制动踏板，以上文规定的制动强度为初始制动强度进行制动，制动过程中踏板力保持不变，直至车辆停止，记录各测试部位的加速度时间历程。

每种制动强度的有效试验次数应不少于 5 次。对于具备多种滑行再生制动强度模式的车辆，试验前应设置好相应模式并将再生制动强度模式记录在试验报告中，试验中不允许改变再生制动强度模式。

8.4 回馈制动效能恒定性评价

电机回馈制动力的极限值受电池荷电状态和当前电机转速下的电机外特性曲线的影响,回馈制动力与摩擦制动力如果协调不好,会造成汽车制动效能的变化,影响驾驶员制动感受,严重时甚至引发恐慌。因此有必要在不同电池荷电状态、不同制动初速度情形下考察相同制动踏板开度时的制动效能恒定性。

8.4.1 评价指标

采用平均减速度变异系数来评价制动效能的恒定性。

$$c_v = \sigma / \overline{d} \tag{8-33}$$

$$\sigma = \sqrt{\sum_{i=1}^{3}(\overline{d_i} - \overline{d})^2 \Big/ (3-1)} \tag{8-34}$$

$$\overline{d} = \frac{1}{3}\sum_{i=1}^{3}\overline{d_i} \tag{8-35}$$

$$\overline{d_i} = \frac{1}{n}\sum_{j=1}^{n}d_{ij} \tag{8-36}$$

$$d_{ij} = \frac{v_b^2 - v_e^2}{25.92(S_e - S_b)} \tag{8-37}$$

式中,c_v 为平均减速度变异系数;σ 为平均减速度的标准差(m/s²);$\overline{d}$ 为3组试验平均减速度的平均值(m/s²);$\overline{d_i}$ 为第 i 组试验平均减速度的平均值(m/s²);d_{ij} 为第 i 组第 j 次试验的平均减速度(m/s²);v_b 为 $0.8v_0$ 时的车速(km/h);v_e 为 $0.1v_0$ 时的车速(km/h);S_e 为从 v_0 到 v_e 期间行驶的距离(m);S_b 为从 v_0 到 v_b 期间行驶的距离(m)。

8.4.2 试验方法

1. 不同制动初速度下制动效能恒定性的试验

将可充电储能系统的荷电状态调整至中间值附近。车辆满载,选取车辆分别处于以下3种状态进行试验:

1)制动初速度 v_0 为最高车速的 80%,且不能超过 160km/h。
2)制动初速度 v_0 为 80km/h。
3)制动初速度 v_0 为 32km/h。

试验时,首先确认温度最高的车轴上的行车制动器的平均温度处于 65~100℃。在附着系数良好的水平路面上,将车辆加速到试验规定车速以上 5km/h,在车速下降到试验规定车速时,踩下制动踏板,以固定制动踏板开度制动,直至车辆停止,记录车速和制动距离。至少重复进行 5 次试验。

可在制动踏板开度分别固定为30%、50%、80%的情况下进行不同制动初速度下制动效能恒定性的试验。

2. 可充电储能系统不同荷电状态下制动效能恒定性的试验

选取可充电储能系统分别处于以下3种状态进行试验：

1）可充电储能系统完全充电或荷电状态在95%以上。

2）可充电储能系统荷电状态在60%附近。

3）可充电储能系统荷电状态在30%附近。

设定制动初速度为最高车速的80%。试验时，首先确认温度最高的车轴上的行车制动器的平均温度处于65～100℃。在附着系数良好的水平路面上，将车辆加速到试验规定车速以上5km/h，在车速下降到试验规定车速时，踩下制动踏板，以固定制动踏板开度制动，直至车辆停止，记录车速和制动距离。至少重复进行5次试验。

可在制动踏板开度分别固定为30%、50%、80%的情况下进行不同制动初速度下制动效能恒定性的试验。

8.5 回馈制动防抱死性能评价

8.5.1 评价指标

在进行对接路面和对开路面的试验时，车轮不应发生抱死。当车速低于15km/h时，允许车轮抱死。

在进行对开路面试验时，允许进行转向修正，但转向盘的转角在最初2s内不应超过120°，总转角不应超过240°。试验期间，车轮的任何部分均不应越过高低附着系数路面的交界线。

车轮滑移率的计算方法为

$$s = 1 - \frac{v_w}{v} \tag{8-38}$$

式中，v_w 为车轮速度（m/s）；v 为车速（m/s）。

8.5.2 试验方法

1. 台架试验方法

分别在可充电储能系统处于以下三种荷电状态时进行对接路面和对开路面的试验：①荷电状态在95%以上；②荷电状态在60%左右；③荷电状态在30%左右。

（1）对接路面试验（高到低）

1）收加速踏板情况再生制动防抱死试验

① 令路面附着系数为0.8，增大加速踏板开度使车辆起动，当车辆加速到60km/h时，保持该速度匀速行驶10s。

② 快速释放加速踏板至开度为0，使之触发再生制动功能。

③ 当车速下降至40km/h时，将路面附着系数改变为0.3，车辆停止即停止试验。记录

车速和各轮速信号。

④ 应重复上述试验不少于 3 次。

2）踩制动踏板情况再生制动防抱死试验

① 令路面附着系数为 0.8，增大加速踏板开度使车辆起动，当车辆加速到 150km/h 时，保持该速度匀速行驶 10s。

② 快速释放加速踏板至开度为 0，立即增大制动踏板开度至某固定值，使之触发再生制动功能，并确保防抱制动程序未被触发。

③ 当车速下降至 120km/h 时，将路面附着系数改变为 0.3，车辆停止即停止试验。记录车速和各轮速信号。上一条所述制动踏板开度固定值应确保防抱制动程序在本条所述的过程中被触发且防抱制动系统全循环。

④ 应重复上述试验不少于 3 次。

（2）对开路面试验

1）收加速踏板情况再生制动防抱死试验

① 令路面附着系数为 0.8，增大加速踏板开度使车辆起动，当车辆加速到 60km/h 时，保持该速度匀速行驶 10s。

② 快速释放加速踏板至开度为 0，使之触发再生制动功能。

③ 当车速下降至 40km/h 时，将车辆右轮所处路面附着系数改变为 0.3，车辆停止即停止试验。记录车速和各轮速信号。

④ 应重复上述试验不少于 3 次。

2）踩制动踏板情况再生制动防抱死试验

① 令路面附着系数为 0.8，增大加速踏板开度使车辆起动，当车辆加速到 150km/h 时，保持该速度匀速行驶 10s。

② 快速释放加速踏板至开度为 0，立即增大制动踏板开度至某固定值，使之触发再生制动功能，并确保防抱制动程序未被触发。

③ 当车速下降至 120km/h 时，将车辆右轮所处路面附着系数改变为 0.3，车辆停止即停止试验。记录车速和各轮速信号。上一条所述制动踏板开度固定值应确保防抱制动程序在本条所述的过程中被触发且防抱制动系统全循环。

④ 应重复上述试验不少于 3 次。

2. 道路试验方法

（1）对接路面试验（高到低）

1）收加速踏板情况再生制动防抱死试验

① 试验车辆加载到试验质量，增加的载荷应均匀分布，并保证车辆 SOC 值不得超过 80%，制动能量回收强度调至最大。

② 将试验车辆停放在附着系数约为 0.8 的高附着系数路面的起始位置，并起动车辆。

③ 踩下车辆加速踏板，使车辆加速到 60km/h，保持该速度匀速行驶。

④ 在匀速行驶至距离低附着系数路面一定距离时，快速松开加速踏板，触发再生制动功能，保证车辆以（40±2）km/h 的速度驶入附着系数约为 0.3 的低附着路面。

⑤ 车辆试验过程中采集轮速传感器信号和车速信号，检查该制动过程中是否有车轮抱

死,本次试验应连续重复3次。

注:试验目的是验证车轮未抱死且车辆稳定,因此不必完全制动使车辆停下。

2)踩制动踏板情况再生制动防抱死试验

① 将试验车辆加载到试验质量,增加的载荷应均匀分布,并保证车辆SOC值不得超过80%,制动能量回收强度调至最大。

② 将试验车辆停放在附着系数约为0.8的高附着系数路面的起始位置,并起动车辆。

③ 踩下车辆加速踏板,使车辆加速到最高车速的80%(不超过120km/h),保持该速度匀速行驶。

④ 在匀速行驶至距离低附着系数路面一定距离(具体距离根据车辆情况,由试验员酌情确定)时,松开加速踏板,并立即踩下制动踏板,将制动踏板维持在某固定开度,使之触发再生制动功能,并确保ABS未被触发。

⑤ 车辆应以制动初始车速的70%~80%驶入附着系数约为0.3的低附着系数路面,上一条所述制动踏板固定开度应确保防抱制动程序在本条所述的过程中被触发且防抱制动系统全循环。

⑥ 车辆试验过程中采集轮速传感器信号和车速信号,检查该制动过程中是否有车轮抱死,本次试验应连续重复3次。

注:试验目的是验证车轮未抱死且车辆稳定,因此不必完全制动使车辆停下。

(2)对开路面试验

1)收加速踏板情况再生制动防抱死试验

① 试验车辆加载到试验质量,增加的载荷应均匀分布,并保证车辆SOC值不得超过80%,制动能量回收强度调至最大。

② 将试验车辆停放在附着系数约为0.8的高附着系数路面的起始位置,并起动车辆。

③ 踩下车辆加速踏板,使车辆加速到60km/h,保持该速度匀速行驶。

④ 在匀速行驶至距离对开路面一定距离时,松开加速踏板,触发再生制动功能,保证车辆以(40±2)km/h的速度驶入两侧附着系数分别约为0.8以及0.3的对开路面。

⑤ 车辆试验过程中采集轮速传感器信号和车速信号,检查该制动过程中是否有车轮抱死,本次试验应连续重复3次。

注:试验目的是验证车轮未抱死且车辆稳定,因此不必完全制动使车辆停下。

2)踩制动踏板情况再生制动防抱死试验

① 试验车辆加载到试验质量,增加的载荷应均匀分布,并保证车辆SOC值不得超过80%,制动能量回收强度调至最大。

② 将试验车辆停放在附着系数约为0.8的高附着系数路面的起始位置,并起动车辆。

③ 踩下车辆加速踏板,使车辆加速到最高车速的80%(不超过120 km/h),保持该速度匀速行驶。

④ 在匀速行驶至距离对开路面一定距离(具体距离根据车辆情况,由试验员酌情确定)时,松开加速踏板,并立即踩下制动踏板,将制动踏板维持在某固定开度,使之触发再生制动功能,并确保ABS未被触发。

⑤ 车辆应以制动初始车速的70%~80%驶入两侧附着系数分别约为0.8以及0.3的对

开路面,上一条所述制动踏板固定开度应确保防抱制动程序在本条所述的过程中被触发且防抱制动系统全循环。

⑥ 车辆试验过程中采集轮速传感器信号和车速信号,检查该制动过程中是否有车轮抱死,本次试验应至少连续重复 3 次。

注:试验目的是验证车轮未抱死且车辆稳定,因此不必完全制动使车辆停下。

参 考 文 献

[1] CHIARA F, CANOVA M. A review of energy consumption, management, and recovery in automotive systems, with considerations of future trends[J]. Proceedings of the Institution of Mechanical Engineers, Part D: Journal of Automobile Engineering, 2013, 227(6):914-936.

[2] GAO Y M, CHEN L P, EHSANI M. Investigation of the effectiveness of regenerative braking for EV and HEV [C]//SAE Technical Paper, Detroit:SAE, 1999.

[3] 孙逢春，林程. 电动汽车工程手册. 第一卷 纯电动汽车整车设计 [M]. 北京：机械工业出版社，2019.

[4] 孙逢春，何洪文. 电动汽车工程手册. 第二卷 混合动力电动汽车整车设计 [M]. 北京：机械工业出版社，2019.

[5] International Energy Agency. Global EV outlook 2022: securing supplies for an electric future[R/OL].（2022-05）[2022-11-07]. https://www.iea.org/reports/global-ev-outlook-2022.

[6] Bosch Media Service. High degree of energy recovery lowers fuel consumption, Bosch ESP hev brake control system for hybrid and electric vehicles[EB/OL]. (2013-09-10) [2022-11-07].http://www.bosch-presse.de/presseforum/details.htm?txtID=6418&locale=en.

[7] JIN K H, et al. Regenerative braking method of vehicle having electric motor: JP2007153312A [P]. 2007-06-21.

[8] NAKAMURA E, SOGA M, SAKAI A, et al. Development of electronically controlled brake system for hybrid vehicle[C]//SAE Technical Paper. Detroit:SAE, 2002.

[9] 杨妙梁. 丰田普锐斯混合动力车制动系统的发展 [J]. 汽车与配件，2010, 35(4):23-25.

[10] OHTANI Y, INNAMI T, OBATA T, et al. Development of an electrically-driven intelligent brake unit[C]// SAE Technical Paper, Detroit:SAE, 2011.

[11] GAO Y, EHSANI M. Electronic braking system of EV and HEV—integration of regenerative braking, automatic braking force control and ABS[C]//SAE Technical Paper, Detroit:SAE, 2011.

[12] GAO H, GAO Y, EHSANI M. A neural network based SRM drive control strategy for regenerative braking in EV and HEV[C]// IEEE International Electric Machines and Drives Conference, NYC:IEEE, 2001.

[13] BOTTIGLIONE F, SORNIOTTI A, SHEAD L. The effect of half-shaft torsion dynamics on the performance of a traction control system for electric vehicles［J］.Journal of Automobile Engineering, 2012, 226(9)：1145-1159.

[14] AMANN N, BOCKER J, PRENNER F. Active damping of drive train oscillations for an electrically driven vehicle［J］. IEEE/ASME Transactions on Mechatronics, 2004, 9(4): 697-700.

[15] 齐藤滋，松浦正裕，小久保浩一，等. 车辆制动控制设备：CN200610084162.3［P］2006-03-31.

[16] LAGERBERG A, EGARDT B. Backlash estimation with application to automotive powertrains[J]. IEEE Transactions on Control Systems Technology, 2007, 15:483-493.

[17] BENEDETTO M, SANGIOVANNI-VINCENTELLI A. Hybrid systems: computation and control: 4th International workshop, HSCC 2001 Rome, Italy, March 28-30, 2001 proceedings[M]. Heidelberg: Springer Science & Business Media, 2001.

[18] LUENBERGER D G. Introduction to linear and nonlinear programming[M]. Reading, MA: Addison-

Wesley，1973.

[19] BALLUCHI A，BENVENUTI L，Benedetto M. The design of dynamical observers for hybrid systems: theory and application to an automotive control problem[J]. Automatica, 2013, 49(4):915-925.

[20] ZHANG J, CHAI B, LU X. Active oscillation control of electric vehicles with two-speed transmission considering nonlinear backlash[J]. Proceeding of the Institution of Mechanical Engineers, Part K: Journal of Multi-Body Dynamics, 2020, 234(1): 116-133.

[21] 吕英华. 计算电磁学的数值方法 [M]. 北京：清华大学出版社，2006.

[22] RITO G D. Experiments and simulations for the study of temperature effects on the performances of a fly-by-wire hydraulic actuator[J]. Proceedings of the Institution of Mechanical Engineers, Part I: Journal of Systems and Control Engineering, 2011, 225(8):1195-1206.

[23] 秦曾煌. 电工学 [M]. 7 版. 北京：高等教育出版社，2009.

[24] Wabco. Systems and components in commercial vehicles[EB/OL]. (2011-12-08)[2022-11-07]. http://www.wabco.info/8150100033.

[25] 邹澎. 电磁场与电磁波 [M]. 北京：清华大学出版社，2008.

[26] 阎耀保. 高速气动控制理论和应用技术 [M]. 上海：上海科学技术出版社，2014.

[27] Wabco. EBS - System description edition 03[EB/OL].(2011-03-11)[2022-11-07]. http://www.wabco.info/8150100153.

[28] 电动汽车产业技术创新战略联盟. 纯电动汽车再生制动能量回收效能快速评价及试验方法：CSAE 76—2018[S]. 北京：中国汽车工程学会，2018.

[29] 全国汽车标准化技术委员会. 电动汽车再生制动系统要求及试验方法：QC/T 1089—2017[S]. 北京：科学技术文献出版社，2017.

[30] 电动汽车产业技术创新战略联盟. 电动汽车再生制动系统制动效能恒定性试验方法：CSAE 77—2018[S]. 北京：中国汽车工程学会，2018.

[31] 全国汽车标准化技术委员会. 乘用车制动系统技术要求及试验方法：GB 21670—2008[S]. 北京：中国标准出版社，2008.

[32] 电动汽车产业技术创新战略联盟. 电动汽车再生制动防抱死台架试验方法：CSAE 167—2020[S]. 北京：中国汽车工程学会，2020.

[33] 电动汽车产业技术创新战略联盟. 电动汽车再生制动防抱死道路试验方法：CSAE 166—2020[S]. 北京：中国汽车工程学会，2020.